與怪物戰鬥的人，
應當小心自己不要成為怪物。
當你長久凝視深淵，
深淵也在凝視著你。*

* 此語出自尼采一八八六年的《善惡的彼岸》，常被引用在電視劇、電影、書籍中。

尼采
如是說

Friedrich Wilhelm

Nietzsche

尼采 著

陳永紅 譯

《查拉圖斯特拉如是說》《悲劇的誕生》《歡悅的智慧》《瞧，這個人》

——**尼采四傑作精選集**

初版書名為《而我必須是光：淺讀尼采即深思．吟遊在孤獨超人的靈魂安歇處》

目錄

Contents

04 《查拉圖斯特拉如是說》

01
《瞧，這個人》

我衡量人之
偉大的準則，
就是對命運的熱愛。

前言

一

鑑於人類即將面臨我所提出的最嚴峻挑戰，因而在此前非常有必要談談：我是什麼人。事實上，這一命題本當為大眾所周知，因為我從不韜光養晦。即便人們對我的視若無睹、聽若不聞，也只會在在彰顯出我的偉大使命與渺小時代之間的不相稱。現在活著的，僅僅是個人名義的我；也許，我活著本身這一事實也不過是個先入為主的成見？

只需與某個來上恩加丁[1]避暑的「有識之士」交談片刻，我就可以說服自己：我不曾活著。

在這種慘澹現實下，儘管有違我驕傲的天性，我仍有義務降貴紆尊地向世人大聲疾呼：聽我說話！因為我是如此這般的一個人。**不要**將我與無足輕重之輩，混為一談！

二

打個比方，本人完全不是木偶，更非衣冠禽獸，我的本性實質上與那些道德君子截然相反；不瞞各位，這正是頗令我自豪之處。我和希臘神話中的半

1 恩加丁（Engadin）是位處瑞士東南部的山脈地帶，分為上恩加丁和下恩加丁，是著名的渡假勝地。

人半羊的林神薩堤爾（Satyrus）一樣，皆為酒神戴奧尼索斯（Dionysus）的信徒。大家都說我們喜飲酒、好淫樂，說我們是酒鬼淫棍的代表，不為聖人。即便如此，你們也應該好好讀這本書（或許我已經成功吸引你們的注意了？），因為或許此書除了你們喜聞樂見的方式表達出上述對立之外，別無深意？

事實上，我最不願承諾的就是「改良」人類。我不想樹立新的偶像，因為只要那些舊日偶像的泥製雙足尚未不良於行，推倒「偶像」（即我所謂的「理想」）幾乎已成為我的老本行。當人們捏造一個理想世界時，總是同時地剝離了現實世界的價值、意義和真相——「現實世界」和「表象世界」在德語中恰恰相反，意味著捏造的世界和真理——理想，這個謊言向來是對現實的詛咒。它對人類的矇騙已經深入人們的皮膚與骨髓，竟使得我們背離了那些能保證人類的繁榮、未來以及掌控未來至高權力的真正價值，轉而去崇拜它們的對立面。

三

凡能吞吐我著作氣息的人都知道，這是一種孤高的氣息，一種凜冽的氣息。讀者需稟賦恰合，否則易受風寒。冰山臨近，孤獨龐大無匹，光芒中的萬物肅穆如許！人們如此自由地呼吸！感覺到自我之下的事物如此之多！哲學之一事，以我向來的理解與經歷，即意味著自願生活在冰雪之中、高山之巔，探尋存在之中的一切陌生與可疑、一切道德的禁地。長久徜徉禁地的經驗，教會我以洞若觀火的目光去審視過往聖先哲們，那些被道德化與理想化了的心靈祕史；儘管事實與人們所期望的迥然不同。

一個靈魂可以承受多少真理，敢於面對多少真理？對我來說，這已日益成為真正的價值標準。謬誤（即對「理想」的信仰）並非盲目，而是懦弱。求知上的每種成就、每次進步都是源於勇氣，源於自我磨礪和自我淨化。**我不求駁倒理想，我只是嚴陣以待。**

Nitimur in vetitum——我們勇於犯禁（引自奧維德《愛情三論》〔*Amores*〕III）[2]：執此大纛[3]，我的哲學有朝一日必將勝利，因為本質上被禁錮至今的，唯有真理。

四

在我的著作中，《查拉圖斯特拉如是說》最能代表我的思想。我透過他獻予人類一件前所未見的偉大贈禮。這本書震古鑠今，其不僅是巔峰之作——一本「所向空前」的著作——人類的全部事實加在一起與之相去亦何止千萬

---

2 奧古斯都時代的古羅馬詩人。

3 古代節度使儀從後的大旗。

裡之遙——它更是至深之作，誕生於真理的奧府祕藏中。它是取之不竭的寶泉，只要稍垂汲綆[4]便能收穫滿桶的金銀寶物。這裡沒有「先知」的話語，沒有那種集病態人格與權力渴求於一身的恐怖陰陽人——即所謂的教祖、教宗。為避免可恥地糟踐智慧，我們必須先認真地傾聽這查拉圖斯特拉之聲。這個聲音，就好比希臘神話中風神之女阿爾庫俄涅（Alcyone）殉夫投海而死，眾神將他們夫婦變為翡翠鳥；而孵卵之時，海上風平浪靜，因而被海客稱為太平鳥之聲——「寧靜之聲引發風暴，空谷跫音般的思想指引世界。」[5]

無花果從樹梢落下，它們鮮美甘甜；紅色的外殼迸裂於墜落之時；而我，就是那將成熟果實吹落入懷的北風。因此，這些無花果一般的學問落向你們，我的朋友們：現在享用它們的瓊漿和鮮肉吧！在這晴空萬里的秋日午後。[6]

這不是狂信者在喃喃自語，因為這裡不進行「說教」，這裡也不需要信仰：一點一滴，一字一句都流淌自無邊無際的光芒和幸福深處，語調悠長委婉；只有獲選者才能聽聞。在此就算僅僅做個聽眾，也是一種無上的特權；查拉圖斯特拉的話語不是什麼人都可以聽見的。話雖如此，難道查拉圖斯特拉就不是一個蠱惑者了嗎？——當他第一次回到孤獨中時，他又對自己說了些什麼呢？他的話語與任何「智者」、「聖人」、「救世主」及其他頹廢者在

4 汲綆，汲水的繩子。

5 引自《查拉圖斯特拉如是說》第二部中的〈最寂靜的時刻〉。

6 見《查拉圖斯特拉如是說》第二部中的〈在幸福之島〉。

此種情境下的言說恰恰相反——不僅是話語截然不同，他本人也獨一無二。

我現在要獨自走了，我的門徒們！你們也就此各自散去吧！這是我的意願。離我而去吧！更要抵制查拉圖斯特拉！最好是以他為恥！因為說不定他欺騙了你們。

智者不僅需愛其敵，更需恨其友。

如果一個人總是做一個亦步亦趨的弟子，這是對其老師的錯誤報答。——為何你們還不扯掉我的頭冠呢？

你們崇拜我；但是當這種崇拜有一天崩潰了，怎麼辦？小心不要葬身在坍塌的雕像之下！

你們說，你們信仰查拉圖斯特拉？但是查拉圖斯特拉有什麼緊要！你們是我的信徒，但是一切信徒又算得了什麼！

你們還沒有尋找過自我，因為你們發現了我。信徒皆是如此，故而信仰才如此無關緊要。

現在我要求你們捨棄我，去尋找自己；只有當你們將我的一切全盤否定，我才會再度出現在你們面前。[7]

在這完美的日子，一切都正臻於成熟。不僅葡萄變成紫色，我的生命也蒙

7 見《查拉圖斯特拉如是說》第一部中的〈贈予的道德〉。

陽光垂青：我回顧往昔、我眺望未來、我從未在同一時刻見過如此豐富美好的事物。我沒有白白浪費我的第四十四個年頭。儘管我有權浪費它，因為那些在我生命中保存下來的東西，已經不朽。《重估一切價值》的第一部書即《反基督》、《查拉圖斯特拉如是說》、《偶像的黃昏》（我用榔頭著述哲學的嘗試）。對此該書序言解釋道：「……偶像，在此應該被榔頭或是叉子對付。」——所有這些都是今年，實際上，是今年第四季對我的饋贈；我怎能不深深感激我的人生——因此，我要自述生平。

我為什麼如此智慧

「重估一切價值」的原因

我存在的幸運及其獨一無二，皆為命中注定：我，以隱語來說，如我父親般已然仙逝，也如我母親般依然活著，而且年華老去。這雙重的根源，像同時來自生命階梯最上一級和最下一級，既是沒落，亦是新生——這一點，若意味著什麼，那就是我對待人生全部問題的中立無礙，這正是我的脫俗之處。我對盛衰徵兆具有常人難及的敏感，我老於此道——我熟諳這兩者，我就是這兩者。

我的父親於三十六歲時過世。他文弱和藹而多病，像命中注定的匆匆過客——與其說是生命本身，不如說是對生命的親切回憶。當我活到父親生命凋謝的年齡時，我的生命也岌岌可危。三十六歲那一年，我的生命力降到了谷底——雖然還活著，卻已看不清三步之外了。那年，是一八七九年，我辭去巴塞爾大學[8]的教職，像如同陰影般在聖莫里茲（St. Moritz）[9]度過了一整個夏天；接下來又像陰影一樣在瑙姆堡（Naumburg）[10]度過了我生命中最暗無天日的冬季。那是我人生的最低點，《流浪者及其陰影》即是那一時期的作品；無疑，那時我深知**陰影**為何物。

隔年冬天，也就是我的第一個熱那亞（Genova）[11]之冬，伴隨著嚴重貧血和肌肉衰弱而來的甜美與靈性，催生了《曙光》。這部作品反映出精神世界的明朗、愉悅與豐沛，不僅與我極度的生理虛弱步調一致，甚至也與我極度的痛楚相符。持續三天三夜的頭痛和劇烈嘔吐的折磨，使我以傑出辯證學家的清晰頭腦，去冷靜地深入思考問題；在我比較健康時，或許反而不能如此有耐心、如此深刻、如此冷靜。讀者們或許知道，我是如何將辯證法看作頹廢象徵的，最著名的例子就是蘇格拉底。

疾病對智力造成的干擾和發燒後的半昏迷狀態，至今我已毫無印象。對它們的性質和發生率我還須查證，才能明瞭。我的血液流動緩慢，甚至沒人能

---

8 巴塞爾大學（University Basel）位於瑞士巴塞爾，成立於一四五九年，是瑞士最古老的大學，許多知名哲學家和藝術家都曾在此擔任教職。二十四歲時，尼采成為該校德語區古典語文學教授，專攻古希臘語、拉丁文獻。

9 位於瑞士恩加丁山谷的一個度假小鎮。

10 位於德國薩克森——安哈特州薩勒河畔的一個鎮。

11 位於義大利北部的港口城市。

斷定我曾經發燒。一位曾長期認為我有神經疾患的醫生最後說：「不！您的神經沒有問題，倒是我自己神經過敏。」完全查不出任何局部病變的徵象；沒有器質性的胃病，腸胃系統卻因全身乏力而十分虛弱。

眼部也一樣，雖然幾近失明，但也只是身體疲勞的結果，而不是器官本身的病變。因此，隨著身體生機的恢復，視力也逐漸增強。——康復的過程歲月綿長；不幸的是，康復也意味著頹廢症周而復始的發作、惡化。正因如此，我已深諳頹廢之道。這還用說嗎？單是「頹廢」這個詞我已反覆拼讀過無數遍。那些領會把握事物的精密技巧、那些觸摸到微妙差異之處的感知能力、那些明察秋毫的心理學，以及其他相應的技能，我都得之於當時，可算是當時的饋贈。於是，我的一切技能都精緻化了，所有器官的觀察力都因而強化了。

透過病人的視角去觀察較健康的概念和價值；或者從與之相對的另一面，以豐盈充實的生命力和自信去審視頹廢本能的潛在活動——這是我長久的訓練，我根本性的經驗，若說我勉強有一技之長的話。現在，我已精熟於此，我有本領去扭轉成見：這也許是為什麼**只有我能**「重估一切價值」的主要原因。

頹廢與反頹廢

按理來說，我是一個頹廢主義者；但，同時我也是個反頹廢者。怎麼說呢？我總是本能地選擇對自己最為恰當有利的方式，來針對身心的病變惡化；而頹廢者反是。整體而言，我毋庸置疑是健康的；但僅就局部或某一特別意義來說，我是衰頹的。那種使我擺脫慣常境遇而進入絕對孤獨的力量、那種拒絕被照顧、服侍和醫治的自制力——對當時亟需這些的人來說，顯示出了一種絕對的本能自信。

我掌控自我，我治癒自我：做到這一點的前提條件就是——任何心理學家都會承認——此人**本質上是**健康的。若本質上的病態無法康復，遑論自我治癒；而對一個本質上的強健者來說，疾病反是一劑能激發其生命意志的強力興奮劑，越能令他好好地活下去。事實上，我那長久的病況便是如此，似乎使我發現了包含自我的新生命，使我體會到所有美好的甚至或微不足道的事物，而這些並非其他人能輕易體會。從我求健康、求生命的意志力中，我創造出我的哲學。在此，讀者須留意這一點，正是在我跌入生命最低谷的那些年，我不再是一個悲觀主義者：自我恢復的本能不許我再創造出一種消極懦弱的哲學。因此，人們也從根本上認識到何謂卓越的稟賦。

稟賦卓越者，使人有賞心悅目之感：他以奇木雕成，集堅硬、柔軟的品質於一身，同時異香撲鼻。只有有益健康的東西才合乎他的口味；越過這個限度，他的快感和食欲便戛然而止。對抗傷害，他自有方法，他能化偶然的不利為有利；敵對的東西不但不能消滅他，反而使他更加強大。他本能地吸收其所見、所聞、所感以成為自己的整體；當然，他的原則是擇優而從，他捨棄的更多。不論是讀書、識人或賞景，他總是自有定見：選擇、認可、信任，並加以尊重。他對各種刺激反應遲緩，這種遲緩由他長期的謹小慎微和對自身修養的自豪感所養成。他檢驗逼近的刺激，絕不當面相迎。他不相信「厄運」，也不相信「罪孽」：他為自身和他人都準備了萬全之策，他堅強得足以使任何事物都必須對之有利。好吧！我就是這個反頹廢者，因為上述正是夫子自道之言。

雙重人格

這一連串的雙重經驗、這看似彼此隔絕的兩個世界間左右逢源的能力，反覆出現在我本能的各個方面——我是雙重人格的樣板。除了第一副面目，我還有第二副，而且還可能有第三副。由於我的血統，我具有了超越吾土吾民之局限的眼光。做一個「優等歐洲人」，於我來說毫不費力。另一方面，我也許比現代德國人、帝國時期的純德國國民更像德國人——我，這最後一個反政治的德國人。

但我的祖先乃是波蘭貴族，因此我體內具有多種族的本能，誰說得準呢？甚至連那種（波蘭人的）「自由否決權」也繼承了下來。在旅途中，人們經常把我當成波蘭人，連波蘭人也這樣說，而且很少有人當我是德國人。每當這個時候，便覺得十有八九我真的不是那種「正統」的德國人。但我的母親，法蘭齊斯卡娜．奧勒爾，無論怎麼說也是很相當純正的德國人；我的祖母，艾爾特姆．克勞澤，同樣如此。

祖母的青春時代在美麗又古老的威瑪（Weimar）度過。她與歌德的交往圈子不無關係。祖母的兄弟，柯尼斯堡的神學教授克勞澤，在赫爾德[12]死後，被任命為威瑪教區的主教。因此，祖母的母親，即我的曾祖母，曾以「穆特根」之名出現在青年歌德的日記中，並非不可能。

祖母的二次婚姻，即是嫁給愛倫堡的主教——尼采。在一八一三那個大戰之年，拿破崙和他的戰略指揮部進入愛倫堡的那一天，即十月十日，祖母誕下一名男嬰。祖母身為撒克遜人，卻是拿破崙的熱烈崇拜者，我很可能也是如此。我的父親，生於一八一三年，死於一八四九年。在他出任距離呂岑（Lützen）不遠的勒肯教區牧師前，曾在普魯士王國待過幾年，並擔任四位公主的老師；這四位公主，即後來的漢諾威王后、康斯坦丁大侯爵夫人、奧爾

---

12 約翰．戈特弗里德．赫爾德（Johann Gottfried Herder），一七四四～一八〇三年；德國哲學家、作家、文藝理論家，十八世紀德國啟蒙時代代表人物，「狂飆運動」的創始人之一。

登堡大公爵夫人和撒克遜—阿爾騰堡的特雷澤公主。

父親十分崇敬普魯士國王腓特烈．威廉四世（Friedrich Wilhelm IV），其牧師的教職便是來自這位國王的賞賜。「一八四八年革命」[13]，德國於一八四八年三月十八日柏林起義，腓特烈．威廉四世被迫恢復聯合邦議會，建立君主立憲制聯邦國家；這使父親感到極度悲涼。而我本人，恰好誕生於同年的十月十五日，與普魯士王生日相同。因此父親就順理成章地給我取了霍亨索倫家族（Hohenzollerns）的名字弗里德里希．威廉[14]。挑選在這個日子降生，帶給我最大的好處，便是我的整個童年時代，生日都是舉國歡慶的吉日——有這樣一位父親，我認為是一個天大的特權，並且，我所有的其他特權幾乎可以說都源於此特權；但是生命，唯獨對生命的首肯是個例外。

首先，對我來說並不需要任何特別的準備，只需耐心等待，便會不由自主地進入高尚粹美的世界。我在那個世界如魚得水，只有在那裡我內心深處的熱情才能無拘無束。我為了這一特權幾乎付出了生命的代價，但這卻是一樁划算的買賣——若想從《查拉圖斯特拉如是說》中有所領悟的人，或許得將自己置於與我的經歷相似的境地：**讓一隻腳踏上生命的彼岸**，才能有所感悟。

---

13 一八四八年革命，也稱民族之春（Spring of Nations）或人民之春（Springtime of the Peoples），是在一八四八年歐洲各國爆發的一系列武裝革命。

14 編按：腓特烈．威廉四世的原文與尼采的原文同，當中文譯名上慣用不同的翻譯，特此說明。

克服憐憫心

我從不願掌握激起人反感的藝術——這也得歸功於我那無與倫比的父親——即便這種反感對我而言，極為稱心。不論我看起來多麼不像基督徒，我也不是易引起惡感的人。仔細觀察我的生活，你很難，哪怕僅有一次地發現他人對我抱有惡意——相反地，也許倒會發現許多善意的跡象。即便是那些處處討嫌之輩，在我與之交往的經驗中，我也毫不例外地博得他們的好感。我能馴服任何野獸，我能使滑稽的丑角變得行止得宜、合乎規矩。在巴塞爾大學教授高年級希臘文的七年中，我從未懲罰過學生；在我的班上，連最懶惰的孩子都很用功。

另外，我對意外事件應付自如。我必須從容不迫地掌控自我。不論什麼樂器，不論它怎樣走調，哪怕是「人」這種最不易協調的樂器，我總能使之奏出動聽的旋律——只要我沒發病。這些「樂器」自己也告訴我他們從未發出過如此悅耳之聲——那位天不假年的亨利希・馮史坦（Heinrich von Stein）[15]也許就是再好不過的例子。

有一次，在我應允他的客氣請求後，他到希爾斯（Sils-Maria）待了三天，他告訴每個人他並非為恩加丁的風景而來。這位優秀的人曾以其普魯士容克（Junke）[16]特有的魯莽天真，陷進了華格納的泥淖（同時也陷進歐根・卡

---

15 亨利希・馮史坦（Heinrich von Stein），一八五七～一八八七年，德國哲學家。

16 年輕德國貴族的統稱，意為地主之子。原為普魯士的貴族地主階級，但在十九世紀後開始資本主義化，成為半封建型的貴族地主。

爾・杜林[17]的泥淖）。但在這三天中，他就如同捲進了一陣自由的狂飆，變得判若兩人；如猛虎歸山，更添雙翼。我總是跟他說，這只是由於此地良好的高山空氣所造成的，任何人到此都會如此。我告訴他：「須知你已攀上高出拜羅伊特（Bayreuth）[18]六千英尺之處，這豈是徒勞之舉？」然而他對我這個說法，不以為意。

儘管如此，若有人認為我在搞大大小小的鬼把戲，其實，那並非有意為之，更非出於惡意。毋寧說，使我不快的倒是那些**善意**，這些善意在我生命中為禍匪淺。我的經驗使我懷疑一切「無私」的衝動，一切或獻計或出力的「博愛」行徑。以我之見，這是一種羸弱的表現，一種無力抗拒外力的典型情況——「同情」，只有在頹廢者中間才算美德。我譴責抱同情之心者，是因為他們容易喪失羞恥心、敬畏感以及對距離的敏銳性，是因為「同情」轉眼間就會散發出暴民的臭味，進而同粗野不文混同莫辨。而這類憐憫之手一旦伸進一種偉大的命運、一種痛楚的孤獨、一種責任重大的特權中，其所導致的後果會是災難性的。

我將克服憐憫心，視為高貴的美德。我在《查拉圖斯特拉的誘惑》中描繪了如下場景：當查拉圖斯特拉聽到一陣淒厲的求救聲，憐憫心便像是臨終之罪般向他襲來，叫他背棄自我。此時，能保持自我克制，此時，能堅持其高

---

17 歐根・卡爾・杜林（Eugen Karl Dühring），一八三三～一九二一年，德國折衷主義哲學家和經濟學家。

18 拜羅伊特，德國巴伐利亞的一座城市。華格納年度音樂節舉行地，而華格納也曾寓居於此。

尚使命的純粹性，不受那當下的、短淺的、低等的所謂無私衝動的干擾；這，正是一個查拉圖斯特拉式人物所必須經受的考驗，也許是最終的考驗——對他力量的真正證明……。

一切沉默者都會消化不良

除此之外，我也與我的父親酷似，簡直是他早逝生命的延續：正如每個在人群中一覽眾山小的人，我發現「報復」這個概念是可望而不可即的，如同「平等權」一樣。因此，每當遇到針對我的各類大小愚行時，我禁止自己採取任何對抗或防護手段，甚至包括任何抗議和辯解。我的報復方式是盡可能迅速地以明智之舉來回應愚行，以冀對方或有一得之悟。怎麼做呢？為拔除苦楚，我會奉寄蜜餞。

若有人尋釁滋事，他肯定會看到我的報復：不久我就會找到時機對滋事者表達我的謝意（有時甚至是對惡行本身）——抑或向他有所請求，這可能比向他施予什麼更有效。

我認為，**最粗暴的言辭、最粗暴的信件也比沉默不語更加溫文、更加正派**。那些緘默不語之人多半是缺乏內心的雅致和謙恭。沉默會令人生厭，而咽氣吞聲會影響人格——即便不會影響人格，也一定會傷胃；我認為，一切沉默者都會消化不良。

由此可見，我從不想粗暴被低估：它是一種最富人情味的反抗方式，在柔靡之風大盛的當今，是我們最重要的美德之一。若有人富於此美德，即便犯錯也是幸事。若上帝降世，他除了犯錯也必別無能事：只因所謂神性，乃是擔負罪過而非擔負責罰。

擺脫怨恨

擺脫怨恨、疏導怨恨。在這點上，誰知道我該怎樣由衷感激我長期的疾病。這個問題遠非簡單：必須從強健與虛弱兩方面來體驗。若疾病體弱有任何必須指責之處，那就是它耗盡了人體的治癒和防衛本能。人們無法祛除，無法克服，無法抵制——一切都造成傷害。人與事糾纏不清，經歷傷人至深，回憶變成流膿的創口。疾病本身即是怨恨。

對於所有病患僅有一劑良方可用：我稱之為「俄式宿命主義」。此種不反抗的宿命主義，可藉由一位俄國士兵的例子來說明。他發覺戰役太艱苦，最終一動不動地躺在雪地中。什麼也不理，什麼也不接受，不吃不喝——完全再無一點反應。

這種**宿命論**並不單單意味著慷慨赴死的勇氣；同時，也是一種生命在極端危險境地自我保護的一種理性行為，如同降低身體的新陳代謝、減緩它的進程，猶如一種進入冬眠的意志。按此邏輯更前進幾步，我們便來到了苦行僧的墓穴，他們可以在其中辟穀而眠達幾個禮拜。

若人們凡事都要有所應對，那他們很快便會自我耗盡，以致無法應對任何事情了：這便是其中的邏輯。沒有什麼比怨恨情緒能更快銷毀一個人。憤怒、病態的脆弱、對報復無能為力的執念和渴望、種種情感的毒性混劑，這些對於筋疲力竭的人來說，有百害而無一利。因它們導致了神經力的快速消耗，有害分泌活動的病態增長——例如，膽汁混入胃中，即由此引起。**怨恨**，本應最為病人所忌——是他的禍根——同時，也不幸的是其最自然的癖好。

理解這一點的是那位淵深的生理學家—佛陀。為了避免與基督教那類可憐現象混為一談，他的「宗教」最好應叫做某種養生學。它的效果取決於對怨恨的克服程度：**讓靈魂從怨恨中解脫**，這是邁向康健的第一步。「怨非怨能彌，怨以德止之」——這是佛陀教義的開篇。它不是道德的主張，而是生理學的主張。

誕生於虛弱的怨恨，對於弱者自身危害最大。相反地，對於豐沛的生命來說，怨恨只是一種多餘的情緒；對這種情緒的控制，實質上即是對豐沛的證明。我的哲學已鄭重地向報復欲與怨恨感宣戰，矛頭直指「自由意志」的學說——對基督教的戰鬥不過是其中一例。人們若能瞭解我此鄭重的態度，便能理解為何我要在此剖白我的個人行為、我在實踐中本能的確定性。在衰弱時，我禁止自己懷抱那些有害的情緒；在我精力充沛、神采煥發、志得意滿時，我更要壓制它們。前述的「俄式宿命主義」在我身上展現為：我長年堅守在那些偶然出現但常人不堪忍受的境況、場所、住處、人群中。這樣做好過改變它們，好過認為它們能改變——好過反抗它們。

任何擾亂我此種宿命主義的企圖、指望強行喚醒我，通常是對我致命的煩擾——事實上每次也都是極其危險的。

接受自我的天命，不期望另外的自我——本就是此種境況下的偉大理性。

我的戰鬥原則

戰爭是另一個主題。我生性好戰，**攻擊**是我的本能。有能力與人為敵、為人之敵——這需要以強健的天性為前提。總之，這是一切強健天性的能事。它離不開**對抗**，因而尋求對抗：攻擊的激情必然屬於強者，就像報復欲和怨恨屬於弱者。女人，舉例來說，是充滿報復欲的：這得歸因於她的軟弱，正如軟弱導致她易為別人的苦難所觸動一樣。

進攻者的力量，可由他們需要的敵對面來測量，換言之，力量的任何增長都在他尋求敵手或難題的過程中所表現出來；因為一個好戰的哲學家也需要挑戰難題，與之決鬥。其使命不是掌握一般的對抗，而是克服那些需要傾盡全部力量、韌性及戰鬥技巧的勢均力敵的對手。

勢均力敵，是一切公平決鬥的首要條件。要是不把對手放在眼裡，便不可戰鬥；要是在占主導權時發現對手能力在自己之下，便不必與之戰鬥。

我的戰鬥實踐可以總結為四大原則。

首先，我只攻擊那些勝利者；我甚至會等到他們成為勝者時才施以攻擊。其次，我只在自己孤立無援的情況下才攻擊，如此我才能獨冒烽煙、如此我才不會殃及無辜，我從未在不是只會累及自身的情況下公開宣戰；這是我行為正當的準則。第三，我從不進行人身攻擊；我只是將個人作為高倍放大鏡，以揭示那些貌似尋常實則鬼鬼祟祟、潛滋暗長的危機。我以此手段攻擊了大衛．施特勞斯（David Friedrich Strauss）[19]——更確切地說，攻擊了一本在德國「文化」圈頗為成功的老朽之作：我將這種文化抓了個現行。不僅如此，我同樣以此手段攻擊了華格納——更確切地說，攻擊了我們「文化」中的虛偽和雜交本能，它將奸猾和豐沛、遲暮和偉大混淆不分。

最後，我只攻擊那些千衷一是、不容指責的事物。事實上，**攻擊在我看來**

19 大衛．施特勞斯，一八〇八～一八七四年，德國自由新教神學家、作家。

是出於好意，有時甚至是出於感激。我將我的名字與某事某人關聯起來，以此表達尊敬與褒揚，不論是採用贊成或反對的形式——對我來說並無二致。因此，我有資格向基督教宣戰，是因為它從未對我造成不幸和挫折，最嚴肅的基督徒也總是對我和善有加。我本人，作為基督教最嚴厲的反對者，卻從不因這數千年的苦難而怪罪它的個體信眾。

對靈魂的感知能力

容我再描述一下我天性中的最後一個特點，它使我不易與他人交往：我的本能對「潔淨」有一種非同尋常的敏感。因此，我用鼻子嗅一嗅就能在生理上感覺到附近的東西，或者——該怎麼說呢？——感覺到那些最內在的東西，即每個人靈魂的臟腑。

這種敏感使我長出了心理上的觸角，我能藉此以察覺和掌握一切祕密。我只要和某些人打一照面，便能知曉他藏汙納垢的內心——這些汙垢多半來自他們那卑劣的血統，而後來又經過教育的粉飾。如果我的觀察沒有欺騙我，那麼，那些反對我潔淨觀的人，從他們的觀點來說，也會感覺到我出自厭惡之情的審慎態度。但是，他們的臭味並不會因此而變得宜人一些。

我一貫的習慣是，保持極度的清潔。這是我生存的前提，在不潔淨的生活狀況下，我會腐壞。因此，我喜歡置身於水中，在這清澈透明、波光粼粼的元素中游泳、沐浴和嬉戲。因此之故，與人交往對我的忍耐力來說是不小的考驗。我的人道，不表現在與他人感同身受之時，而是表現在忍受這一過程之時。

我的人道，是一種持續不斷的自我克制。

但是我需要**孤獨**，也就是說，康復、回歸自我、呼吸自由與明亮而令人愉快的空氣。

我的整部《查拉圖斯特拉如是說》就是一曲獻給孤獨的讚歌，或者，如果諸君理解我的意思，是一首對潔淨的讚歌——幸好不是對純潔的傻子華格納塑造的帕西法爾[20]的讚歌——那些富於色彩感的人會把《查拉圖斯特拉如是說》視為鑽石般的著作。對人的厭惡，對「賤民」的厭惡，始終是我最大的危險。你們想聽聽「查拉圖斯特拉」關於從厭惡感中得到救贖的那番話嗎？

> 我遭遇到什麼了？我該如何從這厭惡感中自救？誰能令我的雙眼恢復往日的神采？我又怎樣飛往高處，飛往那沒有這些賤民同坐的泉水邊？
>
> 是這厭惡感，為我製造了翅膀和預測泉源的力量嗎？是的，我必須飛到最高峻之處，才能找到歡樂的泉水。

20 即是純潔的傻子形象。《帕西法爾》是德國作曲家華格納創作的最後一部歌劇作品，也是該作品中男主角的名字。

啊，我找到它了，弟兄們！在這最高處的快樂之泉，它為我噴湧，這裡有著任何賤民都無法來共用泉水的生命。

這快樂的泉水，你噴湧得太猛烈了！甚至常常會沖倒你想要盛滿的酒杯。

我必須按捺我的內心，學著謙卑地走近你，但我的心也在多麼猛烈地向你奔湧啊！

我的夏天在我的心中燃燒，我短促、炎熱、憂鬱和極樂的夏天。我的夏季之心如此渴望你的無上清涼！

過去了，我所有徘徊不去的春日哀愁；過去了，我所有六月雪一般的惡念。我完全變成了夏天和夏日的正午時分。

這最高處的夏天，這夏天有著清涼的泉水和極樂的寧靜。朋友們，來吧！讓這種寧靜再快樂些！

只因這是我們的高處，我們的家園。對於不潔者和他們的渴念而言，我們住得太高峻峭拔！

把你們純潔的目光投向我快樂的泉水，朋友們！它怎麼變得渾濁，它只會以其純潔向你們報以微笑。

我們在未來之樹上築巢，雄鷹會不辭辛苦地為我們這些孤獨者銜來食物。

是的，這些食物無法與不潔者分享，若分享了，只會令他們像吞了火一樣燙傷嘴唇。

是的，這裡沒有供不潔者棲息的住所，我們的快樂對他們的肉體或精神來說，都是冰窟。

我們要像狂風一樣在他們的頭頂高處生活，與鷹為鄰、與雪為鄰、與太陽為鄰；這就是狂風的生活。

有朝一日，我要像一陣風般從他們中間吹起，以我的精神奪走他們精神的呼吸；這是我未來的使命。

是的，查拉圖斯特拉是一切低矮地帶怒號的狂風。他警告他的敵人和亂吐口水的人：「當心，不要逆風而唾！」[21]

我為什麼如此聰明

人類的拯救

為什麼我所知甚多？為什麼我總是如此聰明？因為我從未思考過那些不是問題的問題——我沒有為此虛擲光陰。

例如，我沒有那種去認識所謂「宗教真實」與否的難題經驗。我完全不能感覺我怎麼會「有原罪」。同樣地，我也缺乏可靠的標準去衡量：何謂懺

21 出自《查拉圖斯特拉如是說》的第二部〈賤民〉。

悔。我認為，懺悔對我而言無足輕重。

我不想在事後才發現早前的行為是錯誤的，我寧願從價值問題的原則出發，避開可能導致的惡果。在面對惡果之時，人們太易於失去觀察自己早前行為的正確眼光。對我而言，懺悔即是一種「**邪惡的眼光**」。失敗的事物，正因其失敗，故而更應該堅持維護其榮譽——這倒更符合我的道德觀念。

「**上帝**」、「**靈魂的不朽**」、「**救贖**」、「**彼岸**」，這些東西純屬概念，我對它們從未加以關注，我沒有這個時間，甚至在孩提時代我便已如此；或許對它們我從未有過孩子的天真幻想？

「無神論」對我來說絕對不是一個結論，也不是一個事件，它是一種不言而喻的必然，出自我的本能。我太過於好奇、太喜歡質疑、太過於傲慢，因此任何淺陋的答案都不會令我滿意。對我們思想者來說，上帝即是一個粗淺庸陋的答案——從根本上說，上帝只不過是一道粗鄙的禁令，這個禁令就是要你們切勿思考！

反之，我對另外一個問題卻有更大的興趣，那即是關於「**人類的拯救**」。但這與其說是因為神學的奇蹟，不如說源於養生問題。為了把話說明白一點，可以這樣表達：「為了得到最強的力量，得到文藝復興式的美德，得到那擺脫虛偽道德的美德，你應該怎樣進食以滋養自身？」

在這方面我的經驗糟糕至極。我感到很驚訝，我這麼晚才發現這一個問題，這麼晚才從這些經驗中學到了「理性」。只有我們完全一文不值的德國教育——其「理想主義」——才能解釋：為什麼我恰巧在這方面落後到了極點。這種「教化」從一開始就教導我們對現實閉目塞聽，而去追求所謂「理想」的目標，例如：追求「古典文化」——彷彿它不是從一開始就想要把「古典的」和「德國的」統一在同一概念中！不僅如此，更好笑的是：你去設想「有古典文化教養的」萊比錫，這個德國大城市，當時隸屬薩克森邦，竟以其奇特的方言著稱。[22]

事實上，直到長大成人，我的飲食一直都很簡單、樸實．用道德言論來說，「非個人的」、「無私的」、「利他的」，都是為了廚師和其他基督教同仁的利益著想。例如：因為萊比錫的烹飪，我在初次閱讀叔本華之時（一八六五年）便鄭重其事地否定了我的「生命意志」。假若一個人要損傷腸胃，使自己營養不良，我看上述的那種烹飪便能奇蹟般的成功解決問題（據說，一八六六年情況有所改善）[23]，但是德國的一般烹飪——難道就不用負責任嗎？那些餐前湯（早在十六世紀的威尼斯食譜中就稱此為德國手法）、煮得過老的肉、與油脂加麵粉一同燉煮的蔬菜、硬得如鎮紙石一般的麵食！再加上古代德國人（絕對不僅是「古代」德國人）就餐時的狂飲爛醉。由此看

22 尼采一八六五年在萊比錫大學學習古典語文學。

23 一八六六年六月，普奧戰爭期間普魯士人進兵薩克森邦，並一度占領其首府德勒斯登。

來，人們也就不難瞭解德國精神的來源——來自負擔過重的腸胃。

德國精神就是消化不良，它消化不了任何東西。

但是，即使是英國的膳食，也是與我的本能截然相反。它與德國的，甚至與法國的飲食相比，是「重返自然」的一種方式，對我來說是幾近食人生番。我覺得，英國人的吃法也會給精神踏上沉重一腳——一隻英國女人的腳。

我認為，最好的烹飪在皮埃蒙特（Piemonte）。[24]

另外，酒精對我來說有百害而無一利，只需一杯葡萄酒或啤酒，就足以使我一天的生活陷入「苦海」。因此，我的天敵是那些生活在慕尼黑啤酒之都的人們。我很晚才意識到這點，其實我在童年時期就已經有過體驗。當我還是小男孩時，我認為喝酒——和抽煙一樣——最初不過是因為青年人的虛榮心作祟，後來才逐漸變成惡習。或許這個嚴厲的判斷要歸罪於瑙姆堡[25]的葡萄酒。要相信葡萄酒會使人興奮，那我一定是基督徒——去相信我視為荒謬之物。然而奇妙的是，少量且極淡的酒便會使我嚴重失控；如果來一杯烈酒，我幾乎就成了水手。我還是孩童時，曾在這方面表現過勇敢。當年我在聲聞遐邇的舒爾普福塔中學讀書，每當我通宵達旦地用拉丁文撰寫一篇冗長的論文，再謄抄一遍時，一邊野心勃勃地想著在行文的嚴謹簡練方面仿效我的偶像撒路斯提烏斯（Gaius Sallustius Crispus）[26]，一邊便會不小心將手中

---

24 義大利西北部的一個省份，首府是杜林（Torino）。一八八八年尼采曾在此居住。

25 萊比錫西南的小鎮，尼采成長於此。

26 古羅馬知名的歷史學家。

那最烈的格羅格酒灑在拉丁作業本上——這種做法在當時當然不會對於我的生理有礙，或許也不會對於撒路斯提烏斯的生理有礙——儘管它可能對於舒爾普福塔的聲望有礙。

後來，人到中年，當然我就越來越嚴格地反對任何「精神」飲料：從經驗上來說，我是個反素食主義者，但正如規勸過我的理察．華格納（Richard Wagner）[27]一樣，我以十分鄭重的態度勸告所有較有靈性的人完全戒酒——喝水就夠了。

此外，我喜歡到處有流泉可供汲水的城市，例如：法國的尼斯（Nice）、義大利的杜林、瑞士的希爾斯（Sils）；我像小狗逐食一樣渴求一小杯清泉。據說「酒中有真理」，看來我站在世間所謂**「真理」**的反面：在我這裡，精神遊蕩於水上。

人們還可以從我的道德觀中得到更多啟示。

一頓美餐要比只吃一點點更容易消化。消化良好的前提條件是要讓整個胃部都發揮作用。人們必須對自己胃的容量有所明白和認識。同理，勸告大家不要在吃飯時花費太長時間，即那種不間斷的暴飲暴食——如一頓豪華宴席。也不要在兩餐之間進食，更不要喝咖啡，因為咖啡會使人變得陰鬱。只有早上的茶才有助於健康。量少一點，但要夠濃，因為淡一點點的茶是有害

27 一八一三年～一八八三年，德國作曲家、劇作家，以其歌劇聞名。

而無益的，它會使人整天覺得懨懨不快。在這方面，每個人都有自己的標準，通常有些微乎其微的變化。此外，在煩躁難當的天氣中，不宜晨起就飲茶，而是可在前一小時享用一杯濃的脫脂可可。

儘量少坐；不要相信任何不是誕生於野外、誕生於自由活動中的思想，這種思想的筋骨都是僵化的；須知一切偏見皆源於臟腑。

我以前也曾說過，端居不動是真正有悖神聖精神的原罪。

天才的誕生之地

營養問題，與地點和氣候密切相關。沒有人可以真正四海為家；凡是必須全力以赴以完成偉大使命的人，在這方面的選擇尤為苛刻。氣候阻礙或加速新陳代謝的影響極大，任何在選擇地點和氣候方面的差錯，不單是會使人遠離自己的使命，甚至還可能中止他完成使命的進程，使得他根本無法正視這種使命，使得他身上永遠不會有足夠的動物元氣，去取得那種衝入精神王國的自由，使其意識到：此事捨我其誰？

最輕微的內臟惰性一旦形成惡習，就足以使天才變成傭人，變成「德國式」的凡俗之輩；德國氣候本身就足以使強健而英氣勃勃的內臟，變得意志消沉。新陳代謝的速度與精神步伐的輕快或滯重，關係緊密；其實，「**精神**」

本質上也是一種新陳代謝。我們可以列舉傑出人物曾經生活或正在生活的地方；在這些地方，詼諧、狡詐、陰險屬於幸福的一部分；天才在這些地方都有賓至如歸之感。而我們可以發現，這些地方都有著優越的乾燥氣候，例如巴黎、普羅旺斯、佛羅倫斯、耶路撒冷、雅典——這些地名證明：天才的誕生有賴於乾燥的空氣、有賴於晴朗的天空——或者可以這麼說，有賴於快速的新陳代謝，有賴於不斷汲取巨大恢弘力量的可能性。

我知道一個例子。有一位心智開明、注定有偉大命運的通才，僅僅由於他缺乏選擇氣候的微妙本能，最終變成了一個狹隘固陋、喜怒無常的專家。假若不是疾病迫使我去尋覓理性，去思索現實中的理性，我自己最終或許也會淪落到此狀況。現在，我經過長期的經驗，就如用精密準確的儀器對自身進行測定一樣，已經非常熟悉氣候和天象造成的影響。即便是在極短的旅途中，例如，一次從杜林到米蘭的行程，我自己的生理系統便讀出了空氣濕度的變化。因此，我不無驚懼地想起一個可怕的事實：除了最近十年，我的一生中那些有生命危險的歲月總是在一些於我極不相宜的錯誤地點度過，例如：瑙姆堡、舒爾普福塔、圖林根、萊比錫、巴塞爾、威尼斯——這些對我的生理狀況來說，都是不幸的地點。

假如我的童年和青年時期沒有留下任何愉快的回憶，那麼在這裡提出所謂的「道德上的」原因也是愚蠢的，諸如無可爭辯地缺乏足夠的社交生活：因為直到今天我還是像過去一樣缺乏社交，但這並不妨礙我成為快樂而勇敢的人。話雖如此，我認為對生理問題的無知——該死的「**理想主義**」——才是我生命中真正的不幸，是完全多餘以及愚蠢的東西，因為從這個「理想主義」中，長不出任何優良的果實，並且無可補償、無法抵消。這個「理想主義」應該為這些後果負責：我的一切失利、一切對偉大本能的偏離、那些使我背棄一生使命的「謙卑」。例如，我成了語言學家——為什麼不是起碼當個醫生或其他什麼使人大開眼界的人物呢？

在巴塞爾生活的期間，我全部的精神食譜，包括日常活動的安排，**完全是**毫無意義地濫用我非凡的精力，沒有任何補給來抵償這種消耗，甚至也根本不去考慮消耗和補充的問題。那時，我全然沒有為自身考慮的敏感度，也沒有命令自己去保護自我的本能。那時，我將自己視為芸芸眾生的一員。我「無私忘我」，忘卻了自己與他人的距離——這一點我是永遠無法原諒自己的。當我差不多走到生命的終點時，正因為我接近了生命的終點，我開始反思我一生中這個基本的非理性——這個「理想主義」，正是疾病才將我帶向了理性。

一切閱讀都是修養

除了營養的選擇、氣候和地點的選擇——第三點，就是個人修養方式的選擇。這一點，不計一切代價也不可以失策。根據每個人精神的獨特程度，其可選擇的有益於自身的範圍，也是狹窄的，且相當狹窄。

對我而言，一切閱讀都是休養。它意味著令我擺脫自身、令我漫步於陌生的學科和心靈世界——那些我不再鄭重看待的事物。因此，閱讀正是可以使我從嚴肅認真的工作中得到休養。在我努力工作時，我的周圍不會有書本：此時，我不會讓別人在我身邊說話，甚至思考；那也即意味著我不會在此時閱讀。

你們可曾真正注意到，當孕育過程使精神狀態甚至整個有機體都陷入極度緊張之時，偶然事件或任何外來刺激都會產生極其強烈的影響，帶來極其深重的打擊？因此，人們必須盡可能避開偶然事件和外來刺激！築起自我的壁壘，應屬於精神孕育時當務之急的本能策略。我能允許外來的思想悄然逾牆而過嗎？——也即是說我不會在此時允許自己閱讀。

然而，在勞作和收穫的季節之後，便是休閒的時刻了：來吧！你們這些饒有趣味、聰明通達的書本！

然而，那會是德國的書嗎？

我必須追憶半年以前的事，那時我手中拿著一本書；是什麼書呢？——是波爾夏特（Victor Brochard）[28]的傑作《希臘懷疑論者》（Les sceptiques grecs）。這部作品成功地運用了我在《第歐根尼．拉爾修論》[29]中的觀點。懷疑論者是在兩面性，乃至多面性的哲學家群體中唯一值得尊敬的一種人！

平時我幾乎總是從同樣的一些書籍中尋求慰藉，其實只有寥寥幾本，但都是能為我提供證明的書。廣泛龐雜的閱讀也許不是我的風格（書房會使我生病）；廣泛而龐雜的愛好也不是我的風格。對新書採取慎重甚至敵視的態度，這比「寬容」、「大度」以及「博愛」，更出於我的本能。

只有少數幾個早年法國人的著作，能令我一讀再讀；我只相信法國文化，並認為如今在歐洲稱之為「**文化**」的一切東西都是誤解，更不用說德國的「文化」了。

我發現在德國寥寥幾個有較高文化修養的人，都出身自法國。尤其是柯西瑪．華格納夫人，我聽過她關於審美品位的見解，絕對是第一流的。

我不讀帕斯卡（Blaise Pascal）[30]的作品，但卻很喜歡他，他是基督教最富有教育意義的犧牲品。他被慢慢地扼殺，先是在肉體上，接著是心理上，在他身上生動地展示了這一整個慘無人道的可怕邏輯過程；我在精神上具有某種蒙田（Michel de Montaigne）[31]式的玩世不恭，誰知道呢？也許在肉體上也

28 一八四八～一九〇七年，與尼采同時代的法國哲學家、哲學史家。

29 尼采早期的哲學論著。第歐根尼．拉爾修是三世紀前半葉古希臘哲學史家。

30 一六二三～一六六二年，法國物理學家、哲學家。著有《思想錄》。

31 一五三三～一五九二年，法國文藝復興時期人文主義思想家、散文家。著有《隨筆集》。

有；我的藝術旨趣對莎士比亞這樣狂野的天才不無憤恨，而始終擁護莫里哀（Molière）[32]、皮耶・高乃依（Pierre Corneille）[33]和拉辛（Jean Racine）[34]等人的名號；而且這些並不妨礙我把晚近的法國人，也看作富有魅力的夥伴。

我看不出歷史上有哪一個世紀，能與當代的巴黎一樣擁有一批如此好奇而又如此精細的心理學家：試舉幾人——因為他們為數不少——例如：保羅・布爾熱（Paul Bourget）[35]、皮耶・羅逖（Pierre Loti）[36]、古普（Gyp）[37]、梅拉克（Henry Meilhac）[38]、安那托爾・佛朗士（Anatole France）[39]、朱爾・勒梅特（Jules Lemaitre）[40]諸君，或者點出這個強大種族中的一員——我特別喜歡的真正拉丁人：莫泊桑（Guy de Maupassant）[41]。我們私下說，我推崇這一代人，甚至勝過他們偉大的先師，因為這些前輩大師全都被德國的哲學毀壞了，例如，泰納（Hippolyte Adolphe Taine）[42]先生就是被黑格爾給毀了，他對偉大人物和偉大時代的誤解就是受其影響而形成的。只要德國的影響所及之處，那裡的文化就會被毀壞；只有**戰爭**[43]才「**拯救**」了法國精神。

斯湯達爾（Stendhal）[44]，是我生命中最美好的偶然事件之一——在我生命中具有劃時代意義的任何事件都是來自於**偶然**，從來都不是來自於別人的推薦——斯湯達爾的慧眼是無價之寶，他有著心理學家的先見之明，他從一系列徵兆中預見了偉大人物的降臨（見獅爪而識拿破崙）。最傻，尤為難能可

---

32 一六二二～一六七三年，法國悲劇大師。

33 一六〇六～一六八四年，法國古典戲劇大師。

34 一六三九～一六九九年，法國詩人、戲劇家。

35 一八五二～一九三五年，法國小說家。

36 一八五〇～一九二三年，法國小說家。

37 一八五〇～一九三二年，法國女作家，即加布里艾爾女伯爵。

38 一八三一～一八九七年，法國戲劇家。

39 一八四四～一九二四年，法國作家。

40 一八五三～一九一四年，法國小說家。

貴的一點是，他還是一個誠實的無神論者，這是在法國也不可多得、難以覓獲的稀有物種。在這一點上我也要對普羅斯佩．梅里美（Prosper Mérimée）[45]表示特別的敬意。

也許我應該嫉妒斯湯達爾？他專美於前，搶走了本來該由我來說的一句話，這是最妙的無神論笑話：「**上帝的唯一可原諒之處，就是他並不存在。**」我本人曾幾何時也說過：迄今為止，什麼是對存在的最大異議？上帝。

我們每個人都害怕直接面對真理

海因里希．海涅（Heinrich Heine）[46]給了我關於抒情詩人的最高概念。我在有史以來的所有國家中，尋找著同樣甜蜜激情的音樂，但一無所獲。海涅具有那種神聖的惡意，我就無法想像沒有這種惡意的完美——我評估一切人類和種族價值的唯一標準，就是他們必須明白上帝與薩堤爾不可分割的必然性。

他是怎樣地駕馭德語啊！總有一天人們會說，海涅和我絕對是運用德語的第一流藝術家——我們遠遠超越那些純種德國人在德語上的全部成就！

我與拜倫（Lord Byron）[47]的詩劇《曼弗雷德》肯定有著至深的血緣關係：我在自己身上發現了該書所描述的一切道德深淵；我在十三歲時就已成熟到

---

41 一八五〇～一八九三年，法國作家，其一生寫了近三百篇短篇小說和六部長篇小說。

42 一八二八～一八九三年，法國歷史學家。

43 意指「普法戰爭」激起了法國人對德國的反感。

44 一七八三～一八四二年，法國作家，《紅與黑》的作者。

45 一八〇三～一八七〇年，法國作家，《卡門》的作者。

46 一七九七～一八五六年，德國著名詩人。

47 一七八八～一八二四年，英國著名詩人。

能讀懂這部著作了。對於那些敢於在曼弗雷德面前提起「浮士德」的人，我無話可說，只能睥睨以對。德國人理解不了任何偉大的概念，舒曼（Robert Schumann）[48]就是個典型的例子。出於對這個甜媚的撒克遜人的憤怒，我特意給《曼弗雷德》譜寫了一首相反的序曲。漢斯・馮・畢羅（Hans von Bülow）[49]看了之後說，他還從來沒有在五線譜上見過與此相似的樂曲──這簡直是在姦汙尤特碧[50]（Euterpe）。

如果我要為莎士比亞尋找其最高準則，我從來只能找到這一條：他塑造了凱薩這個典型。這種典型無法單靠揣測得出──一個人要麼是這種典型，要麼就不是。這位偉大詩人只能從他自己的現實中汲取營養──這也是他後來再也不能忍受自己作品的原因。

每當我看一眼我的「查拉圖斯特拉」，我就要在房間裡來回踱步半個小時，因為無法抑制那一陣陣難以忍受的悲泣衝動。

我不知道哪裡還有比莎士比亞更刺痛人心的作品：一個人被迫去當那樣的傻瓜，得承受多少的苦痛啊！

你能理解哈姆雷特嗎？逼人發瘋的，不是疑惑，而是必然。但是一個人必須很深邃，如同深淵一般，必須是哲學家，才能體會到這一點──而我們所有人都害怕正視真理。

---

48 一八一〇～一八六六年，德國著名作曲家，他根據《曼弗雷德》創作的音樂是其代表作。

49 一八三〇～一八九四年，德國鋼琴家兼指揮家。

50 古希臘掌管音樂的繆斯女神。

讓我承認這一點：我本能地確信，培根（Francis Bacon）[51]大人是這種可怕文學類型的始作俑者和自虐者。美國的糊塗蟲和平庸之輩[52]的可悲饒舌與我何干呢？但是，那種具有最強烈現實性的幻想能力，不僅與敢於行動、敢於採取殘暴行動、敢於犯罪的強大力量是一致的——而且前者以後者為先決條件。

長久以來，我們對培根大人的瞭解遠遠不夠。他是第一流的現實主義者，他無愧這一名號的任何偉大意義。因此，對他曾做過什麼、想過什麼、經歷過什麼，我們瞭解得遠遠不夠。

見鬼去吧！我的批評者們！如果我當時以另一個名字印行我的「查拉圖斯特拉」，例如：理察．華格納，那麼無論是誰，即便他有著兩千年修煉的洞察力，也難以猜出，《人性的，太人性的》一書的作者就是「查拉圖斯特拉」的幻影。

與華格納密切的往來

既然談到我對生命的休養問題，在此，我有必要說一句話，藉以對我生命中那段最深沉、最熱誠的休養表達謝意；毫無疑問，這指的是與理察．華格納的親密交往。我可以將自己與其他人的關係都廉價轉讓；但無論多高的價

51 一五六一～一六二六年，英國著名哲學家、司法大臣。在一六二一年因受賄罪被起訴。尼采相信他才是莎士比亞戲劇的真正作者。

52 意指美國的培根研究學者。

錢，也休想要我將那段在琉森（Tribschen）[53]度過的日子從生命中割愛。那是信賴的日子、愉悅的日子，充滿著令人讚歎的偶然和深邃的時刻。

我不知道別人和華格納在一起有什麼體會；反正，我們的天空從來沒有一朵雲彩的陰影掠過。

因此，我要將話題再次回到法國——對於華格納派系以及所有認為華格納與他們是同類的那些人，我不想做任何反駁，只想輕蔑地上揚一下嘴角。

我生來就在本能的最深處，對於德國的東西格格不入，和德國人接觸就會敗壞我的胃口。然而，與華格納的第一次接觸使我生命中第一次得到了舒暢的一口氣：我尊敬他，把他當作異國來看待，把他當作一切「德國道德」對立面和真正的反抗者來看待。

我們這些在五十年代沼澤地般的瘴氣中度過童年的人，在對待「德國」此概念時必然是個悲觀主義者；除了當個革命者，我們別無出路——尤其，我們**絕對**不能容忍偽君子當道的境況。不論這個偽君子今天如何喬裝偽飾，不論他身著緋紅外套，還是披掛上輕騎兵的制服，對我來說完全沒有兩樣。

那麼好吧！華格納是一位革命者——他遠離了德國。

作為一個藝術家，除了巴黎，華格納在歐洲別無棲身之所，作為華格納藝術的前提，所有五種藝術的感官、那些捕捉微妙細節的本領，以及心理上的

53 華格納在瑞士的居所。

病態，這些都只有在巴黎才能找到。在任何其他地方，都缺乏這種追求藝術形式的狂熱，缺乏這種對舞臺演出的認真態度——而巴黎的認真是出類拔萃的。在德國，人們對於根植於巴黎藝術家靈魂中的雄心壯志，根本沒有什麼概念。德國人是溫馴的——而華格納絕不溫馴。

然而，關於華格納歸屬哪一派，誰與他有著最接近的血緣關係，我已經說得夠多了（見《善惡的彼岸》二百五十六節）：即後期法國浪漫派，是與德拉克洛瓦（Eugène Delacroix）[54]和白遼士（Hector Berlioz）[55]一樣振翅高飛、鬥志昂揚的藝術家；他們都具有與生俱來的病態，並且無可救藥；他們都是追求表現的狂熱分子，徹頭徹尾的高手。

那麼，究竟誰才是華格納第一個有才氣的追隨者？波特萊爾（Charles Baudelaire）[56]，也是他第一個理解了德拉克洛瓦，作為一個典型的頹廢派；整整一代的藝術家在他身上重新發現了自己——同時，或許他又是最後一個。

我永遠不能原諒華格納的是什麼呢？就是他向德國人降尊紆貴地屈膝——他成了德意志帝國的一員。

德國的影響所向披靡，腐蝕了其所到之處的所有文化。

54 一七九八～一八六三年，法國浪漫派畫家。
55 一八〇三～一八六九年，法國浪漫派作曲家。
56 一八二一～一八六七年，法國頹廢派詩人，代表作為《惡之華》。

我恰好生逢其時

綜合各方面來看，如果沒有華格納的音樂，我是無法忍受青年時代的；因為我將注定是個德國人。如果一個人想擺脫自身無法承受的壓力，那麼他就需要大麻了。那麼好吧！我需要華格納。華格納是對抗一切德國事物的療效卓越的抗毒素——同時也是毒品；我不否認這一點。

從我聽到《特里斯坦》[57]的一段鋼琴樂曲的那一刻起——向你致敬，馮．畢羅先生——我就成了華格納派。在此之前的華格納作品我覺得也很平平——還是太平庸，太「德國化」。

直至今日我仍在尋找一部作品，它要像《特里斯坦》那樣具有同樣危險的誘惑力，具有同樣的無限恐懼和無限甜美。——我尋遍了所有的藝術領域，仍然勞而無功。只要《特里斯坦》的第一個音符響起，達文西的所有神祕魅力便如遭魔咒般煙消雲散。這部劇作絕對是華格納登峰造極的傑作；為了從這種辛苦創造中恢復，他又寫出了《紐倫堡的名歌手》和《尼伯龍根的指環》兩部作品。這使他變得健康了——不過，對華格納那樣的天性來說，這是一種退步。

在時代上我恰好生逢其時，在所有民族中又恰好生活在德國，並且我已經成熟到能理解這部作品，我把這看成是第一等的幸運機緣：這是心理學家的

---

57 即《特里斯坦與伊索爾德》，是華格納創作於一八五九年的一部歌劇。

好奇心在我身上所能達到的最大程度。如果一個人從來沒有病到足以沉湎於這種「地獄般的狂歡」，他的世界是貧乏的。在此使用一種神祕主義的語言是應該允許的，甚至是必要的吧！

我想，我比任何其他人都瞭解華格納能成就偉業的原因。沒有人能像他一般展翅翱翔在令人迷醉的大千世界；正如我一樣，強大到足以把最可疑和最危險的東西轉變為於我有益的事物，並藉以變得更強大。因此，我把華格納稱為我生命中最大的恩人，讓我們兩人緊密關聯的一點在於，我們遭受到的痛苦要比本世紀所有其他人所能承受的痛苦更深刻，同時，我們還要遭受互動干戈的痛苦，這讓我們的名字一次又一次連在一起，直至永遠；華格納確定無疑地被德國人誤解了，我也確定無疑地遭受了誤解，而且永遠會如此。

你們首先要經過兩百年的心理和藝術上的訓練，我親愛的日耳曼人！——但現在已經來不及了。

我究竟想從音樂中得到什麼

我要對那些耳聰目明的讀者再說一句：我究竟想從音樂中得到什麼。想要它愉快深刻，如同十月的下午；想要它與眾不同、無憂無慮、溫情脈脈；想要它成為一個妖冶迷人、嬌小甜美的婦人。

我永遠不會承認德國人能懂得什麼是音樂。那些所謂的德國音樂家——尤其是那些最偉大的音樂家——都是外國人：斯拉夫人、克羅埃西亞人、義大利人、荷蘭人或猶太人；要不然，就屬於德國人中的強大部族，已經絕種的德國人，如海因里希・舒茲（Heinrich Schütz）[58]、巴哈（Johann Bach）[59]以及韓德爾（Georg Händel）[60]。我本人則仍然是個十足的波蘭人，可以為了蕭邦放棄所有其餘的音樂，但可能只有三個例外。首先是華格納的齊格菲[61]式的牧歌；也許再算上李斯特（Franz Liszt）[62]的某些作品，他在高貴的管弦樂上的氣場超越了所有音樂家；最後還要把在阿爾卑斯山那邊生長的一切音樂作為例外——應該說在這一邊[63]。

我的生命無法缺少羅西尼（Gioachino Rossini）[64]，更不能缺少我音樂中的南國，我的威尼斯大師彼得・加斯特（Peter Gast）[65]的音樂。當我說阿爾卑斯山的那邊時，我的意思僅指威尼斯。假如我要為音樂尋找另外一個名號，我覺得仍然只能是威尼斯。我不知道眼淚和音樂之間有何分別；我不知道：沒有恐懼的戰慄，如何能令人想起幸福，想起南國。

剛剛我佇立橋頭
在蒼茫的黃昏

---

58 一五八五～一六七二年，德國作曲家。

59 一六八五～一七五〇年，德國作曲家。

60 一六八五～一七五九年，德國作曲家。

61 《尼伯龍根的指環》的主角。

62 一八一一～一八八六年，匈牙利著名鋼琴家和作曲家；柯西瑪・華格納之父。

63 尼采在撰寫本文時，人在杜林。

64 一七九二～一八六八年，義大利作曲家。

遠方飄來歌聲
它迸出金色的雨點
散落在搖曳的水面
貢多拉、燈火、音樂——
醉沉沉地蕩入暮靄之間

我的靈魂，如同震顫的琴弦
被無形的手指撥動
對自己歌唱
唱一首祕密的貢多拉之歌
它在繽紛的幸福中戰慄
——可曾有人聽見？

破曉時分、萬物如新

所有的這一切關於營養、關於地點和氣候、關於休養方式的選擇中，占主要支配地位的乃是自我保存的本能；毫無疑問地，亦即自衛本能。對許多事物視而不見、聽而不聞、拒之千里——這是最聰明的策略，這是對我們的存

65 一八五四～一九一八年，德國作家和作曲家，尼采著作的出版者。此處的「威尼斯大師」是就其劇作《威尼斯雄獅》而言。

在並非偶然機緣而是必然規律的首要證明。

這種自衛本能的一般說法就是「品格與社會地位」。它命令我們在**肯定**即意味著抹殺自我的場合不僅要有說「不」的勇氣，更要有盡可能少說「不」的勇氣。因為我們要儘量逃離、擺脫那些總是需要對之說「不」的事物。道理在於：**抵抗力**的消耗，哪怕很少，一旦變為成例和習慣之後，就會引起巨大的、完全不必要的匱乏。我們巨額的支出通常是一錙一銖日積月累起來的。時刻警醒、刻意保持距離，這即是一種消耗——對此切勿等閒視之——精力完全浪費在消極對抗上了。**一個時刻提防的人，會變得十分虛弱**，最終導致再也無法保護自己。

如果此時我走出房門，看到的不是幽靜而充滿貴族氣質的杜林，而是一座德國的小城：我的本能將會堅守壁壘，以擊退從這個貧乏、平庸而怯懦的世界裡湧出的一切事物；又或者，我看到的是一座德國的大城市，在這個人造的墮落之地，萬物都無法生長，不論良莠，所有東西都是舶來品，它如何不會迫使我變為一隻刺蝟？但是，長刺是一種浪費；如果你不長刺，而是張開慷慨的雙手，則是雙倍的浪費。

另一種自衛的聰明策略是盡可能少做反應，要逃離那些注定使人會失去「自由」，失去創造力，只能作為反應試劑存在的境況和關係；不妨用讀書為例。

一個除了「翻」書什麼也不會的學者——平庸的語言學家，一般情況下一天可以翻閱二百本書——最終會完全喪失獨立思考的能力。如果不翻書，他就不會思考。他的思考也只是對外來刺激，即書中思想的回應。最終，他除了作出反應什麼也不會。學者把自己全部的精力花在**肯定**和**否定**上，花在對他人思想的批評上——他自己則再也不會思考了。

他身上的自衛本能已消失無蹤；如若不然，他應當抵制書本；學者——就是頹廢派。

我親眼所見如下的情形：天資卓越、立場自由的天才們在他們三十歲時就已經「讀毀了」，現在他們僅僅是火柴，需要摩擦才能迸發火花——「思想」。破曉時分，萬物如新，人的精力也如晨曦噴薄；要在此時讀書——簡直是罪孽！

利己主義的實現方法

寫到這裡，我必須對下述問題給出一個真正的答案：一個人怎樣成為他的**本我**。這一問題再也不容回避。因為題必須觸及有關自我保存的技藝中的神來之筆——**利己主義**。

假定我們的使命、天運，以及使命的遭遇都大幅超出一般水準，如此一來，就沒有什麼比認識肩負此種使命的自我，更加危險的事情了。一個人要成為他的本我，前提是：他原本**對他的「本我」完全一無所知**。從這種觀點出發，即便是那些生命中的失誤，那些歧途和彎路、延誤和「謙讓」，以及在那些遠離使命的工作上的嚴重浪費，也都有了其獨特的意義和價值。這裡面可能表現出了大智慧，甚至是最高的智慧。當認識自我還只是令人毀滅的處方時，自我忘卻、自我誤解以及對自我的矮化、狹隘化乃至平庸化無疑就是理性的選擇了。

用道德化的語言來說：博愛、捨己為人等，可能就是維持最強烈自我的一種保護手段。這是一種與我慣常的原則和信念相反的例外情況，這種情況下我站在「忘我」衝動的一邊：在這裡它是為自我愛護和自我修持服務的。

我們必須讓整個意識表面——意識即表面針對佛洛伊德的潛意識學說——保持潔淨，擺脫任何偉大的命令。甚至要當心任何大話，當心任何偉大的姿態！若是我們的本能過早地「瞭解它自身」，那會產生太多的危險。與此同時，那些組織有序的理念、注定將支配我們的理念，在本能的深處潛滋暗長——漸漸開始發號施令。它慢慢地將我們從歧途和彎路中引領回來；它替我們預備好各種素質和能力，總有一天這些素質和能力將會被證實為達到完整必不可少的手段；在沒有透露任何有關「首要使命」、「目的」、「宗旨」和「意義」的徵兆之前，它就為我們依序培養好了一切可供驅使的能力了。

從這個角度來看，我的一生簡直是個奇蹟。為完成重估一切價值的使命，也許需要具有比任何個人都多得多的能力，特別是需要那些互相對立而又不互相干擾、互相破壞的能力。各種能力的等級順序；它們之間的距離感；藝術性地排列它們的位置且令其不致相互為敵；絕不混淆彼此，絕不「調和」彼此；如此異彩紛呈而又絕不混亂——這些都是我本能的先決條件、長期的祕密工作和藝術手法。它自我保護的技巧如此之高，以致我自己對在我心裡滋長著什麼完全一無所知——然後終於有一日我所有的能力突然瓜熟蒂落，以十分完美的姿態噴發出來。

就我的記憶所及，我似乎沒有為任何事情竭力拚搏過——在我的一生中尋不出任何奮鬥過的痕跡，我是一個與英雄氣質截然相反的人。「**意欲**」成就什麼，為了某事而「追求」，懷抱一種「志向」或「希望」——我的經驗對諸如此類的事情，一無所知。正如此時此刻，我展望我的未來——遙遠的未來——如同展望風平浪靜的海面一樣：那裡沒有任何欲望的波瀾。我不想我的現狀有絲毫的改變，我本人也完全不想變得稍有不同。

但我一直就是這樣生活的。我沒有什麼願望。在活過四十四個年頭之後我可以這樣說，我從來沒有熱衷過榮譽、女人和金錢！

例如，在我成為教授的那天，情況如此——在此之前這樣的念頭從來沒有鑽入我的頭腦，因為那時我僅有二十四歲。比那時再早兩年，我突然成了語言學家的那天，情況同樣如此。我指的是我的第一篇語言學論文——無論從任何意義來說，這篇論文都是我的起點——按照我的導師里奇爾（Friedrich Ritschl）[66]的要求，發表在他主辦的雜誌《萊茵博物館》上。（里奇爾——我滿懷敬意地提起這個名字——他是我迄今所僅見的天才學者。他具有那種恰到好處的貴公子氣，這種氣質是我們圖林根人的特徵。即便是德國人，如果具有這種氣質，也會令人心生好感——為了找到真理，我們也寧願選擇偏僻的小路。我想這話如果用在離我更近的老鄉、聰明的利奧波德．馮．蘭克（Leopold von Ranke）[67]身上，也不算是低估他的。）

偉大之人坦然接受命運

人們也許會問，為什麼我要敘述這些通常被認為微不足道的小事。如果我確實是擔任偉大使命之人，那這樣就更加於己有損。我的回答是：這些瑣碎之事——營養、地點、氣候、休養方式、利己主義的實現方法——都超越全部的概念，比迄今為止人們認為重要的所有東西都更為重要。

66 一八〇六～一八七六年，德國古典語言學家，尼采在萊比錫大學時的導師。

67 一七九五～一八六五年，德國著名歷史學家，蘭克學派的領袖。

人們必須重新學習這些問題。

人類迄今嚴肅思考的問題都是非現實的和純屬幻想的；嚴格地說，是由病態的、最深刻意義上說有危害的惡劣本能發出的謊言——所有這些概念：「**上帝**」、「**靈魂**」、「**道德**」、「**原罪**」、「**彼岸**」、「**真理**」、「**永生**」。但是，人們卻在這些概念中尋找人性的偉大以及「神聖」。所有的政治問題、所有的社會秩序問題、所有的教育問題統統都是荒謬的，因為人們把最具危害性的人視為偉大的人物——因為人們輕視了「微不足道」的事，亦即輕視了生命本身的基礎。

如果現在我要把自己與那些向來被譽為一流人物的人們相比，那麼差別是顯而易見的。我根本不把這些所謂的「一流人物」當作人類成員——對我來說，他們是人類的渣滓，是帶著疾病和仇恨本能的怪物；他們純粹是禍根，是完全無藥可救、以自身報復生命的非人。

我要與他們為敵：我的優勢是，對健康本能的所有徵兆有著異常敏銳的感受力。在我身上沒有任何病態的痕跡；我即便是在罹患重疾時也沒有病態；要在我的本性中找到一點狂熱的傾向，那也是徒勞的。沒有誰可以證明，在我生命中的任何時刻，有過狂傲或裝腔作勢的姿態。誇誇其談的姿態算不得偉大；搔首弄姿的都是虛偽之人。

要提防所有徒有其表的人！

生活對於我來說很輕鬆，在**它需要我付出最艱辛的努力時，正是它最輕鬆的時刻**。無論誰看見我在今秋七十天的時間裡，懷著對此後千秋萬代的責任感，不停歇地從事空前絕後的偉業，他都發現不了我身上有一點緊張情緒的痕跡，反而會看到我洋溢著新鮮活力和愉悅心情。我從來沒有吃得這樣有興致，睡得這樣酣甜。

我不知道除了用「遊戲」的方式，還能怎樣去從事偉大使命：這正是偉大的象徵，是重要的前提條件。一點點的自我強制、一個鬱悶惆悵的表情或任何喉嚨中生硬的嘶喊，這些都是對人之偉大的反證，更是對其工作之偉大的反證——必須絕無神經過敏——因孤獨而痛苦也是一種對偉大的反證——能使我痛苦的只有「人群」。

早在蒙昧無知的童年時期，七歲的我就已經明瞭，我永遠聽不進人類的語言：有人看見我為此而苦惱嗎？

直至今天，我對每個人還是一樣的和藹可親，甚至會對那些最下層的人禮遇有加。總之，我不曾有絲毫傲慢或隱藏的輕蔑。如果我要蔑視誰，誰就會猜得到他正被我蔑視：單單是我的存在就已經足以激怒那些血管內流著卑劣血液的人。

我衡量人之偉大的準則，就是對**命運**的熱愛；偉大之人坦然接受命運，不想有任何改變，將來不想，過去不想，永遠都不想。不僅要承擔必然性，更不要遮掩它——在必然性面前，所有的理想主義都是謊言——而是熱愛它。

02《悲劇的誕生》

相信我吧！人最真實的幻想是在夢中對他顯現；
一切藝術和詩歌，
不過是現實之夢的注解。

夢境與醉境

藝術的持續發展，是與「太陽神」和「酒神」的二元性密切相關的，正如生育有賴於雌雄兩性的持續鬥爭，抑或和解；如果我們不僅從邏輯判斷出發，且憑藉直覺的直接可靠性認識到這一點，那麼，我們對於美學將貢獻良多。

「太陽神」與「酒神」這兩個名字，我們是從古希臘人那裡借來的。當然，希臘人不是用概念，而是用他們神話世界中極其鮮明的形象，來使穎悟的心靈發覺希臘藝術觀的深刻奧義。阿波羅和戴奧尼索斯這兩位藝術神的形象，使我們認識到，希臘世界中阿波羅型的造型藝術和戴奧尼索斯型的非造型的音樂藝術之間，無論在起源和目的上，都形成了一種強烈的對立。這兩種如此不同的「衝動」彼此共生並行，但多半是彼此公然決裂。它們不斷互相刺激以便誕生更有生命力的新作，並在各自的作品中，永久保持這種對立的鬥爭，而「藝術」這個共通的名號不過是表面上的和解罷了；直到最後，憑藉希臘「意志」的形而上的奇蹟，這兩者才結合起來，最終產生了阿提卡悲劇藝術，也就是後人常說的古希臘悲劇。

阿提卡（Attiki）是位於希臘中部的半島，亦是雅典城邦所在地。古希臘悲劇的代表人物有埃斯庫羅斯、索福克里斯、歐里庇德斯，這三人被稱為古希臘三大悲劇詩人；而他們既是戴奧尼索斯型也是阿波羅型。

為了更確切地認識這兩種衝動，讓我們先把它們看作兩個判然不同的藝術世界；夢境與醉境。這兩種生理現象之間顯現出一種相應的對立，正如阿波羅型與戴奧尼索斯型之間的對立一樣。根據盧克萊修[1]在其《物性論》中提到神的信仰產生於夢境的看法：「諸神的壯麗形象，首先是在夢中對人類的心靈顯現的，偉大的雕刻藝術家也是在夢中見到這些超凡神靈的肢體結構。」如若你向古希臘詩人探詢詩歌創作的祕密，他同樣會叫你注意夢境。例如：在華格納的歌劇《紐倫堡的名歌手》中，對於漢斯・薩克斯[2]作品的描述：

朋友啊，這正是詩人的使命：
闡釋並記錄自己的夢境。
相信我吧！人最真實的幻想
是在夢中對他顯現；
一切藝術和詩歌，
不過是現實之夢的注解。[3]

1 盧克萊修（Titus Lucretius Carus），西元前九八～五五，古希臘詩人、哲學家。

2 漢斯・薩克斯（Hans Sachs），一四九四～一五七六年，德國著名的鞋匠詩人，撰寫過四千多首工匠詩歌。

3 文字引自該劇第三幕。

由此可見，在創造夢境上，人人都是完美的藝術家，而夢境的美麗假象正是一切造型藝術的先決條件。不僅如此，我們將在下文論及，它也是大部分詩歌的先決條件。在夢境中，我們獲得了直接領會形象的樂趣，所有的形象都向我們傾談，無一是無關緊要的，無一是多餘的。但即便再栩栩如生的夢境，我們仍能感到夢境若隱若現的假象，至少我的經驗是如此；我也可以徵引很多例證以及詩人的話語，來證明這種假象的常態和規律性。

富於哲思的人，甚至有這樣的預感：在我們生存棲息於其間的現實世界之下，還隱藏著另一層截然不同的真實，因此現實世界也是一種假象。叔本華便直截了當地指出：若有人把人類和萬物看作**幻影**和**夢境**，這種稟賦就是哲學才能的標誌。因此，藝術感敏銳的人對夢境現實的態度，正如哲學家對現實世界的態度一樣；他是一個聚精會神的觀察者，因為他要從這些幻景中體察人生的真義，換言之，他在夢中歷練人生。他清晰體驗到的，絕不僅是親切愉悅的情景而已，同時也有一切嚴肅、哀愁、悲苦、陰鬱的情緒，或是突然的壓抑、命運的戲弄、不安的期待。總之，人生的整部「神曲」包括「地獄篇」，都從他眼前掠過，並非只是鏡花水月，因為他就在這樣的戲劇中生活並煩惱著。當然，他仍不免有曇花一現的假象之感。也許，不少人會像我一樣記得，在夢境的危險和恐怖中，有時會自我鼓勵地喊出聲來：「這是夢！

我要把它做下去！」我也曾聽說有人可以連著三、四個晚上做一個首尾完整的夢。上述事實清楚地證明，我們最內在的本質，我們共同的生命底色是如何以深邃的快樂，和充滿愉悅的必然性，體驗著夢境。

古希臘人把這種夢中經歷的愉悅必然性，表現在阿波羅身上。阿波羅，是一切造型能力之神，同時也是預言之神。阿波羅[4]的名字就字源來說，意即「燦爛者」，是光明之神，掌管我們內心幻想世界的美麗假象；這是更高的真理，是與難以捉摸的日常現實截然對立的美滿境界，是對自然在睡夢中給予人的療救和慰藉作用的深刻領悟，因此也就是一種預言能力，也就是一切藝術的象徵。然而，基於這點，人生才有意義，才值得一活。然而，為了不致產生病理作用，有一條微妙的界線，是夢境所不能逾越的，否則我們就會把假象誤認為粗鄙的現實。因此，我們在阿波羅的形象中，同樣無法忽略這條界線：適度的自制、對狂野激情的擺脫和造型之神那般大智大慧的靜穆。他的目光必須「明明如日」，才合乎他的身分；即便當他赫然震怒、神目如火之時，他的美麗光輝依然保持聖潔。

因此，在某種意義上，叔本華在闡釋關於藏在摩耶紗幔下的人的話語[5]，也可應用於阿波羅身上：「在無邊無涯的海上，怒濤際天，翻騰咆哮，船上的舟子只能將性命拋諸腦後——不妨把美託付給這一葉扁舟；同樣，置身這

---

4 阿波羅（Apollo），又名福玻斯，在希臘語中意為「光輝燦爛的」。

5 叔本華《作為意志和表象的世界》第一卷：「印度上古的智者說，這是摩耶，是欺騙之神的紗幔，蒙蔽著凡人的眼睛而使他們看見這樣一個世界，既不能說它存在，也不能說它不存在。」摩耶（Maja），梵語意為「幻術」。

苦難世界中的孤獨之人也只好安之若素地靜坐，將性命託付給『個體化原則』。」[6]

叔本華認為，個體的多樣性必須以**時間**和**空間**為條件，只有在時間和空間中才是可以思維的，因此把時間和空間稱為「個體化原則」。的確，我們可以說，對此原理的堅定信心和安心靜坐的精神在阿波羅身上，獲得了最莊嚴的體現；也就是說，太陽神自己就是個體化原則最壯美的神像，他的表情和眼神在在說明了「**假象**」的一切喜悅、智慧和美好。

在同樣的篇章中，叔本華又寫道，當一個人突然對認識現實的方式感到困惑，也就是當「充分理由定律」[7]在任何形式下似乎都碰到了例外時，人們會感到多麼巨大的驚懼。如果在這驚懼之外，再加上當個體化原則崩潰時，人們內心深處的幸福狂喜就會升起，而這就是所謂酒神戴奧尼索斯的本質；將其比擬為「醉境」也許最為貼切。

或許是因所有原始人和原始民族的頌歌中，皆提到的那種醉人飲料的影響，抑或是在春回大地萬象更新的季候，酒神的激情便甦醒了；當激情高漲時，主觀的一切都融入陶然忘我之境。因此，在德國的中世紀，人們常常積聚成群，組成歌隊，載歌載舞地在各地巡遊，也同樣是出自於這種酒神衝動。在聖約翰節和聖維托斯節的歌舞者中，我們再次窺見了古希臘酒神歌隊

---

6 見《作為意志和表象的世界》第一卷。

7 叔本華認為支配現象世界的原理有四種：一、演變的充分理由律，即因果律；二、認識的充分理由律，即論理法則；三、存在的充分理由律，即時空的純粹直觀；四、行為的充分理由律，即動機法則。

的影子，他們的前身更可以追溯到小亞細亞，乃至巴比倫和崇奉祕儀的薩克亞人（Sakaen）。

有些人，因為缺乏體驗，或者感覺遲鈍，對自己的健康鄭重其事，他們會帶著譏諷或憐憫地態度說，這種現象是「民間病」，避之唯恐不及；但這些可憐蟲當然料想不到，當戴奧尼索斯的信徒們歡鬧著走過他們身邊時，他們的所謂「健康」如何地面如死灰、恍若鬼魂！

在酒神的魔力之下，不但人與人再次團結，甚至那被疏遠、被敵視、被奴役的大自然也重新與她的人類浪子把手言歡。大地慷慨地獻出貢品，猛獸也溫良地從野嶺荒漠中走來，酒神的車駕滿載著鮮花和花環，虎豹在車軛下服役驅馳。你若把貝多芬的《快樂頌》繪成圖畫，你若用想像力去勾勒數百萬揚塵舞蹈、伏地膜拜的芸芸眾生，便差不多能體會到酒神精神了。此時，**奴隸**也成了自由人；此時，貧困、專制或「可恥的風尚」在人與人之間樹立的僵硬敵對的壁壘，也轟然坍塌了；此時，在世界大同的福音中，每個人不但感到自己與鄰人團結、和解、融洽，甚至可以說已成為了一體；好似摩耶的紗幔已被撕破，只是如殘葉般在神祕的元始太一面前飄零。

人們在載歌載舞中，感覺到自己是一個階級更高的團體成員之一了；人們已忘卻了步伐和言語，泠泠然禦風高舉，凌空飛舞！而神情有如著魔！同一時間，走獸也會說人話、大地則流出奶與蜜，而人們的身上也發出了超自然的聲響：他覺得自己是神靈，故而飄飄欲仙地在虛空中漫步——一如他在夢中所見的一切飄然高飛的神靈；他已不再是一個藝術家，而是一件藝術品；在這樣陶醉的戰慄下，整個大自然的藝術才能都顯露出來，達到了元始太一的極樂狂歡之境。

人，這種最高貴的黏土、最貴重的大理石，就在這一刻被塑造雕琢而成；應和著酒神這位宇宙藝術家的斧鑿聲，響起厄琉息斯[8]祕儀的吶喊：「萬民啊！你們跪拜於地了嗎？世界啊！你感覺到創造者了嗎？」

妖女的淫藥

目前為止，我們比較了太陽神及其對立面——**酒神的藝術力量**。基本上，它們皆從自然本身迸發，無需人間藝術家的斧鑿；他們的藝術衝動，在自然中獲得最方便最直接的滿足：一方面是夢境的形象世界，它的完滿與個人的知識水準及藝術修養完全無關；另一方面，醉境的現實，也同樣絕不重視個人能力，甚至竭力摧毀個性，並通過一種神祕的統一感來使他得到救贖。

面對這兩種自然的、直接的藝術境界，每位藝術家都是「**模仿者**」；換言

8 厄琉息斯是希臘城市，位於雅典西北，其地有大地和豐收女神狄蜜特的神殿。古希臘的酒神祭，春天在雅典舉行，秋天則在厄琉息斯舉行。

之，他或是太陽神的夢境藝術家，或是酒神的醉境藝術家，或者兼二者於一身，例如：希臘悲劇詩人。就悲劇詩人來說，我們不妨設想，他起初沉湎在酒神的酩酊醉意和神祕的忘我之境，孑然一身，脫離了狂歌縱飲的隊伍，在路邊醉倒；接著，由於太陽神的夢境感召，其自身的境界，亦即他與宇宙根源的統一，立刻在他眼前展現了一幅象徵性的夢境圖景。

現在，讓我們來分析古希臘藝術，看看在他們中間，這發自於自然的藝術衝動，究竟發展到多高的境界；或許，藉此能讓我們更深刻地瞭解和判定希臘藝術家及其「**原型**」的關係，亦即亞里斯多德所謂的「藝術模仿自然」。雖然古希臘有不少闡述夢的文學和逸聞，但我們仍只能憑猜測來討論他們的夢，即便論斷十有八九是對的，我們無法完全釐清藝術家的創作緣由；在此特別說明。

鑑於古希臘人的眼光在造型上令人難以置信地精準、鑑於他們對色彩坦誠明快的喜愛，我們不禁要假設（後世之人應該因此而羞愧難當）：他們的夢境中，應該有線條、輪廓、顏色和布局上的邏輯關係，就如同他們最精美的浮雕般，是一系列的畫面。它們的完美使我們有充分的理由——倘若可以用比喻來說——「去稱做夢的希臘人為眾多荷馬、稱荷馬為一個做夢的希臘人」。如此，總比現代人在談及他的夢時，竟敢與莎士比亞相比有更深遠的意義。

此外，我們不必憑猜測就可以斷定：醉境中的古希臘人和醉境中的野蠻人之間，隔著一道不可逾越的鴻溝。在古代世界（這裡用不著提及現代世界）的所有地方，從羅馬到巴比倫，我們到處都可以發現酒神祭的存在，不過這些類型的節慶與希臘酒神節相比，簡直是把長鬍子的薩堤爾（其名稱和特徵取自公羊）與酒神相比。事實上，這些節慶的核心幾乎都是性欲的癲狂放縱，它的狂潮沖決了一切家庭生活及其莊嚴傳統；人性中最兇猛的野獸掙脫韁繩，直至造成情欲與暴行的淫猥混合；我始終認為，這是真正「妖女的淫藥」。

這些節慶中充斥的狂熱激情，慢慢地通過海陸各方向朝著希臘滲透，而古希臘人的對策似乎是用巍然挺立的太陽神形象來長久守衛他們的時代。阿波羅舉起美杜莎的頭，似乎便可以懾服任何一種比野蠻怪誕的酒神衝動，更為危險的力量。太陽神這種威嚴凜凜的否定姿態，體現在多利克（Doric）的藝術上並永世長存。然而，一旦酒神的衝動終於從古希臘人的性靈深處迸發出來，闖出一條路，太陽神的抵抗便更加困難，甚至不可能了；那時，德爾斐之神能做的僅是：締結一個**及時的和解**，令強敵放下手中那毀滅性的武器。這次和解是希臘拜神史上的關鍵時刻；我們無論自何處回顧，都可以一目了然地看見這件大事所引起的根本變化。兩個夙敵達成和解，劃清了今後各自必須遵守的界線，並定期互相饋贈致敬的禮物；但鴻溝畢竟沒有徹底消弭。

假如我們看到在這和約的壓力下，酒神的力量怎樣顯現，那麼，我們就會領悟到，希臘人的酒神狂歡同巴比倫的薩克亞節那使人退化為虎猿的陋習相比，隱隱含有一種基督教救世節和變容祭的意義。在這樣的希臘節慶中，大自然第一次有了藝術性的慶典，而個體化原則的崩潰也才第一次成為一種藝術現象。在此，情欲與暴行混合成的可憎的「妖女的淫藥」也失效了，唯有酒神信徒身上奇妙結合的二重性情緒，會使我們想到痛極生樂、樂極哀來的心理現象，正如良藥會使我們想到致命的鴆毒。**深痛巨創之中會誕生喜樂，以雀躍歡呼將苦楚沖刷；極樂之巔，也會有恐懼的嘶喊，空對情天恨海的憤憤哀鳴。**

在那些希臘的節慶中，大自然彷彿顯露出一種傷感之象，為自己分解為個體而喟歎；這些帶著二重情緒的酒徒歌聲和舞姿，是荷馬時代的希臘世界聞所未聞的新奇事物；其中，酒神祭的音樂特別激起了人們的惶惑疑懼。雖然我們似乎一向認為音樂是太陽神藝術，但嚴格來說，這不過是指節奏的律動：為了表現太陽神精神，所發展而出的節奏的造型能力。太陽神音樂，其實是音調的多利克建築藝術，但也僅限於某些特定的音調，例如：豎琴之音。而酒神節音樂，乃至一般音樂的特徵，如音調的驚心動魄、旋律的急流直下、和聲的曼妙絕倫，卻都被視為非太陽神的因素，而被慎重地排除了。在酒神頌歌中，人的一切象徵能力被激發調動到最高程度；一些從未體驗過的情緒迫不及待地傾瀉出來——摩耶的紗幔被撕掉、民族的靈魂與自然的創造力合而為一。

此時，大自然的本質要用象徵方法表現，必須要有一個新的象徵世界。因此，整個肉體的象徵能力同時出現，不但有雙唇、臉龐、語言，還有豐富多姿的手舞足蹈。於是，其他象徵能力隨之成長，音樂的象徵能力在節奏、行進與和聲中突然洶湧澎湃地暴發。為了將這一切象徵能力充分釋放，人必須達到忘我之境，以便通過這些能力象徵地表現出此境界。因此，口唱頌歌的酒神信徒，唯有其同道中人能理解。而太陽神式的希臘人看到這些酒徒，將感到怎樣驚愕啊！並且隨著驚愕的增加，又摻入了一種疑慮，隱約感到這一切對他來說竟不陌生，原來他的太陽神信仰不過是一層面紗，遮住了其視野可及的酒神世界！

奧林帕斯眾神

為了充分理解上述情況，我們就必須把太陽神文化的精巧神廟拆除：一磚一石地拿掉，直至見到它的地基。首先映入我們眼簾的，是奧林帕斯諸神的壯麗形象。他們高踞在神廟的山牆上，那些裝飾腰壁光輝四射的浮雕刻著他們的動人事蹟。雖然，阿波羅在其間也不過是與諸神並肩而列，並沒有占據首席之為；但我們也不應因此感到迷惑。因為整個奧林帕斯世界，歸根究柢都是從體現在阿波羅身上的同一種衝動中誕生的。因此，就此意義來說，阿波羅堪稱奧林帕斯之父。那麼，如此輝煌的奧林帕斯諸神世界，是由於何種巨大的要求而產生的呢？

若有人懷著另一種宗教信念走近奧林帕斯山，想在那裡尋找道德的高尚、聖潔、超肉體的靈性、悲憫的目光，他勢必會悵然若失，立刻轉身而去。因為這裡沒有任何能使人想到苦修、靈性、清規戒律的東西；在這裡，我們只會聽到豐沛盎然、洋洋自得的生命語言；這裡存在的一切，不論善惡，都被尊奉為神明。所以，觀看的人站在如此生機勃勃的景象之前，必定會張口結舌，同時他會捫心自問：這些豪放不羈的人們到底服用了什麼奇方妙藥，才能如此享受生命，以致他們不論看向哪裡，都會發現海倫女神的嫣然微笑，而她正代表了他們生存的理想圖景——「逍遙於欲海之上」。

然而，我們必須向這位已經轉身而去的旁觀者高呼：「別走！請先聽聽古希臘民間智慧，對這種方才以如此妙不可言的歡樂向你展示的生活，是怎麼說的。」希臘流傳著一個古老的故事：昔日麥達斯王（Midas）[9]曾在林中久尋酒神的夥伴——賢者西勒努斯（Silenus）[10]，但沒有找到。最終，當西勒努斯落入他手中時，麥達斯王問他：「對於人來說，最好、最妙的什麼呢？」這位半神呆若木雞，一聲不吭。最後在國王的強逼下，他發出刺耳的大笑說道：「你這個可悲的見識短淺、無常與憂患之子，你為什麼強逼我說出你不聽為妙的話呢？世間最好的東西是你永遠得不到的——那就是不要降生，不要存在，成為虛空。但是，對你來說還有次好的東西——速死。」

奧林帕斯諸神世界對這民間智慧抱持什麼樣的態度？就像臨刑的殉道者，面對自己的苦痛感到一種狂喜般的幻覺。

現在，奧林帕斯的魔山彷彿對我們開放，讓我們看到了它的根源。希臘人認識且感覺到生存的可怖可懼。為了能生活下去，他們不得不誕生出奧林帕斯眾神的輝煌夢境，來對抗恐懼。那對於泰坦（Titans）神族自然暴力的巨大恐懼、那無情淩駕於一切知識之上的命運女神、那折磨著偉人愛人類者普羅米修斯的蒼鷹、那聰明的伊底帕斯的可怕命運、那驅使奧瑞斯特（Orestes）

9 希臘神話中弗里吉亞（Phrygia）的國王，以巨富著稱。

10 希臘神話中的半神，也是酒神的養育者和恩師。

弒母的阿楚斯家族悲劇宿命；總之，那些山鬼林神的全部哲學及其誘使，讓憂鬱的伊特魯里亞人走向滅亡的神祕事件——這一切，都被希臘人憑藉奧林帕斯藝術的緩衝世界，一次又一次地戰勝了；或至少是加以遮掩，從眼前消退了。為了能生存下去，出於這個最迫切的要求，希臘人必須創造這些神祇。我們不妨設想這創造過程的來龍去脈：從最初的泰坦神族的恐怖統治，再通過太陽神美的衝動，進而逐漸演變成快樂的奧林帕斯神統治；這段過程，猶如薔薇的花苞從棘刺叢中生長一樣。若不是由閃耀著更高光輝的眾神形象，給希臘人指示出了生存的意義，試問這個如此敏感、欲望如此強烈、如此容易感受痛苦的民族，怎能忍受人生呢？

將**藝術**召喚進生命的衝動，正是誘使人繼續生存下去、使其生存得到補充和完善的衝動，也是這同一種衝動，帶來了奧林帕斯眾神世界的誕生。希臘人的「**意志**」就以這神的世界為明鏡，映照自己的生存。眾神就是以這樣的方式來肯定人的生活，因為眾神也過著同一種生活——這才是唯一令人滿意的「**神正論**」[11]。生存在這樣神靈的明朗陽光下，人才會感到生存本身是值得追求的。

而對於荷馬的英雄來說，真正的悲哀莫過於**與生命分離**，尤其是英年早逝：所以我們現在不妨把西勒努斯（Silenus）的警句倒過來，來談論他們：

11 神正論，即論證神的正義之學。出自十七世紀德國理性主義哲學家萊布尼茲（Gottfried Wilhelm Leibniz，1646-1716）的著作。

「對於他們，最壞的是速死；其次壞的是終有一天會死。」這種哀鳴一旦響起，便會永世傳誦；如在短命的阿基里斯（Achilles）那裡迴響，哀嘆著人生世代如秋葉飄零般無常更迭、哀嘆著英雄時代的日益衰微。因為一旦渴望活下去，哪怕是身為奴工，曠世英雄也有這樣的念頭。[12] 在太陽神出現的階段，希臘的「意志」如此熱切地渴望現世生活，而荷馬的英雄感覺到自己與此種意志的不可分離，因此他的哀嘆也就成為生存的讚歌。

至此，我們必須指出：晚近的人類非常渴望的這種**和諧**，亦即人與自然的一體化（席勒使用「素樸」這一詞來表示這種狀態：素樸詩人表現現實，感傷詩人表現理想）[13]，**絕對不是**這樣簡單的、自發產生、彷彿不可避免的一種狀態，好像我們在任何一種文化的入口都必然會見到這樣的人間伊甸般。只有一個浪漫主義的時代會天真地相信這一點；當時，人們把盧梭的愛彌兒想像成藝術家，並妄圖在荷馬身上發現在自然懷抱中養育出來的藝術家愛彌兒。凡是在藝術上發現有「素樸」的場合，我們都認為這是太陽神文化的最高效果，這種文化必定首先推翻泰坦王國，殺死魔怪，再憑藉有力的幻象和快樂的錯覺，戰勝世界觀的陰森深淵和對痛苦的最敏銳感受。可是，這種心醉神迷於假象之美的素樸境界，何其難以達到！荷馬的崇高是不可言說的：作為個體，他對太陽神式民族文化的把握，正如別的夢境藝術家把握民

12 在荷馬的《奧德賽》中，阿基里斯的鬼魂對尤里西斯說：「寧可在人間為奴工，也不願在陰間為王。」

13 十八世紀德國浪漫主義詩人席勒在其著作《論素樸文學與感傷文學》中提到：「詩人或者就是自然，或者追求自然。前者成為素樸的詩人，後者稱為感傷的詩人。」

族與自然的夢境一樣。所謂荷馬的「**素樸**」，只能理解為太陽神幻想的絕對勝利，它是大自然為了達到自身目的而經常使用的一種幻想。它的**真正目的**遮掩在幻想之下，當你伸手去捕捉這幻象時，自然就通過我們的錯覺達成了它真正的目的。

在希臘人身上，「**意志**」要通過天才和藝術世界的變容作用來觀照自己；它創造的眾生為了頌揚自己，首先必須讓自己配得上這個頌揚；因此，他們必須在藝術的更高境界中再度發現自己，但這一發現不是通過此具體化的完美世界的命令或譴責所產生的。這就是美的境界，希臘人在其中看到了自己的鏡中面容——奧林帕斯眾神。憑藉這種美的映照，希臘人的「意志」方能對抗那些誕自痛苦的智慧和藝術才能；作為它凱旋的紀念碑，荷馬這位素樸藝術家巍峨矗立，千年不朽！

把夢看作假象的假象

關於這位素樸的藝術家，若以夢境為喻，或許可以給我們一些啟發。不妨設想一個做夢的人，其沉湎於夢境而不願其受到驚擾。他會對自己吶喊：「這是夢！我要把它做下去！」我們由此可以推斷：他在夢的觀照中，體驗到一種深刻的內在快樂；另一方面，為了能在觀照中滿懷喜樂地夢下去，他必須完全忘掉白晝的現實和憂患。因此，憑藉釋夢之神阿波羅的指導，我們對這一切現象可以如此闡明：雖然在生活的兩邊，即「清醒」和「夢境」中，前者時常是被看作遠為可取、重要、莊嚴、更值得體驗，而且是唯一能體驗的生活；然而，即便看起來是奇談怪論，我仍然主張，對於我們身為其現象的存在的神祕本質，夢也應該受到我們相當的重視。

因為，我在大自然中愈覺察出那強大的藝術衝動，見到它對成為**假象**並且通過假象而得救的渴望，我便愈覺得有必要作如下的形而上學假定：**真正的存在和太一**，這種永恆的衝突和苦難，同樣也需要陶醉心靈的幻影、快樂的假象，來不斷地來解救它；我們既然身處這種假象中，而且是由假象構成的，就勢必會感到它是真正的虛無，**是時間、空間、因果的無窮變幻**。換言之，**這不過是我們正在經驗的實在**。假如我們暫時不管自己的「實在」，而是把我們經驗的實在，如一般世界的實在一樣，看作太一變動不居的假象，那就不妨把夢看作假象的假象、看作對原始假象的欲望的一種更高的滿足。因為如此，自然的心靈深處對於素樸藝術家和素樸藝術品（同樣是假象的假象），便有感到難以形容的喜悅。

拉斐爾，便是這些不朽的素樸藝術家之一。在一幅象徵畫中，他描繪出假象轉化為假象的過程，亦即素樸藝術家以及太陽神文化的原始過程。他在《聖容顯現》的下半部分，用出神的孩子、絕望的雜工、不安的信徒，反映出原始而永恆的痛苦——世界的唯一根源；在這幅畫中，「假象」就是永恆衝突這一萬物之源的反照。然而，從這一假象中升起了一個新的虛幻的假象世界，宛若一股馥郁的靈香。但是那些局限於第一假象的人們對此視而不見——它是飄蕩在最純淨的幸福中的浮光，飄蕩在澄明無礙、光輝肅穆的觀照之中。在此種最崇高的藝術象徵中，我們體會到了太陽神的美的世界及其根基——西勒努斯的可怕警句，我們憑直覺領悟到這兩者間的互相依存關係。然而，太陽神再度以個體化原則之神的姿態出現在我們面前。唯有在他身上，太一才能達成其終極目的，才能通過假象而得救。太陽神以他的崇高姿態向我們指出，**這個煩惱世界是何等必要**；因為，只有透過它，個體才不得不產生解脫苦難的幻覺，並在對此幻覺的觀照中，安之若素地端坐於扁舟上，橫渡苦海。

若我們全面檢視這種個體崇拜—作為命令和規範來說，它只有一條律法：**個人**。也就是說，守住個體界限，亦即希臘人所謂的「適度」。作為德行之神，阿波羅要求其信徒們凡事要適度，且為了適度，要有自知之明。因此，與他的審美要求並行不悖的，是「**認識你自己**」和「**萬勿過分**」這些要求；

同時，自負與過度被視為與太陽神精神背道而馳的真正惡魔，從而是太陽神以前泰坦時代的特徵，太陽神以外蠻夷世界的特徵。普羅米修斯因為以泰坦之愛來愛人類，所以命該被蒼鷹啄食；伊底帕斯因為解開斯芬克斯之謎（Sphinx）的過分聰明，所以命該陷入混亂的罪惡旋渦；以上，是德爾斐之神對希臘古史的注解。

同樣，在太陽神式的希臘人看來，酒神衝動的影響似乎也是「泰坦式的」和「蠻夷的」，但同時卻又不能不承認自己的內在與那些被傾覆的泰坦神和英雄們血緣相通。不僅如此，他甚至覺得其整個生存，和全部的美與適度，都建築在隱蔽的痛苦與知識的根基上；而酒神衝動卻向他揭示了這根基。看！太陽神就不能離開酒神而生存！那麼，泰坦和蠻夷精神的必要性在根源上，便與太陽神精神不相上下了。

現在我們不難想像，這個建設在假象和適度之上，以藝術為疆域的世界，如何受到酒神節的狂歡之聲勾魂奪魄的侵襲。在這些歌聲中，我們聽到自然的一切「過度」的大喜大悲以及大慧，如何發出勢如破竹的呼嘯；那麼，我們可以問問自己：伴著幽靈般的豎琴聲、唱著讚美詩的太陽神音樂家，在這惡魔似的民歌面前，算什麼呢？假象藝術的繆斯們在這種以狂醉敘述真理的藝術面前，黯然失色，西勒努斯的智慧對著靜穆的奧林帕斯眾神高喊：「可悲！可悲！」這時，安分守己的個人便陷入酒神的陶然忘我之境，頓時忘掉了太陽神的清規戒律。「過度」變成了真理，矛盾衝突、苦痛中的狂喜，從大自然的內心最深處發出呼喊。酒神文化所到之處，太陽神文化就被重新檢視。然而，反過來看，同樣確定無疑的是，當酒神的初次進攻受到挫敗時，太陽神的威嚴就顯得比之前更加盛氣凌人。因此，在我看來，多利克[14]和多利克藝術不過是太陽神文化永久安紮的軍營。因為，如此頑固、冷漠、警衛森嚴的藝術，如此嚴厲好戰的訓練，如此冷酷無情的軍國制度，唯有不斷反抗酒神文化的原始野性，才能長存不衰。

談到這裡，我只簡單發揮了在本文開頭提出的意見，即**酒神**與**太陽神**兩種文化，如何在緊密聯接的新陳代謝和不斷鬥爭中而彼此進益，支配著希臘人的天才。在太陽神的美的衝動支配下，荷馬的世界從青銅時代及泰坦神族的戰爭和嚴厲的民間哲學中誕生發展；荷馬的「**素樸**」的壯美又被酒神文化的狂潮淹沒；於是太陽神文化在與這種新勢力的對抗中，導致了多利克藝術和多利克世界觀的刻板嚴厲。

最後，若遵循這兩個敵對原則的鬥爭軌跡，將古希臘的藝術史分為四大階段，我們現在就有必要進一步去追問這種發展變化的最終目的，因為多利亞式（Doric）藝術的時代，絕非最後的時代，絕非這些藝術衝動的頂點和歸

14 即當時的斯巴達。

宿。於是，阿提卡悲劇和酒神頌藝術的崇高可貴之作出現在我們眼前，它們是這兩種衝動的共同目標；在長久以來糾纏不休的爭鬥之後，這兩種衝動終於得以慶賀其神祕的姻緣，並誕下麟兒——她既是安蒂岡妮（Antigone），亦是卡珊德拉（Cassandra）[15]。

15 安蒂岡妮是伊底帕斯之女；卡珊德拉則為特洛伊公主。前者是維護傳統道德的堅強女子，後者是所謂「蠻夷」女子。而前者代表太陽神文化，後者則代表酒神文化。

《03 歡悅的智慧》

好吧！
對抗痛苦的祕訣就是——
痛苦本身。

生命是值得活下去的

存在意義的導師

無論我以善或惡的眼光去觀察人類，我發現，每個人都有一個本能的傾向，那就是**竭力去做任何有益於保存人類種族的事情**。這並非源於他們對種族的熱愛，而僅僅是因為世界上再也沒有比這個本能更根深柢固、聲強勢壯、不可抵擋及無法戰勝的事情了——這一個本能，就是我們人類種族的本質。雖然我們已經習慣於快速地以淺短目光，來區分鄰人的有用或有害、善良或邪惡，但當我們以更宏大而整體的視角來思考和評估此事時，則會對這種界定和區別產生疑惑，最後只得放棄這種區分。因為即使是害群之馬，當他在保存人類種族時都可能變成最有用的人：他竭力保存自己，或透過他的影響使整個人類避免腐化與衰退。

仇恨、幸災樂禍、對財富與權力的貪婪等諸如此類，都被稱作罪惡；但事實上這些可說是保存人類種族的一種不可思議的制度。儘管這一制度代價昂貴、極度浪費並且十分愚蠢，但它仍被證明是迄今為止保存人類種族頗為有效的制度。

我親愛的同胞和鄰居們，我不知道你們是否生活在那種危害人類的嚴重處境中，它或許會使人類在數萬年前就已滅絕，或許會使一切糟糕到連上帝都手足無措。但無論如何，都竭力去**追逐你們最好或最壞的欲望吧！**直至毀滅！因為，它們都可能會使你在某種意義上成為人類的推動者和恩人。人們會因此讚頌你，或者嘲笑你。但你**很難**找到一個真正有資格嘲笑你的人，他們總有一天會找回良知，悲慘地向你哭訴，並重新投入真理的懷抱。

或許我們會自嘲，就像被真理本身所笑話。因為人類對於真理的體驗與認知遠遠不夠，即使是最聰明的天才也難以望其項背；也許，笑聲仍是充滿希望的。「人類種族才是最重要的，個體什麼也不是。」當這一思想已融入人性，它帶來的所謂的「終極解放」與責任感的缺失，便時刻都與我們每個個體緊密相連。也許，此刻的笑聲充滿了智慧，也許，這就是唯一的「快樂的智慧」。但無論如何，這終究是兩回事。**當存在的喜劇感尚未成為一種自覺的意識時，那我們仍然生活在一個悲劇的時代**，一個被「**道德**」和「**宗教**」充斥著全社會的時代。

這些道德和宗教的創立者、道德價值的鼓吹者以及宗教戰爭的導師們，他們展現出來的新面貌究竟有何意義？這些站在舞臺中央的英雄們究竟有何意義？他們自古以來就是英雄，一切時代中的所有事物好像都在為這些英雄服務：不是充當布景或機器的角色，就是充當知己或僕從的角色。例如，詩人們往往是某種道德的僕從。很明顯地，這些悲劇性的角色也在為人類種族的利益而服務，雖然他們都以上帝的使者自稱，認為一切都是為了上帝。他們促進了生命的信仰，而這無疑是對人類種族的一種促進，「生命是值得活下去的，」每一位信徒如此吶喊，「總有許多重要的東西被深深地隱藏在我們的生命之中，要注意啊！」這些鼓舞人心的話語，激發了世間一切最高貴的和最卑微的靈魂，也時刻激發出了心靈的理性和激情，從而為人類種族的保存作出了貢獻。他們既然擁有了如此輝煌的成就，便試圖用盡一切方法使我們忘卻，這一切其實都出自人類的本能：愚蠢而又缺乏理性

生命是應該被熱愛的，為了……！人類應該有益於自己和鄰人，為了……！所有的這些「**應該**」和「**為了**」都已被賦予意義，過去如此，將來也如此。倫理學家充當了宣講存在意義的導師，其目的就在於使那些自發形成的必然觀念，看上去是經過深思熟慮才形成的理性戒條。為此，他甚至發明了另一個不同的存在，以實施那一套新理論，而不用依附原先的本體。可以肯定的是，他並不希望我們嘲笑存在本身，或者我們自己，或者他個人。對他而言，個體終究是**個體**，既非「**總和**」，也非「**零**」。他的發明可謂愚蠢且不切實際，而且還嚴重誤解了自然之道，否認了其存在的條件。

當然，迄今為止，所有的倫理制度都可堪稱愚蠢，並違反了自然之道，故而每個個體都足以使人類走向毀滅。每次，當那些英雄們重新躍上舞臺，總會有些新的收穫，總會響起那些令人毛骨悚然的雷同的笑聲，總有許多的個體會被那些看似意義深遠的話語所震驚。

「是的！生命是有價值的！是的！我應該活下去！」你、我以及我們每一個人都再次對生命本身產生片刻的熱情。不可否認的是，在歷史長河中，「笑聲」、理性和自然總是居於這些偉大道德導師的上風。「**存在的短暫悲劇**」會逐漸轉變成「**永恆的喜劇**」，而「潮水般的無數笑聲」[1]——最終也會瓦解這些偉大悲劇。儘管有這些「矯正性」的笑聲的存在，但整體而言，人類的本性已不可避免地被這些宣講存在意義的導師所改變。因此，人類增加了一個額外的需求，即對這些精神導師和對人生意義的詮釋的需求。

與其他任何動物相比，人類已逐漸變成一種奇異的動物，他們必須滿足一個額外的生存條件，即人類**必須**時時刻刻確信他知道自己生存的目的。若沒有週期性地對生命本身及生命的理性產生信心，那麼，人類此一種族則無法繁榮昌盛。他們一次又一次地反覆宣告：「有些事情是絕對禁止嘲笑的。」而最謹慎的人士也加上幾句，「不僅是笑聲和歡樂的智慧，還有悲劇及其莊嚴的無理性，這些都是保存人類種族的各種方式。」

1 引自埃斯庫羅斯的詩句。埃斯庫羅斯，西元前五世紀古希臘悲劇詩人。此處是其代表作《被縛的普羅米修斯》中的一處誤譯。正確的臺詞應是「無數的海浪的笑聲」。

哦，我的兄弟，你瞭解我所說的了吧！你瞭解這個新的盛衰規律了吧！我們也將會有屬於我們的時代！

良知

我總是重複相同的經驗，並且每次都要重新作一番努力去抵制它。儘管我每次都能輕易地感知，但我仍然不願相信這一事實。那就是：**絕大多數的人都缺乏良知**。真的，我似乎經常能感覺到，當某人發出這種請求時，即便身處人煙稠密的大都市，也如同置身於沙漠一般的孤獨。每個人都以奇異的眼光打量著你，並且用他自己的尺度來衡量善與惡。當你指出他們的衡量並不準確時，他們並不因此而羞愧，也不會對你表示憤怒；或許，他們對你的懷疑只會一笑置之。

我的意思是：絕大多數人相信並竭力踐行的這個或那個理念，事實上，事先都未曾認真地加以瞭解，以便找到贊成或反對的理由，而事後也沒有給他們帶來任何困擾。對於這一切，他們並不感到羞恥。即便是擁有最高天賦的男人和最高貴的女人，都屬於這「絕大多數人」。

但是，對我而言，一個人擁有善良、高雅和天分這些美德又有何意義呢？當他在信念和判斷中對此十分鬆懈、當他不能將之作為內心最深處的渴望與需求時，便能區分出一個人的高低了！

在某類虔誠的人身上，我發現一些令人憎惡的品行，並以此來對待他們。這證明了他們敗壞的良知會**背叛**他們自己。當我們面對存在的不和諧與不確定時，卻毫無追問與質疑，不因欲望而顫慄，欣喜而毫無厭煩地對待那些追問的人，或許還使他頗為愉悅——這就是我所認為的卑劣，也是我在每個人身上首先要尋找的感覺。有些愚人總是要說服我，只要是人，就都會有這種弱點。

也許，這就是我所謂「**不公正**」的風格吧！

高貴和普通

對於普通人而言，一切高貴的、寬宏大量的情感看上去都不妥當，因此剛開始也都不可信。當他們聽說類似事情的時候，就眨眨眼睛，好像在說：「這裡面肯定涉及到某些利益，我們並不能看穿每一堵牆。」他們猜忌那些高貴者，就好像後者在祕密地為自己謀求好處一樣。如果他們十分確信其中根本沒有自私的意圖和好處時，他們就視高貴者為傻瓜，他們鄙視後者的愉悅，並嘲笑其眼神中的光輝。「怎麼會有人樂於處在不利的地位呢？怎麼會有人眼睜睜地看著自己處於不利地位而無動於衷呢？在這些高貴的情感背後**一定**

存在某種理性的缺陷。」——所以他們一邊如此想著，一邊露出鄙夷的神態；其方式與他們鄙視一個瘋子從自己頑固的想法中獲得的喜悅，一模一樣。

識別普通人性的標誌就是他們總能堅定地**發現自我利益**，而且這種關涉利益的意念甚至比最強烈的刺激還要來得強烈；它還不允許這些刺激引人走入歧途，從而做出一些緩慢無效的行為——這就是它的**智慧**和**自尊**。

比較起來，更高一點的天性則要顯得無理性得多——因為那些高貴的、寬宏大量的、自我犧牲的人們實際上禁不起自身的刺激；當他處於最好的狀態時，他的理性就暫停了。一隻動物會冒著生命危險去保護自己的幼兒，或者在交配的季節，一直跟隨著雌性臨艱履險，絲毫不會顧及到危險與死亡；此時牠的理性也暫停了，因為牠所有的喜悅都傾注在幼兒或雌性身上，而唯恐喪失這種喜悅的恐懼感，完全支配著牠；這隻動物顯得比平時更加笨拙——就像那些高貴的、寬宏大量的人一樣。

這些人擁有如此強烈的喜悅和痛苦的感覺，以至於他們降低了自己的智商，而去**保持沉默**或**甘願接受奴役**；此時，他們的心臟便取代了頭腦的地位，他稱之為「**激情**」（偶爾我們也會遇到相反的狀況，可以說是「激情的逆轉」）；比如，某人曾將自己的手放在豐特奈爾（Bernard Le Bouyer de Fontenelle）[2] 的心上，然後說：「你這裡所擁有的，親愛的先生，也是個頭

2 一六五七～一七五七年，法國寓言小說家，代表作為《與死者對話》。

腦啊！」此類激情背後的理性要不缺失，要不乖張，而它正是普通人鄙視高貴者的原因所在，尤其，當激情指向的物件的價值觀看上去十分奇特而獨斷的時候。他惱怒於那些受食欲的激情支配的人，他理解誘惑在這裡扮演著暴君的角色，但他不理解的是：一個人怎麼能為了一種知識的激情，而甘願冒著健康和榮譽的危險。

更高天性的人敢於嘗試一些特殊之事，這些事情通常無法引起大多數人的興趣，而且看上去並不美妙；他們擁有一套獨特的價值標準。此外，大家多半相信他們品位的特異之處並不在於這種獨特的價值標準；相反地，他們的正面和反面價值都被認為和常人一樣合情合理，結果就造成了他們的高深莫測和不切實際。

更高天性的人很少留有足夠的理性去理解和對待普通人，尤為重要的是，他們深信自己的這種激情同樣存在於每個人的身上，只不過被**隱藏**起來了，而且他們對此信念極為熱忱，並大力為之辯護。

如果這些特殊的人們並沒有**意識**到自己是特殊的，那麼他們又如何去理解那些普通人，並給予其恰如其分的評判？——所以，他們總是談論人類的愚蠢、不明智和胡思亂想，對世界的瘋狂表示吃驚，而不明白有些事是「**必須的**」。

這就是高貴者永恆的不公正。

是什麼保存了人類的種族？

迄今為止，最強壯和最邪惡的心靈在推動人類前進上，皆作出了傑出的貢獻：他們無數次地重新點燃了人類昏昏欲睡的激情（任何井然有序的社會都會使激情昏然入眠）；他們也無數次地喚醒了人類在面臨新鮮的、大膽的、未經嘗試的事物面前所擁有的比較、反駁與欣喜的感覺；他們促使人類用一種觀點去挑戰另一種觀點，用一種理想模式去對抗另一種理想模式。他們為達到這個目的，大都透過使用武力、推翻界石、褻瀆虔誠等方式，有時甚至借助於新的宗教和道德！

在每一位道德導師和傳教者眼中，我們能在任何新鮮事物上發現其危害之處，它會使征服者聲名狼藉，即使它的語言表達更為巧妙，而且不會馬上引起人的肌肉反應。但也恰好是因為這個原因，它才沒有惡名昭彰！任何新鮮事物在不良的環境之下，都企圖去征服、推翻舊日的界石和虔誠。只有舊的才是「善」的！每個時代的善人都深深地沉浸於舊的思想之中，並使之開花結果——他們是心靈的耕耘者！但是那片土地終將貧瘠，而罪惡的犁鏵必將一次次地重新開始耕作。

如今，有一個徹底錯誤的道德理論十分流行，特別是在英國。它斷言：「善」與「惡」的判斷是以其「**有利**」與否為標準。凡是能保存人類種族的那就叫作「善」，凡是妨害人類種族的那就叫作「惡」。事實上，「惡」的動機在保存人類種族方面仍是有利的，如同「善」一樣都是不可或缺的——只不過它們**作用**不同罷了。

無條件的責任

所有的人都覺得他們需要用最強烈的字眼和聲音、最富表情的舉止和姿態，留下深刻的印象給後世——革命的政治家、社會主義者、基督教或非基督教的傳教士，這些人都拒絕承認「半成功」。他們都談到了「**責任**」，實際上這都是些無條件的責任——如果沒有這些責任的話，他們甚至連痛苦的權利都沒有。他們深諳這一切！因此他們創設道德哲學，去宣揚某些無條件的原則，或者吸收其他優秀的宗教，比如馬志尼（Giuseppe Mazzini）[3]的所做所為。

要得到別人毫無條件的信任，首先，就必須毫無條件地信任自己。當面對那些終極的、無可爭辯的、固有的莊嚴的戒條時，他們就試圖使自己逐漸變成它的僕人和工具。如此，我們就有了**道德啟蒙**和**懷疑主義**的最普遍，也是

3 一八〇五～一八七二年，義大利統一運動的重要革命家。

最有力的對手。但是，這些人畢竟是比較罕見的。而從另一方面來說，在任何利己主義思想氾濫之處，就存在著這些廣泛意義上的對手，儘管榮譽和名聲似乎都在阻止著它。

作為一個古老而驕傲的家族的後裔，當一個人想到自己要成為某個君主、政黨、教派甚至金融財團的工具時，便會感到自尊心受辱——但他仍然希望在自己和公眾的面前，成為某種工具，而且也必須成為某種工具。他需要的是一種在任何時刻都能訴說出來的感傷性的原則；而且這也是一種絕對「**應該**」的原則，它使人能公然地、毫無羞愧感地順從。所有文雅的恭順都堅持無條件的規則，這是那些想要使責任的絕對性喪失的人們之致命對手：「體面」要求他們如此，而且還不僅僅是「體面」。

尊嚴的失落

沉思，已經失去了它所有形式上的尊嚴。我們嘲笑那種莊嚴、肅穆的沉思方式，也不能接受一個作風古舊的智者。當我們旅行、散步、處理各種事物時，都在匆匆地思考，甚至在處理某些最重要的事物時，也不例外。我們幾乎不需要準備的時間，甚至是片刻的沉默都不需要。彷彿我們的腦中備有一台永動機一樣，即便在最糟糕的狀態下，仍能維持運作。

從前，當某人注視著對方時，能告訴對方的僅僅是他即將要思考的問題，而這種情況可能也極為罕見！如今，他想變得更加睿智，隨時都在準備著思考。他就像一個祈禱者一樣，集中表情，停下腳步，一旦思想來臨，他可以在大街上站立幾個小時，無論是單腳還是雙腳站立都可以。

這就是事物的尊嚴所要求的！

為勤奮者準備的事情

一片廣闊的天地，正展現在任何想要研究道德問題的人的面前。各種激情都必須單獨地加以思考，按照年代、人們（偉大的或渺小的個體）的差異單獨進行考察。他們所有的理性態度、價值觀念和闡述方式，都必須一一地顯示清楚！

迄今為止，所有這些曾賦予存在以色彩的東西都缺乏一個歷史：你從哪裡能找到關於**愛**、**貪婪**、**嫉妒**、**良知**、**虔誠**與**殘酷**的歷史呢？甚至關於法律與懲罰的比較史，也一樣完全空缺。關於分割白天的不同方法和將時間分為工作、娛樂及休息的這種有規律的時刻表的重要性，有誰曾作過研究嗎？我們懂得食物的道德影響嗎？是否有一種營養哲學呢？（不斷爆發地支持和反對素食主義的爭論，證明了還沒有這樣一種哲學！）有誰收集過人類群居生活的經驗嗎——例如：修道院？有誰描繪過婚姻與友誼的辯證法？關於學者、商人、藝術家、工匠的各種習慣——他們找到了自身的思考者了嗎？他們有太多需要考慮的東西啊！

人類將至今觀察到的一切事物都視為「**存在的條件**」。所有包括理性、激情和迷信在內的事物——都已被徹底研究了嗎？根據不同的道德狀況，人類的行為是如何以不同的方式得到發展，並仍然能夠不斷發展？即使對最勤奮的人而言，這些都包含了太多的工作！它需要整整幾代人及幾代學者的系統合作，才能徹底窮盡各種觀點和材料。這同樣適用於展示道德狀況多樣性的原因。（為何一個包含了基礎道德判斷和首要價值標準的太陽在此處光芒萬丈，而彼處又高懸另一個太陽？）

然而，一項新的工作又產生了，那就是必須判斷出所有這些理性犯下的錯誤，以及鑑定道德判斷的整個本質。如果這些工作全都完成了，我們即將面臨的最微妙的問題就是：科學已被證明能夠終止和毀滅我們行動的目標，那麼，它是否還能繼續提供行動的目標呢？接下來便是井然有序的實驗，在此過程中，各種英雄行為都得到了滿足——這也許會是一場延續好幾個世紀的實驗，所有偉大的工作和歷史性的犧牲都將黯然失色。

科學迄今尚未構建起它「獨眼巨人式」[4]的傑作，但是，那一刻終將會來

4 獨眼巨人，是指希臘神話中西西里島的巨人。它的獨眼長在額頭上，善於鍛造。

臨。

無意識的德行

一個人所有自覺的品質——尤其是那些他希望清楚明白地展現在他人面前的東西——都從屬於發展的規則；這完全不同於那些他一無所知或知之甚詳的品質。這種敏銳掩蓋住了真實的自我，即使從一個更敏銳的觀察者的眼睛去看，也會一無所獲。這些人知道如何掩藏自我，且看上去若無其事一般。

這就好比是在爬蟲的鱗片上做精緻的雕刻，如果你將這些雕刻看作是裝飾品或爬蟲的盔甲，那就錯了。**唯有透過顯微鏡**，我們才能看清這些雕刻。或許，我們需要擁有一雙人工且像動物一樣敏銳的眼睛，才可能將那些雕刻看成是裝飾品或盔甲。但是，我們又怎會擁有呢？

我們聽其自然地展現出所有能被人察覺的美德，尤其是那些我們相信能引人注目的美德。且同時，我們也聽其自然地表現出了那些不易為人矚目的美德，儘管它們也有著同樣的屬性，但對別人而言既非裝飾品也非盔甲。或許，其中一種**美德**用盡各種方法取悅了上帝，最終才得到了一個神聖的顯微鏡。

舉個例子：我們勤奮、有抱負、富有洞察力，全世界都知道這些美德。此外，我們可能也曾擁有過更多的勤奮、更大的抱負、更敏銳的洞察力，但是對這些爬蟲身上的裝飾品而言，顯微鏡還沒發明呢！而此時人的本能就會說：「好極了！他至少知道了無意識的美德是可能的——這對我們而言就足夠了！」

哦，你是多麼地容易滿足啊！

我們的爆發

人類在早期就獲得了無數的東西，但由於它們還處在胚胎時期，十分微弱，所以沒有人能確認它們已被人類獲得。在經過了很長的一段時間後，也許是數世紀，那些東西突然就顯而易見地呈現出來。與此同時，它們變得強壯且成熟。

有些時代似乎完全缺乏某種天賦或美德，就像某些人一樣。如果你有時間等待，那就讓我們盡情等待他們的子子孫孫吧！他們會將先人們自身尚不知曉的內在品質，彰顯在人們面前。當然，也常會有兒子背叛父親的事情發生。但只有當他也有了兒子之後，他才會對自己理解得更為透徹。

所有人的內心都**隱藏著一個大花園**，我們一直都在其中耕耘著。用另一個比喻來說，我們都是活火山，終有爆發的一刻。至於爆發的時刻離現在是近還是遠，當然沒有人能夠知道，哪怕是全能的上帝。

返祖現象

對於某個時代中的極少數人，我寧願將他們看作是突然出現的過去文化及其影響力的幽靈；這是人類的一種返祖現象。我們以這種方式去真正地理解他們。

他們也許看起來十分的奇怪、稀有和特別，可是不論是誰，只要能感受到自身力量的人，都必定會尊敬與保護他們，為之辯護，也與之建立友誼，從而幫助他們去反抗另一個排斥他們的世界。

因此，他要不成為了一個偉人，要不成為了一個瘋狂的怪人；除非他很快地毀滅了自我。從前，這種特質十分普通，所以人們習以為常，在人群中他們並不突出。也或許他們是先天注定要成為偉人吧！因為**發狂與孤獨**對他們並不造成危險，而在這方面，普通人則完全不行。這主要是因為當時的時代風氣和社會階級制度，都在保護著這類古老天才的再次出現。而在種族、習慣和價值觀念發展極度迅速的今日，則幾乎不大可能。

節奏在音樂中的作用，就好比是動機對於人類發展的作用。就我們目前的處境而言，這種樂曲發展中的「行板」是絕對必要的，就像節奏也有熱情和緩慢之分，畢竟這是保存人類世世代代的精神所在。

權利意識論

意識

意識，是人類有機體中發展最晚的，因此也處於一種未經潤飾且頗為柔弱的狀態。

意識常會造成無數的錯誤，使某個動物或人類提前走向毀滅。「超越了命運。」荷馬[5]如此表述。如果本能的保護不是如此強大有力，如果它不能像一個調節器一樣服務於整體，而人類僅憑乖張的判斷、幻想、膚淺和輕率——簡而言之，只用意識去行事的話，人類就必定會走向崩潰和毀滅。我們甚至可以說，如果沒有本能的話，人類早就不存在了！

在一個機能尚未完全形成和成熟之前，它對有機體存在一定的危險！同時，它如果能適當的專制一些，反而是件好事！而事實上意識也是如此，而且它還沒有一點驕傲！人們認為這就是人類的精髓所在，而且是最持久的、永恆的、最根本的與最獨創的東西！意識被視為具有特定的重要性！人們否

5 西元前一〇～前九、八世紀之間，古希臘吟遊詩人。此處引自其代表作《伊利亞特》。

認它的成長和不穩定性，而將它看作是一個和諧的有機體！

這個對意識的可笑高估及誤解，產生了非常有益的後果。它阻止了意識的發展過快。因為人們認為自己已經擁有了意識，無須麻煩即可獲得它。

但如今卻完全不同了！要消化吸收知識並使之成為一種本能，這一任務對人類而言，仍然十分陌生。在人類的眼中，黎明才剛剛開始，我們幾乎不能清晰地辨認任何東西。**只有那些**認為迄今為止我們收穫的只有錯誤，而且我們所有的意識都與錯誤有關的人們，才能看清這一切！

知識的目的

什麼？知識的最終目的不就是給予人類盡可能多的快樂和盡可能少的痛苦嗎？但是，快樂和痛苦既然是如此的糾纏不清，任何人如果要想要獲得其中之一樣盡可能多一些，那麼就必須接受伴隨而來且數量相當的另一樣；任何人如果要想享受「天堂般的歡樂」，那麼就必須準備好迎接「**地獄般的痛苦**」[6]。

也許，事情本來就是如此，至少斯多葛學派[7]就是這樣認為的。他們一貫主張要想將生命中的痛苦減少到最低程度，那就必須將快樂減少到最低限度（「擁有美德的人，是最快樂的」，這一教義最初被蘇格拉底所辯護，它也是

---

6 引自歌德的《艾格蒙特》。歌德，一七四九～一八三二年，德國著名作家。

7 古希臘哲學家芝諾，於西元前三〇五年左右創立的哲學流派。

禁欲主義倫理學的核心觀點。這個諺語既有大多數人看得懂的學校標語類的清晰與明確，也有留給精細的人去揣摩的複雜與微妙之處）。

即使今天我們仍然擁有選擇：要麼**獲得盡可能少的痛苦**，簡言之，沒有痛苦（社會主義者和其他所有黨派中的政治家都無權向人們做出更多的保證），要麼獲得盡可能多的痛苦，而以收穫許多別人很少能體會到的高尚的歡愉和快樂為代價。如果你選擇了前者，那麼你既要消滅人們面對痛苦的敏感與脆弱，也要消滅人們承受歡樂的能力。

事實上，**知識**可以用來促進這兩種目標的實現！迄今為止　我們都知道知識能阻止人們過分享樂，使人變得更加冷靜、莊嚴和堅忍，但也許我們可能還未發現它也是痛苦的最大製造者！——同時，我們還會發現它的反作用，那就是它也擁有讓一個新的歡樂的星球，突然爆發的巨大能量！

權力意識論

幫助或傷害別人，是我們將自身的力量運用在別人身上的不同展現——這完全取決於我們自己的意願！我們傷害別人，是因為我們需要**彰顯**自己的力量，而**痛苦是一種比快樂更易為人感知的方式**。痛苦總是讓人去追究其起因，而快樂則使人停留於現狀，不會回頭眺望。

我們對那些在某種程度上已經依賴於我們的人（也就是說，他們已經習慣於將我們視為其存在的理由），顯示了我們的仁慈並極力幫助他們。我們想要增強他們的力量，因為這樣我們也是在增強自己的力量；或者，我們是想向他們顯示，成為我們勢力中的一員後所帶來的好處——如此，他們將會更加滿足於自己的現狀，且對我們的力量更加充滿敵意，並願意與之作鬥爭。

不論我們是在幫助或傷害別人的過程中作出了犧牲，都不會影響我們行動的終極價值。即使我們拿生命作為賭注，就像那些殉道者為教會所作的一樣，這也是一種為了獲得力量或保存力量帶來的快感而作的犧牲。某人會感覺到「**我掌握著真理**」——為了保持這種感覺，他又有多少「財產」而未捨得輕易地放棄！他之所以沒有將之拋棄，是為了保持自己「高高在上」的地位——即位於那些缺乏「**真理**」的人之上！

當我們傷害別人時，必定很少會感到愜意，而這種純粹的快樂，只有在幫助別人時才能得到；它是我們仍然缺乏力量的標誌，或者當它面對這種貧乏時，其實也洩漏了自己的失敗；它給我們已經擁有的力量帶來了新的危險和不確定，而報復、輕蔑、懲罰和失敗的氛圍，則使我們的視野變得陰沉黯淡。只有對那些最急躁和貪婪力量的擁護者、那些一眼就被征服者當作施捨的物件（善行的物件）的人而言，這是一種負擔和厭倦。——因為自身力量的缺乏，在權力的信封上蓋上印章，也許會更加令人愉快。

這取決於一個人增添自己生命趣味的不同習慣，這也是一個愛好的問題：取決於他到底是喜歡從容的還是倉促的、安全的還是危險的事情；取決於他是否敢於**增強**自己的力量——他總是根據自己的性情去追求這種或那種趣味。對於驕傲的天性而言，一件輕易獲得的戰利品是可鄙的。只有當他們看到了那些可能成為敵人的桀驁不馴之人，看到了那些很難輕易獲取的財物，他們才會由衷的高興。他們常常對那些蒙受病痛折磨的人十分冷酷，因為後者並不值得他們為之爭奪和感到驕傲——但他們對勢均力敵的對手則顯得謙恭有禮，因為只有棋逢對手，才能使人心生榮耀。

為這種場景的良好感覺所激勵，騎士階級習慣了以謙恭有禮的態度對待彼此。對於那些驕傲感淡薄也不渴望偉大征服的人而言，憐憫是一種非常愉快的感覺；即使是一件輕鬆易得的戰利品——意即那些正蒙受病痛折磨的人——那也十分迷人。如同妓女身上的美德一樣，憐憫也同樣被人稱讚。

人們稱之為「愛」的事物

貪婪和**愛**，這兩種如此不同的感覺都是由什麼引起的呢？也許，它們都是同一種本能的不同名稱罷了。其中一種情況是：已經擁有的人對之十分貶低，因為他們身上那種本能的衝動已經逐漸變得平靜，對已經得到的事物，他們則憂心忡忡。而另一種情況是：人們始終不滿足，內心的渴望仍十分迫切，於是，將這種追求稱為「**善**」。我們對鄰居的愛——它不也是一種對新的財物的渴望嗎？同樣的，我們對知識、真理的愛以及對一切新鮮事物的追求，不也是如此嗎？

我們逐漸厭倦了那些陳舊的和已經安穩擁有的東西，而再次伸出了自己的雙手。即使是最漂亮的風景，當我們在此住了三個月之後，也不再確信還會那麼喜愛它。而那些遙遠的海岸線，卻激發了我們內心的渴望之情。一切已擁有的東西往往都因擁有而被輕視。我們收穫的快樂總是嘗試著不斷地給我們帶來一些新鮮的東西，以此來保護它自己——**這簡直就是**擁有的全部含意。

當我們對已經擁有的東西產生了厭倦時，其實就是厭倦了我們自身（過量擁有會使人深受其苦——即使我們也想著要捨棄與分發，但仍會以「愛」的名義繼續擁有）。當目睹他人處於困境之中時，我們喜歡利用這一機會去侵占對方。例如，我們成為了他的恩人，並懷著一顆惻隱之心為他做了一切，然後再因這種「愛」而要求獲得更多新鮮的東西，而這種喜悅就類似於看到一件新的戰利品所激發出來的感覺。

無論如何，異性之愛是一種最能清晰地彰顯自我的情感，它與我們對一件新的財物的渴望完全相同。對朝思暮想的心上人，情人總是希望能無條件地獨自占有；無論是她的靈魂還是她的身體，他都希望擁有絕對的控制權；他希望成為她的唯一，停駐並統禦在她的靈魂之內，就好像自己是最至高無上的，也是最稱心如意的。

如果有人考慮到，這就意味著整個世界都被排除於他最珍貴的愛情、歡樂與享受之外；如果有人考慮到情人已看到了其他所有競爭者的貧窮與匱乏，而只想要成為一條看守自己金庫的龍，他只是所有「**征服者**」和開拓者之中，最輕率和最自私的一位；如果有人考慮到，對於情人而言，其餘的世界都顯得無關緊要、暗淡無光和無足輕重，他已準備好去做一切奉獻、擾亂所有秩序並看輕其他任何利益時，那麼，此人才會真正地驚奇於這種具有狂熱的貪婪與不公平特質的異性之愛，居然在每個時代都被美化和神化到如此至高境界。——是的，這種愛情裝飾了愛的概念，它一直以利己主義的對立面自居，但事實上，它可能是利己主義中最直白的一種表現。

很明顯地，無產者和渴望擁有的人在這**限定**了語言的用法——這樣的人大概總是會有太多吧！那些在這一領域內已經擁有了許多並為此十分滿足的人，偶爾還會被評為「瘋狂的惡魔」，所有雅典人中最可愛也是最被熱愛的人——索福克勒斯[8]就曾被如此評價過。但是愛神厄洛斯（Eros）總是嘲笑這

8 參見柏拉圖《理想國》。索福克勒斯，前四九六年／前四九七年～前四〇五年／前四〇六年，古希臘劇作家。

些褻瀆者，雖然他們一向都是他最寵愛的人。

地球上，到處都有一種愛的延續，它使兩個人之間的貪婪欲求，不斷地讓位於新的欲望和貪念。而後者是一種共用的更高級的渴求，它超越了彼此，成為一種典範。但是，又有誰懂得這樣一種愛呢？又有誰體驗過嗎？

它真正的名字就是——**友誼**。

在距離之外

這座山峰使整個地區，無論從任何一個角度看都變得迷人而富有意味。當我們對自己如此訴說了幾百遍之後，便對它大加褒揚，而無需任何理性思考，彷彿它就是快樂的泉源，是整個地區中最令人感到快樂的事物。所以，我們奮力地攀登山峰，而失望也隨之而來。整座山峰和環繞四周的風景彷彿在一瞬之間，失去了魔力。

我們早已忘卻了偉大，如同忘卻了善良一樣，而它們其實都需要隔開一定距離去遠眺，並且我們只能仰視，而非俯視，才能產生如此效果。也許，你知道你必須隔開一定距離去觀察你的鄰人，只有這樣，你才能發現他們也可堪忍受，甚至充滿魅力、生機勃勃。

自我認知，就是一種需要從反面加以勸告的事情。

越過人行天橋

當你和一個羞於表達感受的人交往時，你必須學會掩飾自己的情感。一旦你撞見他們那脆弱、狂熱或高尚的一面時，他們會突然對你產生一種敵意，就好像你看穿了他們的祕密一樣。此刻，如果你想表達你的善意，你應該設法使之發笑，或者說些無傷大雅的玩笑話。這樣，他們就會凍結自己的敵意，重新恢復平靜。這就是我在說故事之前的一些道德教導。

我們的生活中曾經有這麼一段美好時光：大家彼此親密無間，似乎沒有任何事情能阻礙我們的友誼和同胞之愛；除了一小段人行天橋阻隔著我們。當你正準備踏上去的時候，我問道：「你是要跨過天橋到我這邊來嗎？」然後，你就不想過來了。當我再次問你時，你仍沉默不語。自此之後，高山大河以及一切能阻隔和疏離我們的事物，便橫亙在我們之間，縱使我們想要互相來往也毫無辦法了。

如今，當再次想到從前的那一小段人行天橋時，除了啜泣和迷惘之外，你已無話可說了。

為貧窮尋找刺激

世上顯然並不存在某種戲法，可以讓我們將窮人立刻變成富人，甚至是過剩者。但我們無疑可以將貧窮歸諸於一種必然，這樣，它的出現就不會冒犯我們，我們也不必對命運擺出一副斥責的臉孔；這就是一個聰明的園丁的所作所為。他將花園裡快要乾涸的溪水引向噴泉仙子的雕塑手臂上，這就刺激了自己的貧窮：這個世界上還有誰與他同病相憐，其實，根本就不需要那位噴泉仙子？

古代的驕傲

我們的身上已不再具有古人的那樣顯著的高貴氣質，因為，我們的情感世界中已不再有古代的那種奴隸。一個希臘貴族發現，他所在的上流社會和最下層的階級之間，居然隔著如此遙遠的距離，以致他很難清晰地看見奴隸們，甚至是連柏拉圖也難以真正的看清。

現在的我們已經不同了。因為我們已經習慣了人類平等的教條，即使這種教條本身並不平等。世界上有一種人，他們不能自由支配自己的行動，也沒有空餘時間去休息，但我們並不能就此認為他們是可鄙的。也許，在現有的社會秩序和活動中，我們每個人身上都**存在較多**的奴性。這一點與古人完全不同。

希臘哲學家懷著這一種祕密的感覺度過他的一生，那就是世上的奴隸比想像中的還要多。換句話說，**除了哲學家，每個人都是奴隸**。[9]當他想到即使是地球上最有權威的人也有可能是他的奴隸時，驕傲便溢於言表。這種驕傲，與我們並不相干，在我們身上也完全不可能存在，即使從隱喻意義上來看，「奴隸」這個詞語對我們而言，早已不再擁有任何力量」。

罪惡

去調查那些擁有完美人生且成就卓著的人們吧！或者問問你自己：一棵被寄予厚望的參天大樹能否免於暴風雨的襲擊？能否免於各種厄運與阻力？如果世間必須存在一個有利的環境，否則任何偉大的成長都幾乎不可能，甚至是美德也很難扎根，那麼各種憎恨、嫉妒、頑固、懷疑、嚴酷、貪婪和暴力，能否都被它剔除在外？

毒藥既能使弱者走向毀滅，也能使強者變得更有力量，而後者並不稱之為毒藥。

愚昧的尊嚴

人類在上個世紀設置的許多學科上，都取得了令人可喜的進步，他們的所作所為都顯示了一種最高層次的審慎。但同時，審慎也失去了它所有的尊

9 禁欲主義的教條之一。

嚴。可以肯定的是，審慎是必須的，但同時也是平凡和庸俗的。在溫和的挑剔者看來，這種「**必須**」就是一種庸俗。正如同真理與科學的專制會增強人們對謊言的崇拜，審慎的專制則會促進一種新的高貴的產生。

追求高貴，那也可能意味著一種**愚行**。

自我捨棄者

致無私的導師

一個人的美德之所以被尊稱為「**善**」，不是因為這對他們自身有好處，而是對我們大家和整個社會有好處——對美德的讚詞總是遠離「**無私**」和「**非自我本位**」！否則，我們將不得不承認美德（諸如勤奮、服從、純潔、同情和公正）很可能對他們的擁有者而言，是有害的。作為一種驅動力，它過於強烈和貪婪地支配著人們，而絕不讓理性去協調自己與其他品格之間的平衡。

當你擁有一項美德——我指的是那種真實而完整的美德，而不是渺小細微的美德——那你就成為它的**受害者**了！但是你的鄰人恰恰會因此而對你大加稱讚！人們稱讚勤奮，即使你的視力，以及精神上的原創性與勃勃生機，都會因此而受損；對於那些為工作鞠躬盡瘁的年輕人，人們既為之感到惋惜，但更引以為榮，他們的想法如下：「對於整個社會而言，即使損失了最好的個體，也只不過是個渺小的犧牲！對於這種不可避免的犧牲，我們當然感到惋惜！如果他換一種方式思考，將個人的生存和發展看得比他服務社會的工作還要重要的話，那必定會使事情變得更糟糕！」所以，雖然他們也為這個年輕人感到惋惜，但並不是因他本身之故，而是因為他是個忠誠的「**工具**」，對待自己那樣無情——一個所謂的「**好人**」——因為他的犧牲而使社會有所損失。

也許有人會問，如果他能在工作時對自己少一點疏忽，而使自己生存得更長久一點，那麼是否會對社會更有用呢？——是的，人們承認如果是這種情況，確實會帶來一些利益，但我們也要考慮到，其他的一些利益正因他的疏忽而變得更強大更長久；犧牲已成事實，它再一次向大家證明了人類是具有犧牲精神的。

因此，當一項美德被稱讚時，我們**首先**稱讚的就是其中有益於他人的那一面，然後才是盲目的那一面，而後者拒絕受到個體的整體利益的約束。——簡而言之，美德中的無理性，導致個體轉換成為整體之中的一個渺小功能。稱讚美德，就是在稱讚一些能私下對個體造成傷害的事情；就是在稱讚這種能使人喪失了最高貴的利己主義和最高級的自我保護力量的動機。

誠然，為了教導人們養成有德行的習慣，人們強調美德的不同作用，它使美德和個人利益看起來密不可分——事實上，也的確存在這種關聯！例如，盲目而極度的勤奮——這是種典型的「工具性」美德——它既通向象徵財富和榮耀的道路，也是治癒無聊和情欲的最好的美酒，但是人們總是對它的極度危險性保持著緘默。換句話說，教育始終都以這種方式在進行著：它試圖通過一系列的利益誘惑，使個體習慣於接受其思考和行為的模式，當這種模式成為了一種習慣、動機和愛好之時，它便控制了個體並凌駕其上，使個體為了「**一種普遍之善**」，而去反對自己的最大利益。

我經常能看見這種情形：盲目而極度的勤奮在帶來財富和榮耀的同時，也使人喪失了能享受財富和榮耀的**優雅**器官；這個治癒無聊和情欲的最重要的解藥，同時也使人的感覺變得遲鈍，使人的精神抗拒一切新鮮有趣的東西。（我們身處一個最勤奮的時代，但我們並不懂得如何從勤奮和金錢中去創造一切，除了更多的金錢和更加的勤奮之外；我們甚至需要更多的天才去花完這些財富，而非獲取財富！——好吧！我們還有我們的「子孫後代」！）

如果這種教育成功的話，那麼個體的每一項美德，都是一種公共的設施。至於談到最高級的個人結局，那就純屬個人的一種損失——很可能還包含一些靈魂和意識的墮落，甚至是提前的死亡。從這個立場來考慮的話，服從、純潔、同情和公正等美德，也是如此。

稱讚別人大公無私、道德高尚、勇於自我犧牲——也就是說，這些人沒有運用他全部的力量和理性，去追求自我權力的保持、發展、提高、促進和擴張，而是活得謙虛而草率，甚至帶點冷淡和諷刺——這種稱讚當然不是發自那些無私的靈魂！鄰人稱讚其無私，是因為這能帶給他好處！如果鄰人自己在思考時十分的「**無私**」，那麼他將會**拒絕**自己實力的減少，因為這損害了自我利益；他將會極力阻止這種「無私」傾向的發展，甚至為了證實自己的「無私」，而不再將這種美德稱之為「善」！

在此，我們要特別指出這類備受推崇的道德其基本的矛盾，那就是：它們的動機和行事的原則，恰恰**相反**！道德既想以此來證明，卻又以道德的標準來反駁它！

為了不自相矛盾，「捨棄小我，奉獻大我」的要求應該僅由這樣一種人——他們捨棄了自我利益，甚至可能在奉獻的過程中，造成了自我的毀滅——宣告出來。一旦鄰人（或社會）為了實用目的而推崇利他主義時，它就直接使用相反的原則：「你應該追求自我利益，即使為此付出其他任何代價。」

於是，人們開始佈道了，用的是同樣的節奏，一句是「你要」，一句是「你不要」！

國王一天的時刻表

一天開始了，讓我們安排好今天的工作，和我們最仁慈的君王的節日盛宴，此刻他仍在安眠。今天他的王國內天氣不佳，但我們必須小心翼翼地避免談論天氣的不好，甚至避免提及到天氣。我們比平常要更加注意禮儀，要對這場盛宴表現得更加歡欣。也許陛下龍體欠佳，在早餐時分我們要傳達給他最新的好消息：昨晚蒙田[10]先生已經抵達，他將針對陛下的病體編造些令人愉快的玩笑——陛下患了結石。[11]

我們將接待幾個人（好幾個！那個被吹捧上天的老青蛙也在其中！假如他聽到「我不是人」這句話時，會回答道：「但你總是那事物本身。」[12]），這次接待時間將會很長，超過使人愉悅的程度。這就有足夠的理由去解釋某人寫在門上的詩了，「誰若進來，便是我的光榮；誰若不來——那真是謝天謝地！」[13]為了表達自己的粗魯，這真是一種有禮貌的方式！這首詩儘管粗魯，卻也有部分正確之處。所以大家都說他的詩勝過他的人。那麼，就讓他繼續寫出更多的詩，並且盡可能地從這世上抽身而出吧！別忘了，這才是他那有禮貌的粗魯的真正含意啊！反過來說，一個君王總是比他的詩歌要有**價值**得多，即使——我們究竟在說些什麼啊？

我們說長道短，而整個宮廷都相信我們一直都在認真工作，甚至筋疲力

10 一五三三～一五九二年，法國人文主義思想家。

11 參見蒙田散文《經驗》。

12 參見蒙田信件《致讀者》。

13 在尼采的筆記中他提到這出自於奧日埃。奧日埃（Emile Augier），一八二〇～一八八九年，法國劇作家。

盡——在點燃燈火之前，我們看不見光亮。聽！那不是鐘聲嗎？真討厭！舞會已經開始了，而我們還不清楚節目的安排，所以我們只能即興演奏，整個世界都在為這個節日而即興演奏！今天就讓我們與整個世界一起即興發揮吧！

奇怪的晨夢突然不見了，也許我就是那個塔樓上的鐘聲的受害者吧！它剛才正帶著慣常的驕傲神情宣告現在是五點了。看來這一次夢之女神要對我的習慣開個玩笑吧！我習慣了以安排好一天的生活且能坦然勝任來作為每一天的開始，而且我處理這一切的方式太莊重規範了，就像個君王似的。

腐化的標誌

以下現象在我們社會中，經常地必然會發生，它被命名為「腐化」。

第一，既然腐化在任何地方都會發生，五花八門的迷信就隨之產生，而人們先前的那些普通的信仰便變得蒼白無力。因為迷信是底層階級的一種「**精神自由**」——迷信者能從中挑選適合自己的特定形式和教條，他們擁有選擇的自由。與宗教信徒相比，迷信者不僅僅是一個獨立的「個體」，而一個迷信的社會就是由許多的「個體」和許多個性上的**愉悅**所組成。從這個角度來看，迷信似乎總是作為信仰的一種進步而出現，它也是智慧變得更加獨立並要求自我權利的一種標誌。那些抱怨的人們就是古老宗教的虔誠的迷戀者，直到現在他們還決定著語言的用法，並給予迷信以惡名，即使是最崇尚自由的靈魂也是如此。我們意識到，這實際上就是啟蒙主義的徵兆。

第二，一個腐化橫行的社會被指責為是懦弱無能的。在這樣的社會中，對戰爭的尊奉和戰爭給人帶來的快樂已經很明顯地減少了。人們對於舒適生活的渴盼，就像從前對戰爭和體育榮譽的渴盼一樣。然而，有一個事實卻經常被我們所忽視，那就是驅使古代人在戰爭和競技比賽中取得輝煌成就的那種精力和熱情，如今，已經轉變成無數私人的情感了，但幾乎很少能被人察覺了。實際上，在「**腐敗**」的年代，人們所耗費的精力，無論在質或量上，都比過去有過之而無不及，而個人花費的精力甚至達到了一種氾濫的地步，這在從前是完全做不到的——因為那時他的精力還不夠豐富！正是在那樣一個懦弱無能的年代，悲劇作品在大街小巷氾濫，偉大的愛與恨也由此產生，而**知識的火焰**也猛烈地燃向天空。

第三，當說到這個社會的信用時，人們讚揚著說，與那個更古老、更強健、更虔誠的年代相比，這個時期的人們溫和善良，殘酷的行為也大幅的減少，就好像想要彌補他們曾責罵其迷信和懦弱似的。但是對於這個稱讚，我除了譴責之外，沒有更多意見了。我承認，現在只有那種殘酷性得到了改觀，而且它的那套古舊形式已不適應現在人們的趣味了；但是能夠訴諸語言的、視力可及的那些痛苦與傷害，卻在這個「**腐化**」的時代達到了繁衍的最高點——於是，怨恨以及怨恨中的快樂就此產生了。人們生活在一個充滿機智和誹謗的「腐化」時代；他們知道除了用匕首和毆打之外，還有其他的謀殺方式；**他們也知道人們信任一切「說得好聽」的事情**。

第四，當「**道德衰敗**」時，那些被稱為**專制者**的人，便開始現身了。他們是先驅者，在某種程度上，也是人類個體早熟的第一批成果。只需稍待時日，這個懸掛在人民之樹上的水果之王就變得成熟，且逐漸轉黃了——而這棵樹之所以存在就是因為這顆水果！在與各種專制者的鬥爭過程中，衰敗逐漸達到了它的頂點，凱薩也隨之產生，這個最後的專制者結束了人們與專制統治的疲倦的搏鬥，而將奮鬥的成果據為己有。在他的年代，個體普遍都很成熟，文化也因此達到了鼎盛階段，取得了纍纍碩果。

但這一切並非是由於他個人的緣故，儘管那些最高級的文化都喜歡宣稱是他的作品，以此來向凱撒獻媚。事實上，他們需要和平，因為社會的動盪和自身的勞苦已經夠多了。在那個時代，**賄賂和叛逆**的行為也達到了頂點，人們對新發現的自我熱愛，要遠遠超過對「祖國」的熱愛——那個祖國古老而又疲憊不堪，它甚至號召人們為之獻出生命。為了在跌宕起伏的命運中保護自我，一旦有富裕強大之人願意施捨金錢時，人們都伸出了雙手——即使高貴之手也不例外。對於未來，他們毫無把握，因為都只為今天而活。對於所有的誘惑者而言，靈魂跟他們在玩一種簡單的遊戲，大家都只會為了「**今天**」而甘願受到誘惑或賄賂，他們也只會為了自己而保留未來和美德！

眾所周知，這些真正為自己而活的人們，他們更關心自己的當下，而不會為芸芸眾生去做點什麼，因為他們覺得自己就像那無法預知的未來一樣。此外，他們也喜歡加入那些暴虐之徒的行列中，因為他們認為對方有能力去處理各種行動和資訊，普通人卻既不能理解也不能原諒這一切。專制者或凱撒在手握大權時，仍深深懂得個人權力的重要性，他們在擁護和支持個體的無畏道德上，始終興趣不減。因為他認為自己是，也希望人們認為他是這樣的一種人，亦即拿破崙的著名論調所表達的：「我始終有權利這樣回答所有針對我的控訴——那就是我。我與整個世界相脫離，任何人也不能跟我提出條件。我想要人們服從我的一切，甚至是我的幻想。當我為這種或那種消遣而著迷的時候，我希望大家認為一切都是**自然而然**的。」這就是拿破崙曾經回答他妻子的話，當她有足夠的理由去質疑丈夫對婚姻的忠誠時。

當蘋果從樹下掉下來的時候，也就是腐化開始的時節——我指的是那些個體、未來的播種者、精神的殖民開拓者、新的國家和團體的塑造者。**腐化**，只不過是給予那些豐收的人們的一個粗魯的字眼而已。

不滿的兩種不同形式

在某種程度上，溫柔而虛弱地表達不滿的人，可以使生命變得更加美妙和豐富。而那些強烈地表達不滿的人，始終堅持著自我，則使生命變得更好、更安全。前者顯示了他們的弱點和陰柔的一面，即他們樂於讓自己時常受騙，偶爾也滿意於某種陶醉和突然爆發的激情，儘管他們不可能完全地滿意，而且也一直為這無法醫治的不滿所苦惱。此外，他們也是那些懂得如何運用鴉片或鎮靜劑來實現安慰作用的人，所以他們**厭惡**那些把醫生的地位看得高於牧師的人——因為這些人**使真實的痛苦得以延續**。

如果從中世紀以來，歐洲這些溫柔虛弱地表達不滿的人們並沒有剩餘，那麼歐洲人的那種持續變化的能力可能就沒有任何發展了；而表達強烈不滿的人的要求又是如此的簡陋和謙卑，以至於很難帶給他們最終的安寧。例如，中國就是這樣一個對生活存在大規模不滿的國家。幾個世紀以前，求變的能力就已經消失了。在歐洲，太多的社會主義者和城邦政治的崇拜者，他們往往用自己的方法使生活變得更好更安全，但也很容易創建中國式的條件和中國式的「幸福」，假使他們能首先消除那種病態的、溫柔的、虛弱的不滿，和此時仍大量多餘的浪漫情懷。

歐洲是個病弱者，它對自己的不可救藥和在苦難後的永恆變化，表達了最大的感激。這些不停地產生新的條件、新的危險和疼痛、新的資訊的方式，最終產生了類似於天才的發達智力的那種興奮，無論如何，這都是天才產生的泉源。

知識並非先天注定的

世上有一種愚蠢的謙卑，而且它並不罕見。一旦某人為其所苦，他就永無資格成為知識的信徒了。當他接觸到某種異乎尋常的事物時，往往拔腿就跑，同時還喃喃自語，「你一定是看錯了！你的理性去哪了？這不可能是真的！」

接下來，他並不去仔細地反覆審視與諦聽，而是一跑了之，就像受到恐嚇似的，趕緊逃離這驚人的一切，並設法儘快忘卻它。因為他內心的宗旨是：「我**不願**看見任何與現行觀點牴觸的事物。難道我是為發現新的真理而生？這世上的真理已經夠多了！」

何謂生？

生——即意味著：持續不斷地剝落那些**趨向**死亡的東西。

生——即意味著：對我們身上逐漸衰老的一切都殘酷無情。不僅對我們自己，對別人的亦是如此。

生——也許更加意味著：對垂死之人、可憐之人和年老之人皆不留情面？

那我們不就成為謀殺犯了嗎？而老摩西[14]說：「你不應殺戮！」

自我捨棄者

自我捨棄者將要做些什麼呢？他努力為達到一個更高境界而奮鬥，他希望飛得比所有的斷言者都更高、更遠。為此，他放棄了許多會阻礙他飛翔的東西，而其中有些東西對他而言，並非毫無價值，也並非毫不關心。他犧牲了自身欲望，只為到達巔峰。這種犧牲與放棄，恰好是明顯可見的，所以人們都稱他為「**自我捨棄者**」。

當他站在我們面前，裹著頭巾，彷彿自己就是那覆蓋在剛毛襯衣下的苦行者的靈魂。他十分滿意於自己給予我們的影響。他竭力隱藏他的欲望、他的驕傲和超越常人的企圖。是的，他比我們想像的還要聰明。你看，他在我們面前表現得如此謙恭有禮。這個信誓旦旦的人！即使我們也曾是他捨棄的物

---

14 摩西，西元前十三世紀的猶太人先知，舊約聖經前五本書的執筆者。

件，他仍能做到這一步！

利用最好的一面去破壞

我們的優點，有時會推動我們前行得如此之遠，以致無法再忍受我們的缺點，哪怕因此而毀滅。雖然我們早已預知結果，但仍一意孤行。我們奮發努力，直面那應當被剔除的缺點，我們的偉大之處即是我們的冷酷無情。此種體驗最終必定會以我們的生命為代價。

這也是那些偉大人物影響他人以及時代的一種象徵。他們以自己獨一無二的最好特質，毀滅了許多虛弱的、狐疑的、尚在轉變中的和剛剛「**有意圖**」的東西，因此也充滿了破壞性。換句話說，他們身上的這種破壞性，是由於他們最好的一面已被那些過量酗酒般的人們所接受和吸收。而後者酩酊大醉，早已喪失了自我意識；在醉意的驅使下，他們走向了歧途，以致跌得筋斷骨折。

謊言的添加者

當法國人民開始批鬥亞里斯多德的**三一律**[15]、隨後便有人為之辯護時，這樣的一幕便會再現，它是我們常能見到的卻又不願見到的情景——人們對自

15 亞里斯多德在《詩學》中將古希臘戲劇的特點歸納為三一律，即時間、地點和行動的一致性。亞里斯多德，前三八四—前三二二年，古希臘哲學家。

已撤謊，為所謂的規則編出種種理由，僅是為了避免承認自己已習於這些規則，並且也不希望一切有所改變。這就是人們對每種盛行的道德和宗教觀念所採取的一貫態度。只有當某些人開始抨擊習慣、尋求理由和目的時，那些習慣背後的理由與目的才會再次被添加。

在此，我們揭示了一切保守主義者的虛偽——他們是**謊言的添加者**。

不受歡迎的信徒

名人的喜劇

名人都需要聲望。例如：所有的政治家，他們在挑選同盟與朋友時，都是在為往後做打算。從某個人身上他們希望能反射出其道德的光彩；從另一個人身上他們希望獲得那種令人恐懼的力量——別人都確信他擁有而在他身上尚不明顯的一種力量；從第三個人身上，他們又竊取其喜歡懶洋洋地躺著曬太陽的閒適聲名，因為，這可以滿足自己偶爾想放鬆和偷懶一下的目的——這恰恰隱瞞了一個事實，他們實際上正埋伏著等待，準備伺機而動！

他們一會兒要身邊有個具有遠見卓識的人，一會兒又需要個專家，一會兒需要個思想者，一會兒又需要個學問家，就好像這些人是他們自身的代表；

但眨眼之間，他們卻又不需要這些人了。

因此，這些名人身邊的外部環境在持續不斷地消失中，甚至當周圍的一切看上去都想擠進來，以便增添自己的某項特色時，亦是如此；從這個角度而言，他們就像人都市。

他們的聲望持續變化著，就像他們的性格一樣，而他們不斷發展的處事方法也需要變動，它也推動了這些或真或假的性格展示到舞臺上。就如我先前所說的，他們的同盟和朋友只不過是這個舞臺的道具而已。無論如何，他們所需要的只是那些屹立不倒和無法撼動的東西，遠遠望去，一片輝煌。有時，這也**需要**喜劇和舞臺表演。

商業與高尚

就像讀書和寫作一樣，「**買賣**」在現在來說是件很平常的事。每個人每天都在積極實踐、不斷練習，即使他不是個生意人。正如同在人類的野蠻年代，每個人都是獵人，他們每天都在練習打獵的技術。在那個年代，打獵是一件尋常之事。但隨著它變成一項特權之後，它就失去了自己平易與普通的特色。打獵不再是生活中的一件必須之事，而是成為一種奢侈的愛好。也許有一天同樣的情形也會發生在買賣身上。

我們可以想像到某一天社會上不再存在買賣行為，而且這項技術也逐漸失去了其必須性。也許，某些不受普通法律支配的人會視買賣為一種高尚的情趣而沉迷其中。商業就會成為某種精緻的事物，貴族們也許就會樂於享受其中的快樂，如同他們一向喜歡享受戰爭和政治一樣。反之，政治的價值也許就會完全改變，甚至它不再屬於貴族的一種事業。很可能有朝一日，我們會發現在所有的政治性文學作品和新聞報刊中，政治被劃分在「**靈魂的出賣者**」這一等級之中。

不受歡迎的信徒

「我該如何對待這兩位年輕人？」身為哲學家，我十分惱火地大聲叫道。我曾使年輕人變得「**墮落**」，就像蘇格拉底當年也做過此事[16]。他們都是不受歡迎的學生。對待任何事情，其中一個不會說「不」，而另一個則只會說「差不多」。

如果他們接受了我的教義，那麼第一個人則會忍受極大的痛苦。因為若要按照我的方式去思考，那麼他必須要有一個英勇好戰的靈魂、極度渴望世間的痛苦，並且對說「不」欣喜萬分，以及擁有一副堅強的外殼；而這位年輕人則會在內外夾攻的傷害中，逐漸屈服。而第二個人只會對他代表的任何事

16　參見柏拉圖《申辯篇》。

物都一味妥協，一切事物因此都趨於平庸——我倒希望我的敵人擁有這樣的信徒。

講堂之外

「為了向你證明人類本質上仍是一種善良的動物，我必須提醒你，長久以來他們是如何的容易上當受騙啊！只是最近以來，經過大量的自我征服之後，他們才變成一種令人無法信任的動物。是的！現在的人類比過去狡猾多了。」

我不能理解：為什麼現在的人會變得狡猾，使人**無法信任**？

「因為他們現在擁有了知識，而且也需要知識。」

歷史學家的隱密歷史

每個偉大人物身上都有種追溯的力量。由於他們的存在，整個歷史被重置於天秤之上，往昔成千上萬的祕密都從藏身之所攤到了陽光之下；沒有人知道哪些會成為歷史的一部分。

也許，從本質上而言，過去仍未被發現！我們還需要更多能追溯歷史的力量。

異端與巫術

當我們換一種方式去思考的話，智商較高的人的影響力有時並不像我們想的如此強大或邪惡，他們有時超然物外、有時目中無人、有時幸災樂禍、有時又對人抱有敵意。

異端與巫術相連，它肯定不是無害的，也不會受人尊敬。離經叛道者和巫師同屬於邪惡之人。他們的共同點就是：他們都**自覺邪惡**，但又都被一種不可克制的欲望驅使著，去傷害那些盛行的東西（不管是人或觀點）。宗教改革可說是中世紀精神在某段時間內的加強，當良知與之背道而馳時，這兩種人便如雨後春筍般的出現了。

遺言

我們有時候會憶起奧古斯都大帝（Augustus）[17]。這個可怕的人，他具有極強的自控力，能像蘇格拉底一樣保持沉默，但他的遺言卻顯得輕率。他首次摘下了自己的面具，讓大家都知道他一直以來都戴著面具在上演一齣喜劇。「他扮演國家之父和寶座上的智者是如此的成功，足以使人信以為真！」「請鼓掌吧！我的朋友們，戲已經演完了！」奧古斯都臨終時的想法和尼祿王（Nero）[18]的「我死了，對於藝術而言，是多麼大的損失啊」類似，這

17 西元前二七～西元一四年，古羅馬帝國的開國皇帝。

18 西元三七～六八年，古羅馬帝國的皇帝。

同屬於演員的一種囉嗦和自命不凡！這與臨終時的蘇格拉底，截然相反。

不過，提比略（Tiberius）[19]也沉默地去世了，在所有的自我折磨者中，他是最痛苦的一個人。他一片真率，而不是個演員。在生命的臨終時分，拂過他頭腦的可能是什麼想法呢？或許是：生命是一場漫長的死亡過程，而我削減了如此多的壽命，是多麼的愚蠢啊！我來到塵世是為了施惠眾生嗎？我應該賜予他們永恆的生命。這樣我就能看著他們永遠都瀕臨著死亡。這就是我擁有慧眼的原因。我即將死去，但我曾是個多麼優秀的觀察者啊！

在經過一番漫長的死亡掙扎之後，他看上去又恢復了力量，此時，我們最好明智地拿起枕頭使其窒息——他值得死去兩次。

歸因於三種錯誤的觀念

近幾個世紀以來，科學取得了巨大的進步。原因之一，是人們希望能透過**科學**來更理解上帝的仁慈與智慧，這就是偉大的英國人（例如：牛頓[20]）的主要動機；原因之二，是人們相信知識的絕對功用，尤其是**道德**、**知識**和**幸福**三者之間的密切關係，這是法國人（例如：伏爾泰[21]）的主要動機；原因之三，則是人們認為可以從科學中找到那些無私的、無害的、能夠自足的以及真正無邪的東西，**使人性之惡毫無立足之地**，這就是可以從知識中獲得神

---

19 西元四二～三七年，古羅馬帝國的皇帝。

20 一六四三～一七二七年，英國物理學家、數學家和哲學家。

21 一六九四～一七七八年，法國思想家、文學家、哲學家。

聖感的史賓諾沙（Baruch de Spinoza）[22]的主要動機。

總之，科學之所以如此進步，正因這三種錯誤的觀念。

易於爆發的人

當我們考慮到年輕人是如何隨時在準備爆發出他們的力量，就不會對他們不加選擇且貿然作出決定的行為，感到驚奇了。他們一旦聯想到與動機相關的一切景象，便熱情洋溢，猶如看見燃燒的火柴便激動萬分，但其實這一切都與動機本身無關。

因此，狡猾的引誘者懂得如何激發出他們冒險的欲望，至於其動機的合理性則完全置之不理。**理性**可不是贏得這些「**火藥桶**」的正確方式！

改變品格和社會地位

改變日常品位比改變觀念來得更為重要。與證明、批判和高智商的偽裝相伴而來的那種觀念，往往是一種正在變化的品位的徵兆，它們大多不是因品位改變而導致的結果。

那麼，應該如何改變日常品位呢？某些人擁有權勢和影響力，卻又毫無羞恥感。他們不斷地宣揚自己的品位，並專橫地將種種喜愛與反感的意見強加

22 一六三二～一六七七年，荷蘭哲學家。

到他人身上。在他們的壓力影響之下，其他人逐漸地養成了習慣，而這種習慣最後甚至成為每個人的必需品。

這些人的感覺和「品位」之所以大異其道，是因為他們的生活方式、滋養品、消化力甚至頭腦與血液中的無機鹽的含量都不一樣。總之，他們有勇氣承認自己本性上的差異，並**留意**到本性上的各種精妙細微的要求。

他們的美學和道德判斷就來源於此。

高貴形式的缺乏

士兵和長官之間的關係，比工人和雇主之間的關係要高級得多。至少，到目前為止，所有在軍事基礎上建立起來的文明，要高於所謂的工業文明。現有形式下的工業文明，可以說是一種有史以來最粗俗的存在形式。它完全受必然法則的掌控：人們為了生活，不得不出賣自己，但與此同時，他們也鄙視那些利用這一需求而購買勞工的雇主。

奇怪的是，屈服於那些有權勢的、令人害怕的或恐怖的個人，以及君主和將領，並不像屈服於那些不知名的、乏味無趣的雇主那樣令人痛苦。所有偉大的工業都是這樣的：在雇主身上，工人通常僅看到他是一隻狡猾而嗜血的狗，他所考慮的無非是那些使人痛苦的事情，而對工人的名字、外表、習慣和名聲，則完全漠不關心。

一直以來，資方和商業巨頭在各方面都缺乏能使人產生好感的高雅趣味。如果他們的容貌舉止能顯示出一種自然高貴的氣質的話，那麼在群眾中就不會產生社會主義者了。因為他們從各方面來說，**早已準備好**去當各種形式的奴隸，只要他們的上級能不斷地證明其合法地位和天生的支配權——通過他們高貴的行為舉止。

最平庸的人曾經認為高貴感不可能臨時偽裝而得，而且高貴者一定對自己高貴的血統引以為榮。但是，當他們看到雙手紅潤肥胖的資方，擁有的只有那種臭名昭著的粗俗名聲，而完全缺乏高貴的容貌舉止時，他們便產生了一種想法，認為是機遇和運氣才使得對方如此高高在上。「既然這樣，好吧！」他推斷道，「那麼就讓我們創造機遇和運氣吧！讓我們擲骰子吧！」

於是，社會主義誕生了。

關於孤立的爭辯

無悔

思想者觀察自身的所作所為，將之視為實驗，從中尋求疑問並獲得相關解釋。對他而言，成敗是第一要義。最令人煩惱和痛悔的就是有些事出錯了——他將這些**煩惱**和**懊悔**，留給那些奉命而行的人，若仁慈的主人對結果不滿時，還會慘遭毒打。

工作與厭倦

說到為了賺錢而去工作，在文明國家中，幾乎所有人都是相似的。對他們而言，工作只是一個**手段**而非目的本身，因此他們對於工作不太作出選擇，只要能提供豐厚的酬勞就行了。

現在僅有極少數的人，寧願自我毀滅也不去做沒有樂趣的工作。他們性格挑剔，很難輕易滿足，即使是豐厚的酬勞也無濟於事，除非工作本身就是極大的酬勞。藝術家和各種愛沉思的人都屬於這種人。他們是悠閒之人，總是將生命花費在打獵、旅行、探險或一切與愛相關的事物上面。他們尋求一切包含樂趣的工作與麻煩事；如果需要的話，甚至樂意去做那些最沉重和最艱難的工作。同時，他們也是果斷的懶散者，即使這意味著貧困、失去名譽，甚至會造成生命危險。

他們並不害怕那種厭倦，事實上，只要工作能獲得成功的話，他們寧可有更多的厭倦。對思想者和一切有創作力的靈魂而言，厭倦是靈魂深處的一種不愉快的「平靜」，它是一段歡樂旅程的前奏，也是一陣歡愉的清風。他必須忍受，耐心等待好的結果——確切而言，這就是其他類型的人完全不能做到的地方。不惜一切代價去努力遠離厭倦，這是庸俗的，如同沒有樂趣的工作也是庸俗的一樣。

也許，亞洲人比歐洲人更令人尊敬，因為他們能擁有更持久深入的平靜。歐洲人的烈酒總是刺激強烈，令人不爽；與此相比，亞洲人連麻醉劑的奏效都要緩慢得多，以致需要人們有更多的耐心。

法律背叛了什麼？

研究人民的刑法條例是一個極大的錯誤，它們好像表達出了一種品質與特性，即法律絕對不會背叛人民，除非那些事物看上去是外來的、怪異的、可怕且粗魯的。法律，只關心那些違背習俗道德的事情；也就是說，如果某些事情順應了鄰近地區人民的風俗，那就會受到最嚴厲的懲罰。

所以，那比派（Wahanabis）[23]僅僅只有兩種道德上的罪惡－將別的神置於本教的神之上和抽煙（他們認為這是一種「可恥的飲食方式」）。「那麼，謀殺和通姦又怎麼算呢？」一位英國人發現了此事後，驚奇地問道。「上帝是仁慈而寬恕的。」一年老的族長回答道。

23 位在阿拉伯半島中部的伊斯蘭教派之一。

事實上，古羅馬人有一個觀念，那就是女人只有在這兩種情況下才能處死——通姦和飲酒。老加圖[24]認為自己已經養成了和親密的人親吻的習慣，其實僅僅是為了通過這種方法控制女人。接吻就意味著：「她的身上聞起來有酒味嗎？」[25]若婦女飲酒而被逮捕，就會被處以極刑。這當然不僅是因為她們有時會受到酒精的蠱惑，而完全忘了說「**不**」；此外，也是因為羅馬人害怕酒神祭禮上的狂歡，它使南歐的婦女們備受折磨，當時酒在歐洲才剛剛出現——他們害怕酒作為一個外來的怪物，會推翻羅馬人的基本情感原則；對他們而言，**酒**，更像一個羅馬的引誘者，是一種異質的化身。

預期的動機

雖然瞭解人類長期以來行動的動機，十分重要，但是掌握他們在產生各種動機時的**信念**，似乎更為重要。迄今為止，人類認為這些才是引導自我前行的真正原因。

因此，人類要感受到內心深處的快樂與悲哀，就必須依賴於此信念，而非各種動機本身——它們是第二位的。

---

24 老加圖（Marcus Porcius Cato），西元前二三四~西元前一四九年，通稱為老加圖（Cato Maior）或監察官加圖（Cato Censorius）以與其曾孫小加圖區別。羅馬共和國時期的政治家、國務活動家、演說家。

25 參見普魯塔克的著作《羅馬的問題》（*Quaestiones Romanae*）。普魯塔克（Plutarchus），西元四六~一二〇年，是一位用希臘文寫作的羅馬傳記文學家、散文家。

伊比鳩魯

是的，我對伊比鳩魯[26]的個性的瞭解，也許不同於其他任何人；對此，我引以為傲。在這個下午，我所聽到和讀到的關於這位古人的一切事情，都令我十分愉悅。

我看見他凝視著這一片白茫茫的遼闊海域，越過海岸邊的岩石，看到了天地之間一切偉大和渺小的生物都在陽光的照射下活動著，萬籟俱寂，令人安心，就像這片陽光和他的雙眼所能帶給我們的一樣。

只有持續遭受疾病折磨的人，才能擁有此種幸福。在他幸福的雙眼之前，存在之海彷彿已變得靜止，他注視著大海的表面——這斑駁的、溫柔的與顫抖著的大海的肌膚，永不厭倦地，彷彿在此之前從未有任何事物**曾擁有**，如此恰到好處的性感。

我們的驚訝

在一遍遍的審查之後，科學才會發現那些早已存在著的事物，並在此基礎上，又源源不斷地發現了更多的新事物。這一切都得益於**運氣**——它對於我們的意義，可謂重大而深遠。畢竟，這一切完全可能成為另外一種情形。

的確，我們是如此的深信不疑，包括一切不確定之事、荒誕不經的判斷和

---

26 西元前三四一～前二七〇年，古希臘哲學家、無神論者。

永恆變化著的人類的法律與觀念。但更令我們驚訝的是，人類據此得出的科學結果，居然如此之好！

從前，人們對於世間事物的可變性可謂是一無所知。捆綁於道德之上的社會習俗則一直堅信：人類的整體內在生命，必須被**永恆的鐵鐐**所固定。現在的人們也許會對這種看法表示驚奇吧！它就與我們聽到小說和童話時的感覺雷同。這種不可思議感，會對那些偶爾厭倦了規則與永恆的事物的人們大有幫助。

離開堅實的大地一次吧！去飛翔吧！去犯錯吧！去瘋狂吧！——這些都是早期的歡樂與放縱。而我們現在的歡樂，則類似於一艘船隻失事的幸運者好不容易爬上了岸；當他雙腳站立在堅實的大地上時所感受到的欣喜——一切終於不再上下顛簸了！

激情的壓抑

當一個人時常禁止自己表達激情時，就好像世上有些東西是專屬於那些普通人、粗人、中產階級和農民所有的。也就是說，如果某人不僅想要壓抑自己的激情，還想壓抑自己的一言一行時，那他就很清楚哪些不是自己想要的。因此，他們就拚命地壓抑自己的激情，或者至少削弱和改變它們。

法國路易十四的宮廷中，就提供了最富教育意義的範例——一切都依賴於這種對激情的壓抑，而接下來的一代人就成長於這種壓抑的氛圍之中：他們不再擁有激情，而是形成了一種優雅、膚淺且愛戲謔的氣質。那個時代就以這種優良的風俗而出名，甚至當別人辱罵你時，你也會欣然接受，並報之以謙恭有禮。

與之相對應的，則是當今的時代。在生活上、舞臺上，以及其他沒有被提及的任何地方，到處都洋溢著一種喜悅之情，各種粗俗之人都在盡情展現著自己的激情。現在，人們需要的僅僅是某種激情的習俗而已——而非激情本身！儘管如此，人們使用這種方式仍能獲得激情，而且我們的子孫後代將會成為真正的「**野蠻人**」，而不僅是形式上的野蠻和粗魯。

關於痛苦的知識

也許，沒有其他什麼東西能區分出各種不同的人類和不同的時代了吧？除了他們對痛苦的知識的不同理解——不論是靈魂的痛苦，還是肉體的痛苦，皆是如此。

關於肉體的痛苦，儘管我們虛弱不堪，但與歷史上那些充滿恐懼的漫長時代相比，我們這些現代人由於缺乏豐富的第一手經驗，因此　只不過是個經驗欠缺者和夢想家而已。在那些年代，每個人都必須保護自己、反抗暴力，所以到最後他們都成了暴虐之人。在那些年代，一個人在接受了充足的肉體折磨與貧乏的訓練後，會懂得將殘忍的處境，當作都是針對痛苦的自覺鍛鍊、都是保存自我的一種必要手段。在那些年代，人們訓練自我忍受周圍的一切痛苦。在那些年代，人們樂於去承受痛苦，當他看到一些最恐怖的事情發生在別人身上時，除了考慮到自我的安全之外，他沒有任何其他的想法。

至於**靈魂的痛苦**，我觀察了現在的每一個人，看他是否能透過自己的體驗與他人的描述而對之有所瞭解；他是否仍然認為偽造這種靈魂痛苦的知識是必須的——它只不過是培育高雅的一種標誌；他是否在內心深處已不再相信這些心靈上的偉大悲傷，當提及此事時，他的反應就和提起了**肉體上的痛苦**一樣，他甚至想起了自己的牙痛和胃痛，但這的確是大多數人留給我的印象。

由於人們對這兩種痛苦普遍缺乏經驗，而且相對地，很少有人親眼目睹受苦者的慘狀，為此，我們可以得出一個重要結論：與從前的人相比，現在的人們更加憎恨痛苦，他們對痛苦的詆毀也更嚴重。確實，現在的人們幾乎連痛苦的想像都無法忍受，而認為它屬於意識理解方面上的事情，是對整體存在的一種譴責。

恰好我生逢其時

悲觀哲學的出現絕不是偉大或可怕的痛苦存在的標誌。確切地說，人們是在這樣的背景下提出了關於生活價值的疑問——人們的靈魂和身體已經習於高尚和安逸，他們甚至將尋常的蚊蟲叮咬**都認為是**一種殘忍和惡毒；由於缺乏對痛苦的真實體驗，因此他們提出了「痛苦的普遍理念」，好像正在遭受最大的痛苦似的。

有一個祕訣來對抗悲觀哲學和過度的敏感，對我而言，一切好像都是真實的「**當下的痛苦**」。——這個祕訣聽上去太過於殘酷，但它算是引導人們得出「**存在即是罪惡**」這一判斷的標誌。

好吧！對抗痛苦的祕訣就是——痛苦本身。

寬宏大量及其相關的事情

有些看似矛盾的現象——諸如一個感情充沛的人突然變得冷漠、一個憂鬱的人突然變得幽默；其中，特別是一個人突然變得寬宏大量，例如：宣布放棄報復或對他人的嫉妒表示滿意，——一般都出現在**擁有強人內心力量或容易滿足和厭煩之人**的身上。

他們的滿足是如此的迅速和強烈，以致疲倦、厭煩甚至是反面的嘗試都隨之而來。所以，被束縛的感情就這樣被消解了——在第一個人身上表現出來的是突然的冷漠，在第二個人身上表現出來的是笑聲，在第三個人身上表現出來的則是淚水和自我的犧牲。

這些寬宏大量的人們，和那些擁有最強大的復仇意願的人一樣，總是給我留下最深刻的印象。他們總能看見不遠處的「**滿意**」，並在想像之中將這杯「滿意」之酒一口氣徹底喝光，儘管伴隨這種過度飲酒的則是那種迅速且驚人的噁心。此刻，他彷彿超越了自我，原諒了他的敵人，甚至還很尊敬對方，並為之祝福。

帶著這種對自我意志的違背，以及對之前報復衝動的嘲笑，現在的他們完全被新的衝動所驅使，而且這種意願是如此的強烈。如同片刻之前自己想像的一樣，他們立刻迫不及待地去實施此一行動了，好像剎那間就會耗盡所有報復的喜悅似的。

寬宏大量其實與報復一樣，都是某種程度的利己主義，只不過**性質不同**而已。

關於孤立的爭辯

對良知的譴責，會使人一擊即潰。當別人對你說：「這個或那個違背了你的社會道德！」即使是最有責任感的人，也很難對此一笑置之。即使世間最堅強的人，仍然害怕培養他成長的人給予其一個冷眼或一個譏笑。他真正害怕的到底是什麼？那就是：**變得孤立**！我們常能看到這樣的情節：為了某個人或某個動機，我們甚至可以推翻最好的論據。

這就是群居本能的一種呼喚。

關於真理的理解

我贊成一切可以答覆的懷疑，「來，讓我們試著檢驗一下！」我不願聽到那些不能被實踐檢驗的事情。

這就是我對真理的理解的下限。**勇氣**，在此失去了它的權力。

白日的夢遊者

別人對我們知道多少？

當我們理解和回憶起生命中的幸福時，並不如我們所相信的那般斬釘截鐵。總有一天，別人會利用他們所掌握（或者我們認為他們已經掌握）的事情來指責我們。然後，我們就會意識到那才是更強大有力的。

一個人要無愧於心比較容易，而要改變惡劣的名聲則比較困難。

善之源起

人的視力有限，難以一一目睹世間橫行的罪惡，於是他們憑藉日益增長的敏感，建立起了一個「善」的國度。自從跨入這個國度之後，人們重新激發起了所有那些，曾經被罪惡所威脅和限制的衝動，諸如：安全感、舒適感和慈悲之心等。因此，人的視力越遲鈍，則善的延伸面就越廣！一般民眾與孩子們也因此能獲得永久的歡樂！

但與敗壞的良知相似，它們都給一個偉大的思想者帶來了沮喪和悲傷。

表象的意識

當我的目光投向一切存在本體時，感覺是多麼的美妙與新奇啊！但同時也是多麼的恐懼和啼笑皆非啊！我發現古代（包括原始社會及過去一切有知覺的年代）的人性和獸性，都能成為我敘述的對象，讓我或愛或恨，有時還免不了進行猜想。

當我突然從這一夢幻中醒來、意識到自己是在做夢時，為了免於自我毀滅，我還必須繼續將這個夢做下去，就像夢遊患者必須一直做夢，以免跌倒一樣。

那麼，我看到的「**表象**」是什麼呢？當然，不是任何存在的對立面——除了對其表象命名之外，對任何存在實體，我又能說出什麼呢？它當然不是一個僵硬的面具，可以扣在某個人身上再隨意地取下來。對我而言，表象是積極而活躍的個體，帶著對自我的一種嘲笑，**它**走到了今天。它甚至使我感覺到除了表象、幽火和心靈的舞蹈之外，整個世界別無他物。

在所有的做夢者之中，即使是像我這樣一個有見識的人，都耽於這種舞蹈不可自拔；那些後來才逐漸領悟的人們就更不用說了。他們都只不過是在拖延舞蹈的時間罷了。他們也因此成為存在本體的司儀之一。知識之間存在著一種令人驚歎的**連貫性**和**關聯性**，這也許會是一種最高級的方式，保持著夢幻的普遍存在。那些對夢幻有著充分理解的人們，也因而持續地活在夢中。

高貴的最高特質

是什麼使得一個人「**高貴**」？當然，不是由於他的犧牲，即使是那種猶如燃燒般的狂熱犧牲；也不是由於他能聽從激情的召喚，因為世間的激情本就是可鄙的；更不是由於他無私地為別人做事，因為高貴者或許比任何人都更固守自私。

確切地說，那種戰勝高貴者的激情十分奇特，以至於他自己都沒有意識到這一點。這裡運用的標準舉世罕見，卻又卓越不凡，幾乎可稱得上瘋狂；唯有他才能在其中感受到熱量而別人只感到寒冷；這裡的價值無可估量，因為能夠衡量的天秤尚未被發明；這是一件要放置在祭壇上獻給未知的上帝的祭品；這是一種不求任何榮耀的英勇；這是一種過度充溢、需要不斷傳承下去的**自負**。因此，正是由於這種稀有的激情以及他自身對這種稀有性的無意識，才成就了他的高貴。

然而，如果我們以這種標準，重新去看待一切身邊的、普通的、必要的事情，換言之，就是那些最能保存人類種族、符合人性規則的事情，那麼，就能看到它們曾受到不公正的評判，甚至在整體上還曾遭到詆毀。成為**規則的宣導者**——那也許是最高的形式與精華所在，而高貴的特質終將顯露於其中。

受苦的渴望

人們一旦渴望去做某件事情，那麼這種渴望便會持續地取悅與激勵著人們。每當我想到這點時，我就知道成千上萬的歐洲年輕人必定擁有一種**受苦的渴望：他們希望從痛苦中獲得一些行動的理由**。這種渴望是必須的！所以就有了政治家的歡呼聲，有了各種**虛偽**、**捏造**和**過度誇張**的情景，而人們也樂於盲目地信任他們。

這個年輕的世界需要的，並非幸福，而是來自外界的明顯痛苦。它早已提前將這種痛苦想像為一個怪物，並與之搏鬥。如果這些對痛苦入迷的人們能從心裡感受到一種有用的力量，那麼他們就知道該如何創造自己的這種痛苦了。

此刻，當整個世界充滿了對痛苦的歡呼聲和各種痛苦的感受時，他們的創造之物會更加的精巧，而他們滿足的笑聲聽上去就像一首優美的歌曲！此時，他們手足無措，不知該如何面對自我，因此他們將別人的不幸畫在牆壁之上。他們總是需要別人！還有別人的別人！

原諒我，朋友們，我已冒險地將我的幸福畫在牆壁之上了[27]！

致現實主義者

你們這些頭腦清醒的人，有誰準備好去全力反抗激情與幻想，並從一片空虛中創造出驕傲與榮耀呢？你，自稱為**現實主義者**，並暗示自己世界的真實就呈現於眼前。只有在你面前，真實才能揭去它的面紗，而你也許是其中最好的一個部分組成。「哦，你親愛的塞斯[28]之形象！和那些魚兒相比，即使

27 此處是對德國諺語「別把魔鬼畫在牆壁之上」（因為這樣做的話，魔鬼就會現身）的一種反話。

28 希臘神話中的美男子。

你揭去了自己的面紗，你不仍是那個最熱烈、最憂鬱的個體嗎？你不仍是與那個熱戀中的藝術家十分相似嗎？」

對於一個熱戀中的藝術家而言，什麼才是「**真實**」？對於較早時代中那些源於激情和愛戀的一切事物，你仍然持有較高的評價！你的清醒中仍包含著一種祕密而無法消除的醉態！你對「**真實**」的熱愛，比如——哦，那是一種古老而過時的「愛」！在每一種體驗、每一個印象中，都存在著這種古老的「愛」；同時，還有一些幻想、偏見、荒謬、無知、恐懼等交織其中。

那座山就在那裡！那片雲也在那裡！它們的「真實」又是什麼呢？你這清醒的人，那就移走幻覺吧！即使整個人類都從中汲取力量！是的，如果你能做就做吧！只要你能忘掉你的出身、你的過往和你所受的教育，甚至是你所有的人性和獸性！

對我們而言，也許並沒有所謂的「真實」——當然對你也沒有，你這個清醒的人——我們彼此之間並不像你想像的那般疏遠。也許，我們要超越醉酒的崇高意志，正和你認為自己永不會醉的信念一樣，都同樣地值得敬佩！

僅僅作為一名創造者

當我意識到**事物的命名**，竟然比事物本身還要重要得多時，這總會使我極度的苦惱。某件事的聲望、名號、外表、價值以及普遍的一些衡量尺度——它們往往在一開始就被隨意地加以誤解，而事物的本質卻被棄如敝屣，最終得到的結果與其本質甚至表象，都大相徑庭——通過其內在的信念和世代的茁壯成長，已逐漸地破土而出，甚至成為其軀幹。它們剛開始還只是事物的表象，但到最後幾乎成為事物的本質，甚至就如本質一樣產生有效的作用。

那些認為只要指出了事物的起源和覆蓋在其上面的朦朧面紗，便足以毀滅這個真實的世界（也即所謂的「現實」）的人們，是多麼的傻啊！但是我們也不要忘記：歸根結柢，只要我們能給某一事物創造出新的名稱、外表和評價，便能創造出所謂的「新鮮事物」。

我們是藝術家

當我們深愛一個女人時，便很容易惱恨人類的天性，因為每一位女人都受到人類醜惡天性的支配。我們寧可什麼也不想，然而一旦我們的靈魂接觸到這些天性時，便會不禮貌地聳聳肩，就如同我們常說的，給它一個輕蔑的冷眼。它侮辱了我們，如同用那褻瀆之手侵犯了我們的財產。在此情形下，我們拒絕去聽任何生理機能的論調，而且還對自己祕密地宣稱：「我**不再相信**任何關於人是靈魂和形式之外的其他東西的理念。」對所有的戀人而言，「表皮之下的人類」是一種令人難以置信的可惡的怪物，這是對上帝和愛情的一種褻瀆。

正如從前每一位參加禮拜的人們崇拜上帝和「神聖的全能」一樣，如今，戀人們對這些天性和白然行為，也依舊敬服。在天文學家、地質學家、生理學家和醫師們所提到的一切有關天性的事物之中，他們看到了一種對心愛財產的侵犯，最後成為了一種攻擊：這是多麼無恥的行為啊！甚至「**自然法則**」在他聽來也都是一種對上帝的褻瀆。從根本上而言，他寧願看到一切機能都可以追溯到關於意志和抉擇的道德行為上，但因為沒有人可以給他提供這項服務，於是，他便盡可能地掩藏了自己的天性和機能，而生活在夢境之中。

哦！從前時代裡的人們知道如何去「**做夢**」，甚至不必先睡著了就能做夢。而我們現代人雖然也精通此道，但總是期待著甦醒和天明！我們需要的僅僅是愛與恨，以及不斷的要求或者感受！與此同時，夢的精神和力量便會充溢我們的身心，我們睜大雙眼不斷攀爬，對各種危險都無動於衷，一直爬過屋頂最危險的小徑，登上**幻想之塔**，也毫不頭暈，彷彿我們天生注定就是必須要攀爬的人——我們就是白日的夢遊者！是藝術家！是天性的隱匿者！是月亮！也是上帝的迷戀者！我們是不知疲倦的漫遊者，帶著死寂般的沉默，站在山巔之上。而在我們的眼中，這座山巔不過是個平原，也是個平安之所。

隔著一段距離去觀察女人及其行動

我是否仍有耳朵？除了耳朵難道我就別無所有了嗎？在這裡，我站在一片激流的中央，白色的浪花拍打著我的腳底。它從四面八方向我咆哮著、尖叫著、呼號著，就好像在海底的最深處，有個古老的地球搖動者。他被視為是大海的統治者，地震也因他而發生；是「**地球的搖動者**」[29]正引吭高歌，聲音之低沉有如怒吼的公牛，它連續重擊著，發出咚咚的聲音，那顆風化的巍峨岩石般的心臟，也在身體裡不斷顫抖。

突然，在距離這可怕迷宮門口幾英尺遠的地方，彷彿憑空而現的一艘巨大航船，正像一個幽靈般靜靜地滑行著。噢，這個幽靈般的美人！它觸碰我時就像用了魔法一樣！什麼？是否整個世界的鎮定與寂靜都搭乘上了這艘航船？我的快樂本身是否也坐在這個安靜之處——以及那個更快樂的自我和第二不朽之自我[30]是否也都在此？雖然尚未完全死去，但也不再鮮活了吧？它是那個如同靈魂般靜謐，注視著周圍，不停地掠過和盤旋於頭頂的中間物質嗎？而我彷彿就成了那艘張著白帆，在黑暗之海中不斷前行的航船——彷彿

29 希臘海神的標準稱呼。

30 尼采此處用的德國名詞的意思，是包含「死亡」和「使人不朽」的雙重含意。

像是一隻巨大的蝴蝶？

是的！要跨越存在！就是這樣！一定是這樣！——看上去這裡的噪音使我變成了一個夢想家。一切巨大的噪音都能使我們將快樂安放於寧靜而遙遠的地方。當某人置身於他自己的喧譁之中、在他自己構想與計畫的海浪之中時，他可能也會看到某些寧靜而迷人的創造物，從他身邊掠過；對方身上的那種快樂和隱密就是他一直所渴望的——那就是**女人**。他幾乎認為他更好的那個自我，就生活在女人之間：在這靜謐之處，即使最兇猛的波濤聲都會變得死寂一般，而生命本身也做了一場有關生命的美夢。

但是！但是！我高貴的狂熱者，即使在最美麗的航船上，也會有如此多的噪音與喧譁，更不幸的是，還有如此之多的零碎而細小的雜音！女人最迷人和最有力的影響就是，用哲學家的話來說：就是隔著一段距離的行動，但是，那首先要求的就是——**距離**！

向友情致敬

友情被古人視為一種**最高**的情感，其地位甚至高於智者所擁有的最出名的自尊心。的確，與自尊相比，友情是一種更神聖且獨一無二的情感。

這可以從麥西多尼國王的故事中，得到最好的證明。這位國王送了一些錢幣給一位名聲不好的雅典哲學家，結果被退回。「怎麼回事？他難道沒有朋友嗎？」國王說道。

他的意思是：我敬重他身上的自尊心，他是位獨立而睿智的人。但假如他在心裡把友情的地位看得比自尊心還要高的話，我會更加敬重他；他降低了我對他的敬意，因為他並不懂得友情與自尊一樣，都屬於人類最高級的兩種情感，而且它的地位還高於自尊。

征服男人的女人

愛情

愛能寬恕情人的一切，包括他的情欲。

音樂中的女人

溫暖而濕潤的風，為何帶給人們猶如音樂般優美的氛圍，也創造了旋律感十足的愉悅？它難道不是和充溢教堂與帶給女人愛情的風一樣嗎？

懷疑論者

恐怕女人年齡越大，她們的內心最深處就會比任何男人都更具有懷疑論的傾向。她們相信存在的表象就是其本質，一切美德和奧妙都只不過是覆蓋在這個「**真理**」上的性感面紗而已——換句話說，除了外表的體面和內在的羞恥，就別無他物了！

奉獻

有些高貴的女性缺乏某種特定的精神，她們想要表達內心深處的忠誠，除了奉獻出**美德**和**羞恥感**之外，便別無他法。她們將之視為自己所有擁有的最寶貴財富。若不需要像接受捐贈般引發自我的巨大責任感的話，這一奉獻往往會被接受。——多麼悲哀的故事！

弱者的力量

女人都會很巧妙地誇大她們的弱點。的確，女人在展示弱點上可謂創造力十足，好像她們都是極度脆弱的裝飾品，哪怕一粒灰塵也會對之造成傷害。她們的存在就是為了提醒男人的笨拙，並使之為此背負起良心上的責任。她們以這種辦法保護自己，來對抗世間的強者和所謂的「**叢林法則**」。

自我掩飾

她深愛著他，帶著自信，平靜的凝視著他，就像一頭母牛。可是，天哪！使他如此著迷的卻恰恰是她的喜怒無常與神祕莫測。關於平靜，他自己已經擁有了太多！為了掩飾自己過去不好的性格，她已經表現得夠好了！這麼做，難道為了掩飾心中愛意的缺失嗎？這不正是愛的忠告嗎？

渴望與自願

有人領著一個年輕人來到智者面前，說道：「看，這個人在女人手中變得墮落了！」

智者搖了搖頭，微笑著。「明明是男人帶壞了女人，」他高聲說道，「而且女人的弱點都應該由男人來彌補與改善，因為男人是按照自己的形象創造出了女人的模型，而女人就按照這個模型去塑造自己。」

「你對女人大溫柔了，」一個旁觀者說，「你並不瞭解她們！」

智者回答：「男人的特性是**渴望**，而女人的特性是**自願**——這就是性別法則。對女人而言，這無疑是個冷酷的法則。人類對自己的存在一無所知，而女人對自身的存在則是雙倍的無知。誰又能給予她們足夠的慰藉與憐憫？」

「別提慰藉！別提憐憫了！」人群中另一個人喊道，「我們必須將女人教養得更好一點！」

「女人必須把男人教養得更好一點！」智者一邊說，一邊招手示意那位年輕人跟隨他而去。——但是那個年輕人並沒有聽從他的召喚。

報復的能力

如果某人不能也不願自衛，那麼，我們不會認為這是他的恥辱。但我們會輕視那些既無能力也無決心報復的人，不論他是男人還是女人。如果我們不去考慮在特定境況下，女人能熟練地使用任何一種匕首對付我們，那麼，她還能控制住我們（或者就如一般人所說的「迷惑」我們）嗎？

在某種情形下，她們會拿著匕首對著自己；**這將是最嚴厲的報復！**

征服男人的女人

有一種深沉有力的女低音，就像我們有時在劇院中聽到的一樣，通常會在我們認為不可能的情況下為我們拉開帷幕。此時，我們立即就會相信：在世界的某個角落，一定存在著一種擁有高尚的、勇敢的與莊嚴的靈魂的女性；她們有能力也做好了準備去反對浮誇；她們果敢堅定，富有自我犧牲的精神；她們超越且主宰著男性，因為除去性別不論，即使是世上最好的男性，也只不過是某種理想的化身而已。

可以肯定的是，劇院並非有意要用這種**聲音**來塑造這種女性的形象；她們通常成為男性——例如：羅密歐的理想愛人。但以我的經驗來看，劇院多半會在這一點上失算，如同作曲家希望通過這種聲音達到的效果一樣。人們並不信任這些戀人，因為這種聲音總是帶有一種母親或妻子的色彩，尤其是當她們的音調中蘊含著愛意時。

論女性的貞節

在教養程度較高的女性身上，總有一些令人十分驚訝和不尋常的現象。事實上，也許世上再也沒有其他事情比此更為荒謬了。全世界都同意應當教導她們在性愛上保持無知，並且要她們在面對這一類事情時，必須產生一種靈魂深處的羞恥感，甚至是對此事的相關意見都保持一種極端的不耐煩與反對的態度。

真的，在這個問題上，對於女性而言，只有榮譽是危險的　其他還有什麼事情是不能原諒的嗎？但人們又希望她們內心深處對這一關鍵問題一無所知——希望她們的眼睛、耳朵、言語和思想都對這一「罪惡」置之不理；是的，甚至知識在這裡也成為一種「罪惡」。

接著，她們與自己深深愛慕與敬重的丈夫進入婚姻生活，這就像被一陣可怕的閃電扔進了現實和知識的範疇。她們在愛欲與羞恥的矛盾中掙扎，同時體驗到了欣喜、屈服、責任、憐憫與恐怖等各種情感；這一切都是未曾預料的，就像神獸之間的一場激戰。恐怕，那些能通靈的巫師也不能與之相比。即便是擁有足夠的同情心與好奇心、也最懂得人類心理的人們，也無法看穿這些女人是如何適應並解決這些難題！

那些可怕的、影響深遠的猜疑一定使她們的靈魂越來越可憐，且毫無著落吧！在這個問題上，這些疑心重重的女人該如何才能變得安心，並找到自己的最高哲學呢？與從前一樣，矛盾過後，世界一片沉默；這種沉默如此之深，有時，會直接擊打她們的心靈，而她們只能閉上了自己的雙眼。

年輕女人總是盡最大的努力，使自己顯得膚淺和輕率；還有些優雅的女人，則假裝出一副粗魯無禮的模樣。她們很容易使丈夫對自己的名節產生疑心，然後再將孩子視為一種愧疚或贖罪——她們需要孩子，這是一種和丈夫希望有孩子完全不同的心理狀態。

總之，千萬不能對女人太過溫柔！

第三性

母親

動物對雌性的看法與人不同；在牠們眼中，雌性是一種專司生產的同類。牠們沒有父愛，但對所愛的幼兒又有一種類似於父愛的情感和習慣。雌性動物能在幼兒身上滿足自己的占有欲，對它們而言，幼兒完全可以理解為一項財產、一個占有物和一個可以與之喋喋不休的物件。——人們經常將藝術家對自己作品的情感與之相比。

懷孕，使女性變得更加溫柔、順從和有耐心。心靈上的「孕育」同樣也會產生一種沉思的性格，女性的性格與孕育可謂是息息相關；藝術家就是具有雄性氣質的母親。

而在動物之中，雄性則是被視為更「健美」的一種類別。

聖徒的殘酷

某人抱著一個新生兒來到聖徒面前。「我該如何處置這位嬰兒？」他問。「他是個可憐的畸形兒，卻又不足以致死。」「弄死他！」聖徒用一種可怕的聲音喊道，「弄死他，然後在你懷裡抱上三天三夜，留下刻骨銘心的印象，這樣你就再也不會在不該生孩子的時候，產下一名嬰兒。」這個人聽了這些話之後，失望地走了。人們開始責備聖徒，因為他提出了一個殺害嬰兒的殘酷建議。

「**可是讓他活下去，豈非更為殘酷？**」聖徒答道。

失敗者

那些在愛人面前表現得心浮氣躁、毫無自信和言語嘮叨的可憐女人，都是失敗的。因為男人大多容易被一種神祕、冷靜的溫柔面容所誘惑。

第三性

「一個身材矮小的男人雖然是個矛盾體，但仍舊是個男人；然而在我眼中，一個身材矮小的女人和高挑的女人相比，就成了另一種性別。」一位古代的舞師說。

「身材矮小的女人永遠都不會美麗。」亞里斯多德如此說道[31]。

最大的危險

大多數人總是將頭腦的一種律令——他們的「**理性**」——視為一種驕傲、義

---

31 事實上，亞里斯多德沒有這樣說過，但可參閱其作品《尼各馬可倫理學》（*The Nicomachean Ethics*）。

務和美德；當他們面對思想的空幻和淫逸時，則會深感窘迫與羞恥，從而成為了「健康的普通理性」的朋友。若不是有這些東西存在，人類早就毀滅了！

始終徘徊於人類身邊的最大危險，就是突然地瘋狂爆發——更確切地說，是在感覺、視覺和聽覺上突發的一種傾向；它為人類的頭腦缺乏律令而歡呼雀躍；為人類的無理性而倍加欣喜。狂人世界的對立面並不真實，只是人們普遍都遵循某種信念；簡言之，就是當下判斷時**不能**隨心所欲。

迄今為止，人類取得的最大成就，就是在許多事情上都達成了協定，並頒布了契約律令，而不論這些事情是對還是錯，這就是使人類延續至今的一種頭腦的律令。但它的對立面依舊十分強大，以致於一談到人類的未來，幾乎任何人都毫無自信。

世間萬象，如今仍持續不斷地移動和變化著，也許比從前的任何時代都要快速迅猛。而那些最優秀的頭腦卻不斷地對這些普遍遵循的規則表示了異議——他們可謂是真理的探險家！作為一個共同的信念，它已經被每個人所接受，但在那些精妙的心靈看來，這一切都令人噁心，他們產生了新的需求。而這種精神上前進的速度是如此緩慢，直到新的信念最終成為一種必然。這種模仿烏龜爬行般的速度被視為一種標準，它足以使藝術家和詩人臨陣脫逃。只有這些熱切的靈魂，才會對突然爆發的瘋狂產生一種真正的喜悅，因為瘋狂帶有如此歡快的節奏！

什麼是必需的？那就是高潔的知性。——哦，我換一個更清楚明白的字眼——即高潔的愚笨是必需的；行動堅定、心靈遲鈍的秩序維護者是必需的，以便讓那些信仰偉大共同信念的忠實者，能一起共舞；這是維護人類秩序中最迫切的命令和要求。我們這些其他人都可算是例外分子和危險分子——我們永遠需要保護——如今，我們當然也可以為這些例外分子說幾句話，假如他們永遠**不想成為**規則的一分子的話。

擁有良知的動物

能取悅南歐人的任何東西都包含有**粗俗**的元素——不論是義大利的歌劇（例如：羅西尼和貝里尼[32]）或西班牙的冒險小說（最容易為我們接受的就是法國人翻譯的吉爾．布拉斯（Gil Blas）[33]的作品）——這一點並未被我忽視，但它並未因此使我反感，那就像一個人漫步於龐貝古城[34]或閱讀任何一本古書時，經常會遇到的一些粗俗的東西一樣。

為什麼會有這種現象呢？是因為人們毫無羞恥心嗎？還是因為在同樣的音樂和小說中，這些粗俗的東西竟能和那些高貴的、可愛的、熱情的事物一

32 羅西尼（Gioachino Antonio Rossini），一七九二～一八六八年，義大利歌劇作曲家；貝里尼（Vincenzo Bellini），一八〇一～一八三五年，義大利歌劇作曲家。這兩位的音樂，叔本華都給予高度評價；叔本華是對年輕時期的尼采，影響最深的一位現代哲學家

33 一七一五～一七三五年，西班牙小說家。

34 義大利古都，於現今的拿坡里（Napoli）附近。西元七九年，維蘇威火山爆發，全城埋沒。

樣，表現得十分自信和堅定？

「動物有牠自己的權利，就像人一樣；讓牠自由的奔跑吧！你也是，我親愛的跟隨者，不管怎麼說，你仍然是個動物！」——在我看來，這就是這個故事的寓意所在，也是南歐人的一種特性。低下的品位與高尚的品位擁有同樣的權利——如果前者符合某種重要的需求，讓人十分滿意的話，它甚至具有優先權。

它既是通用的語言，也是一種清晰易懂的面具和姿勢。與此相對，高尚、優雅的品位則頗為考究和審慎，總之，不能很確切地被人們理解。因此，它們不會、也永遠不會流行；能一直流行的都是那個所謂的面具！

所以，就讓他們踩著原來的步伐繼續前進吧！在所有的旋律和華彩中、在歌劇喧鬧的節奏中，讓那些面具般的粗俗元素繼續存在吧！古人的生命，一直就是如此！

如果一個人不能理解面具帶來的歡樂，和一切面具似的東西背後的良知，那麼，他對這些粗俗的東西還能理解什麼呢？這就是古代精神的沐浴和休閒之所——也許對於那些仍活在古代世界中的少數高尚的人士而言，他們比一般的平民更需要這個沐浴！平民們將目光轉向了北歐的作品，例如德國的音樂，這使我產生了一種說不出來的反感。那些作品令人羞恥，藝術家降低了他的眼光和標準，讓人不由得為之慚愧。

我們之所以感到羞恥和反感，是因為我們猜測，他一定是為了我們，才不得不降低了自己的格調。

我們應該感激什麼？

唯有藝術家，尤其是那些戲劇家們，才給予了人們雙眼和雙耳，去觀察和傾聽內心的體驗與夢想所帶來的樂趣；也唯有他們，才教會我們如何去正確評判，那些隱藏在芸芸眾生中的英雄，並教會我們如何向他們致敬；他們教會我們從遠處觀察那置身於生活舞臺上的**自我**，使一切都變得純粹而高尚，我們也因此得以超越那些繁雜的瑣事。

若沒有這種藝術，我們可能除了眼前的大地，什麼也看不見；而且我們都生活在這種視角之下——它使最近處和最普通的東西，看起來似乎無限巨大，而且這一切就是現實的全部。或許宗教也有某種類似的優點，它讓我們用放大鏡去觀察每個個體身上的罪惡，並使罪人成為「**偉大而不朽**」的罪犯。

另外，**藝術**透過描述人類四周不斷變化著的視角，教會了人們從遠處去觀察自己，並且告訴我們有些往事已經隨風而逝，而有些則必須終身銘記。

詩的起源

缺點的魅力

我在這裡看見一位詩人，就像許多人一樣，他運用自己的缺點來施展自身的非凡魅力，遠遠勝過運用手腕將一切處理得圓滿和完美，以達到目標。的確，他的優越性和好聲名，更多地歸因於他的缺點，而不是他的優點。

他的作品，從來不表達他真正想要表達和希望見到的事物，這就像是他能看見未來美景的徵兆，而非美景本身。然而，對美景的極度渴望始終存在於他的靈魂之中，所以他獲得了與這種極度渴望相配的非凡辯才。

因此，他的言論比作品更能鼓舞那些聆聽者：他給予了他們翅膀，以便飛得比其他人更高遠。如此，他們自己也成了詩人和幻想家。他們對使其獲得快樂之人表達了由衷的敬意，好像他立即就能帶領他們到達其最神聖和最崇高的夢想之境；又好像他已經真正實現了自己的目標、看到了自己的夢想，並與人交流經驗。

然而，他**從未**真正實現自己目標的事實，卻增加了他的聲名。

藝術與自然

希臘人（至少雅典人如此）喜歡聆聽人們發表精彩的演說；他們確實也十分熱衷於此，這一點是希臘人與非希臘人之間的一個明顯區別。因此，他們甚至連舞臺上的情感表現都要求充分、有力，即使那些激動人心的詩行，顯得有些做作，他們也能樂於接受——畢竟，在本質上，人的情感就是如此地不善表達！就是如此啞然無聲和缺乏自信！一旦它發現了表現自我的言辭，它又感到多麼地困惑而荒謬啊！甚至羞恥感也油然而生！

如今，多虧了希臘人，我們早已習慣於這種做作的舞臺表現，就像我們能忍受也樂於忍受其他做作的事情一樣，例如：激情澎湃地歌唱（就得感謝義大利人）。我們已經形成了一種需求，那就是我們不能只滿足於現實本身，而喜歡聆聽人們在最艱難的處境下，是如何充分詳盡地表達自我的。當生命已陷入無底的深淵，現實中的人們通常會失去自己的理智和矯健的言辭；但這些悲劇英雄們卻仍然能擁有理性、展現出富有感染力的言談舉止。總之，我們看到的是個光彩照人的靈魂，而這一切又是如何地令人欣喜啊！

這種「**偏離自然**」，或許對人類的自尊而言，就是最美味的宴饗。為此，人類熱愛藝術，尤其是藝術的表達方式是如此的崇高又充滿了英雄氣概；這已然成為一種慣例。如果一位戲劇詩人不能將一切現實轉化為理性和言辭，只是保留了生活緘默的原樣，那麼，當然會受到我們的一致譴責。——這就如同若一位歌劇音樂家無法找到適當的旋律去表現最澎湃的激情，而僅僅代之以情感上的「**自然**」的波動與吶喊，那麼，人們肯定會相當不滿。在這裡，「自然」是必須被反駁的！一切粗俗的使人陶醉的幻覺都必須讓位於更高尚的情操！

希臘人在這方面的成就，可謂遙遙領先！就像他們將舞臺建得盡可能的狹窄，以便免除一切深遠背景產生的效果；就像他們很少讓演員做出面部表情與簡易的動作，而將之變成一種莊重的、嚴厲的、戴著面具般的木偶形象，所以他們也同樣剝奪了任何深遠背景下的自我激情，而要求它以雄壯的演說來取而代之；是的，從各方面來說，他們做了一切事情，都是為了以能抵消喚醒恐懼和憐憫等觀念的可怕的影響——因為「**恐懼**」和「**憐憫**」恰好都是他們不想要的！

我們仍然對亞里斯多德[35]保持著敬意，但是在談論希臘悲劇的最終目的時，他並非完全正確。讓我們考察一下希臘的悲劇詩人，究竟是什麼最刺激他們的勤奮、敏感和競爭意識——他們的目標當然不是要用情感來征服觀眾。雅典人前往劇院，是為了聆聽令人滿意的演說！使索福克勒斯最全神貫注的就是令人滿意的演說——原諒我這種怪異的說法吧！

---

35 亞里斯多德在《詩學》中提到，悲劇通過製造「憐憫」和「恐懼」的情感來影響觀眾。

這與嚴肅的歌劇極其不同。所有的歌劇大師都力圖讓觀眾理解劇中角色。偶爾聽到的隻言片語也許會對那些漫不經心的聽眾有所幫助，但整體情節必須解釋清楚——臺詞無關緊要！這就是他們心裡所想的，並對之開著玩笑。也許，他們只是缺乏勇氣去完整表達出自己對臺詞的極端漠視：只要再多加一點粗魯無禮的言語，羅西尼就會讓他劇中的每個人物除了唱「啦啦啦啦」之音，便別無他物了——而這也許會很有意義。我們不應相信歌劇中人物的臺詞，我們能相信的只有他們的聲調與音色！

這就是差別所在，這就是美麗的「做作」，為此人們才走進歌劇院。甚至歌劇中那些簡樸的吟誦，也並不是真的打算讓人聽懂，就像臺詞和課文一樣。這種半音樂性質的內容，最初是為了讓聆聽音樂的耳朵稍事休息（從最莊嚴的旋律中得到休息，這種藝術最富挑戰性的愉悅也由此產生）——但隨即，一些其他的事情產生了。那就是，觀眾們逐漸變得毫無耐心，開始排斥它，甚至要求一個完整的音樂和旋律。

從這個視角來看，華格納的藝術又如何呢？或許，它也同樣如此？還是有所不同？在我看來，藝術家在自己的作品上演之前，應當熟記其中的臺詞和音樂，否則——僅僅是我個人的看法——他將既聽不見臺詞，也聽不見音樂。

非希臘式的精神

希臘人在思想上十分單純且合乎邏輯，至少在漫長的繁榮時代，他們從未對此厭倦；法國人也常是如此。如果僅僅是向對立面的一步小小的逾越，他們大都能欣然接受——只要它符合邏輯精神。但是一旦向對立面傾斜得太多時，他們就違背了自己友善的禮儀和克己的精神。

邏輯對他們而言，就像麵包和水一樣是必需品。同時，它也像被囚犯迅速享用的飯菜一樣，十分單純和樸素。

在良好的社會關係下，一個人永遠也不要期待自己擁有絕對的、獨一無二的正確，這就是所有**純粹邏輯**所要求的。因此，法國人的才華之中總有一點非理性的存在。希臘人的愛交際的特性，發展得遠不及過去及現在的法國人，所以即使是最生機勃勃的希臘人，也幾乎一點朝氣都沒有，即使是最幽默的希臘作家也毫無幽默可言，所以……

噢，人們是不會輕易相信我的這種論調的，而在我的腦中還有多少類似的觀點啊！

「保持沉默是件偉大的事情。」馬歇爾對喋喋不休的人們如此說。

翻譯

我們可從一個時代所作的翻譯、企圖吸收過去時代和文獻的手段，來評估這個時代，究竟有多少歷史感。高乃依（Pierre Corneille）[36]時代的法國人和文藝復興時期的法國人，在某種程度上還借鑑了古羅馬的風俗習慣；關於這點，我們已經不再有勇氣去做——因為我們具有更高的歷史感。

此外，古羅馬的風俗習慣是這樣的：他們孜孜不倦地追求古希臘的一切最優秀和最高尚的東西，這是多麼的野心勃勃，然而也是多麼的天真無邪啊！他們是如此的渴望將這些都一一地翻譯成當時的羅馬文字！他們是如此審慎而悠然地想要拭去沾在蝴蝶翅膀（被稱為閃亮的眼睛）上的灰塵！

詩人們似乎在問我們：「難道我們不該將舊的事物變成新的，並將我們自身投入其中嗎？難道我們的靈魂要灌輸進那些僵硬的形體中嗎？畢竟，僵硬的形體是多麼的醜陋啊！」他們並不懂得**歷史感**的樂趣；對他們而言，過去的和外來的一切，都令人感到尷尬。

身為羅馬人，他們將這些都視為一種「羅馬式的征服」，並以此來激勵自我。事實上，在那個時代，他們就是透過**翻譯**來實現某種征服——其方式不僅包含省略其中的歷史因素，而且也包含增加對當代的一種影射。其中，最關鍵的就是他們以自己的姓名取代了那些詩人的姓名，而他們卻並不覺得這

36 一六〇六～一六八四年，法國劇作家。

是種欺盜行為，反而充溢著一種「羅馬帝國」的良好感覺。

詩的起源

戀人們總是會對人類充滿幻想，他們還宣稱道德是一種本能，理由如下：「假如功利主義總是被敬為最高的女神，那麼全世界上的詩歌又是從何而來的呢？這種論斷阻礙了彼此對話的節奏，而對交流的明晰毫無幫助。然而，這種情況還在不斷增加，且遍布整個世界，這就像是對一切有用的權宜之計的一種嘲弄！詩歌的那種美麗至極的無理性會反駁你，你這個功利主義者！如果你正好遠離了一次功利——那就提高了你的人性；那就是一種激勵，道德和藝術也因此而產生！」如今，在這個案例中，我必須站在**功利主義者**這邊——畢竟，他們很少有正確的時候，這是多麼可憐啊！

在古代，散文在產生之初是以實用為目標的，而且在當時具有非常重要的實用價值；之後，當韻律進入語言——它迫使人們重組句子結構，斟酌字詞，並給予思想以文采，使之變得更為模稜兩可、陌生且疏遠——這當然是一種「**盲目的實用性**」！

當人們注意到一篇詩歌韻文比一篇普通文章更容易被人記住之後，他們就希望通過韻律，使人類的祈求在上帝那裡留下更深刻的印象，人們還認為通過這種有節奏的敲擊聲，更能使遠方之人聽見自己的心聲；富有節奏感的祈禱也似乎離上帝的耳朵更近。尤為重要的是，人們還想利用聆聽音樂時體驗到的那種強大，壓倒一切的力量——節奏就是一種打動人的力量；它還產生了一種令人無法克制的欲望，使人屈服並投身其中；伴隨著節奏，人們不僅身體上翩翩起舞，而且連心靈也隨之**舞動**——我們可以據此推斷，很可能連神靈們的心靈也是如此吧！

透過節奏，人們試圖形成一種超越自我的力量：他們用詩歌包圍了自己，就像一個神奇的陷阱。他們還有一個更奇怪的理念，認為這也許恰好就是促進詩歌產生的最有力因素。

在畢達哥拉斯學派[37]中，音樂看起來就像個哲學教條和教育手段；但在哲學家出現之前的很長一段時間內，人們都認為音樂具有釋放情感、淨化心靈、緩解痛苦的力量——而這些恰恰都是音樂節奏的功效。當一個人失去了適當的張力和心靈上的和睦時，他必須跟隨歌手的節拍起舞——這就是康復藝術的良方。

照此祕訣，特爾潘德[38]鎮壓了一場起義；恩培多克勒[39]安撫了一位精神錯亂者；戴蒙[40]淨化了一位因愛而憔悴的年輕人的心靈；有人甚至企圖藉此，來撫慰那些殘忍且充滿仇恨的神靈。

---

37 畢達哥拉斯學派，又稱「南義大利學派」，是一個集政治、學術、宗教三位於一體的組織。由古希臘哲學畢達哥拉斯創立，創建於西元前六世紀末，而在西元前五世紀被迫解散。它是西方美學史上最早探討美的本質的學派。

38 最早期的希臘音樂家之一，生活於西元前七世紀。

39 古希臘哲學家、政治家，生活於西元前五世紀。

40 古希臘政治家、音樂理論家，生活於西元前五世紀。

人們開始加入眩暈和豐盛的情感，以便到達情感的最高點。說得更確切些，他們像瘋子般的狂熱，驅使那些充滿仇恨的人們滿飲復仇的烈酒。一切狂歡的祭儀都企圖立刻釋放那些神靈們的暴行，並使之變成一場狂歡。當這一切結束後，神靈們也許會感覺到更加的自由和安寧，從而留下了和平給人類。

從詞源上來看，美妙的音樂就是鎮定劑的涵義；不僅是因為它本身的旋律是柔和寧靜的，還因為它能使人感受到平靜安寧。不僅宗教音樂如此，遠古時代的世俗音樂亦是如此，人們推測那種富有**韻律**的音樂會產生一種魔力。例如：當人們汲水或划船時，歌聲就被認為是最能在現場發揮作用的魔鬼妖術——它使人們協調一致、服從需求，從而成為人類的一種工具。一旦有人開始勞動，別人就有了歌唱的理由——每一個行動都需要精神的支撐；這些祈禱和咒語似乎就是詩歌的雛形。

當詩歌韻文被用在神諭上時（希臘人說六步格詩歌首創於德爾菲），韻律在此發揮了一種打動人心的力量。獲得了預言，就意味著很多事情在事先（很可能根據希臘人的言辭推導而得）就是注定的。有人說，只要獲得阿波羅的青睞就能掌控未來，那麼他依據的就是最古老的信念，而不是一個能預見未來的神靈。人們宣揚的宗教信條，就符合字面上和韻律上的精準，它與人們的未來緊密相連；但信條本身就是阿波羅發明的，他可以說是韻律之神，他也能約束命運女神。

簡而言之，對於古代迷信的人們而言，還有什麼東西比韻律更有用呢？人們可以利用它來做任何事情，魔力般的推進工作的完成；可以迫使神靈現身，使之離自己更近，並聆聽自己的聲音；可以按照自己的意願去塑造未來；還能釋放自己靈魂上**多餘的負荷**（過多的恐懼、狂躁、遺憾和仇恨等），甚至不光是他們自己的靈魂，還包括那些最邪惡之人的靈魂。

如果沒有詩歌韻文，那我們可以說是一無所有；一旦擁有了詩歌韻文，我們又幾乎成為了一位神明。這種最基本的感受不能完全被剔除——在和此類迷信鬥爭了千餘年之後的今天，即使是人類之中最睿智的一員，偶爾還會為了韻律變成傻子，只要他有這樣一種感覺，即思想只要披上韻律的外衣，並賦予一種夢幻般跳躍的表達方式，就會變得更加真實正確。

哪怕是最嚴肅的哲學家，他們在其他所有確定之事上都十分的嚴謹，卻仍求助於詩性的表達，來增加其思想的力量和可靠性；這不是一件很有趣的事嗎？如果一個真理受到詩人的贊同而非反駁，那豈不是更加危險？因為，荷馬說過：「**遊吟詩人講述的大多是謊言**。」[41]

41 實際上這並非出自荷馬，而是一句希臘諺語。參見亞里斯多德的作品《形上學》。

善與美

藝術家們總是在不斷地讚美——他們也沒做其他的事情——尤其是那些被他們讚美的所有事物，都使人類感覺到自己的美好與偉大、友善與聰明、興奮與愉快。

那些經過挑選、確實可以用來評估人類幸福的事物，都是藝術家的觀察物件。他們總是坐等著發現這些事物，並將之拉進藝術的王國。

我想說的是，他們本身並不是幸福與幸福之人的評判者，但他們總是擁擠在評判者的身邊，在最強大的好奇心和衝動的驅使下，立即去運用這種價值判斷。他們喜歡這樣做，因為除了急躁與渴望之外，他們還擁有傳令官般的強大的肺活量和賽跑者的敏捷雙腳。他們總是最先稱讚那些新的美好事物，且經常也是最先稱其為善和評判其具有善之價值的人。

然而，正如我已說過的，這只是一個錯誤。他們只是比真正的評判者腳步更快一點、聲音更高一點而已。

那誰才是真正的評判者呢？——那就是**富人**和**閒人們**。

戲劇

如果這個夜晚能來點音樂和藝術的話，那麼我的情緒將會變得興奮且高昂。我很清楚哪種音樂和藝術是我不想聽到和看到的，它們就是那種力圖使人欣喜若狂、極度興奮的藝術。

在黃昏時分眺望遠方的平凡的人們，並不像站在凱旋戰車上的勝利者，而是像生命中充滿鞭笞的疲倦騾子。如果沒有令人興奮的事物和理想的鞭策，這些人對所謂的「**高昂的情緒**」又有多少瞭解！所以他們把鼓舞者看作是**美酒**。但是，對我而言，他們的這種暢飲和醉酒又算得了什麼？創造者又怎會以此為「美酒」？反之，他對那些企圖以不充分的理由達成目標的手段或方法，總有一種厭惡之情，而那不充分的理由即是——**模仿心靈的高潮**！

什麼？有人要給鼴鼠翅膀和驕傲的幻想——在他爬進洞穴入睡之前？還有人要把他送進劇院，並將一副大大的眼鏡戴在他盲目疲憊的雙眼上？人們坐在舞臺前，他們自己的生活並非是一場戲劇表演而只是一種生意，而舞臺上的那些奇怪的創造物豈非更像一種生意？「這樣做是合適的，」你說，「它非常有趣，這就是文化！」好吧！如果是這樣的話，那我真是太缺乏文化了，因為這種觀點使我非常厭惡。如果某人自身經歷過充分的悲喜劇，可能會遠離戲劇；或者，也有例外，即整個過程——包括戲劇、觀眾和詩人——對他來說都成為一種真實悲喜劇的場景，因此相比之下，那些舞臺上演出的細節，就幾乎沒有什麼意義了。

對於那些自身性格就有點像浮士德與曼弗雷德[42]人而言，戲劇中的浮士德和曼弗雷德又有何意義呢？——然而，事實卻是這些在舞臺上演出的人物，總會使人不斷地聯想。最強烈的思想和激情，**在那些沒有思想和激情的人面前只不過是自我陶醉罷了！**前者只不過是後者達到目的的一種方式！戲劇和音樂就像歐洲人吸的大麻和嚼的檳榔！

噢，誰會告訴我們整個麻醉藥的歷史？它就幾乎是整個「文化」——我們所謂的較高等的文化的全部歷史！

藝術家的自負

我想，藝術家們往往不知道什麼是他們能做得最好的，因為他們太過自負，因此將心思放在比那些小花小草秀麗得多的事物上；它們看上去新鮮、珍奇、美麗而且在精神上有可能成為完美的東西。他們並不喜歡自己花園和葡萄園內的一切，他們的摯愛與洞察力並不能夠完全同步。

這裡有一位音樂家，與其他人相比，他更擅長從遭受苦難與折磨的憂鬱的心靈王國中發現特殊的音調，甚至能對沉默的動物發表演講。沒有誰能模仿出他那音樂聲中的晚秋的色彩，以及那種無法形容的遲暮且短暫的幸福。他懂得午夜時分在心靈深處響起的神祕而奇異的音調，這種音調的動機與結果

42 拜倫的哲理劇《曼弗雷德》中的主角。

似乎都誤入歧途，有些東西似乎隨時都能從那一片虛無之中噴薄而出。他比任何人都要快樂地從人類幸福的根源處汲取力量，就好像喝乾了酒杯中的酒一般，不管怎樣，那些最苦澀和噁心的酒滴都已混合成最甜蜜的美酒。

他懂得當靈魂不能再跳躍、飛翔，甚至步行時，又是如何疲倦地拖曳著自己前行。他對那些隱密的痛苦、沒有慰藉的諒解和未經聲明的告別，都投去羞澀的一瞥。

是的，如同遭遇所有隱密的痛苦的奧菲斯[43]一樣，他比任何人都要偉大，他甚至將許多看上去難以形容，甚至毫無藝術價值，只會使人望而卻步的東西，都融合進自己的藝術之中。它們是心靈上最細小入微的特徵，是的，他擅長去描摹這些微小的事物。

但，他並不希望如此！他的性格比宏偉的城牆和陡峭的壁畫還要堅強得多。他忽視了自己的靈魂也有不同的體驗和愛好，它最愛靜靜地坐在坍塌的屋角——然後，隱藏於自己的肉身之中。他塗繪著自己最真實的傑作，所有的線條都很短小，甚至經常只有一根門閂那樣長——**只有此時**，他才變得非常的善良、偉大和完美；也許，只有此時而已。

但他並不懂得這些！他太過自負了，以至於無法理解這一切。

43 希臘神話中的著名詩人和歌手。他具有非凡的藝術才能，曾憑藉音樂的力量，從冥府帶回自己的妻子。

必須嚴肅地對待真理

要嚴肅地對待真理！人們對這個詞語的理解有多麼地不同！面對完全相同的論點、論據和論證，一位思想家可能認為極其無聊，他對自己曾經在這樣或那樣的場合中臣服於它，引以為恥。當一位藝術家與之邂逅並共處了一段時間後，他自認已學會真誠地對待真理，儘管作為一名藝術家，他同時也會表現出**與之相反**的真誠需求，但這足以令人欽佩。如此，一個人可能就會因為這種熱誠的嚴肅性，而違背了他腦中對於知識的一貫膚淺且輕率的要求——難道我們所看重的都在背叛我們嗎？這顯示出動機的重要性，而我們往往卻**缺乏動機**。

現在與從前

如果我們丟失了那種高級的藝術——節日的藝術，那麼我們所有作品中的藝術又有何意義可言呢？從前，所有的藝術作品都在人類最重大的節日中上演，它們成為一切崇高和歡樂的紀念。而現在，人們卻用藝術作品來引誘那些貧乏的、病弱的、筋疲力竭的人們，重新回歸到人性之路上來——他們曾因淫亂而不得不承擔後果。藝術作品提供給他們的，僅僅是一些陶醉和瘋狂罷了。

光與影

書籍和草稿對不同的思想者而言，具有不同的意義。在書籍中，作者收集了所有的光亮——**每一縷照射在其身上的晨光，他都精心收藏**。而在草稿中，作者傳達給我們的只是陰影和灰黑色的背影，它們早已矗立在他的內心。

叔本華的信徒

留心

我們都知道，當阿爾菲利[44]在向他同時代的人們敘述自己的生命故事時，編造了許多謊言。從他對自我的專制上，我們可以看到他在撒謊，他本身也通過創造獨具一格的語言並強迫自己成為一名詩人的方式，揭示了這一切。他最終發現了一種嚴格形式，將自己的生命與回憶表達得崇高而莊嚴。毫無疑問，在整個過程中，他飽受痛苦的折磨。——同樣，我既不相信柏拉圖的自傳，也不相信盧梭[45]或但丁[46]的自傳。

---

44 一七四九～一八〇三年，一位重要的印度戲劇家。

45 一七一二～一七七八年，法國偉大的啟蒙思想家、哲學家、教育家和文學家。

46 一二六五～一三二一年，義大利詩人，歐洲文藝復興時代的開啟人物之一。

散文與詩

值得注意的是，無論是在公開或十分隱密的場合下，偉大的散文家幾乎都是傑出的詩人。的確，一個作家若想要寫出優秀的散文，必須先擁有寫詩的激情！

散文與詩之間是一場持續而令人恭敬的戰鬥。它的引人之處依賴於這樣一個事實：詩歌歷來被認為是一種逃避和自相矛盾；任何抽象的事物，都以玩笑的形式和嘲弄的口吻去反對詩歌；一切無趣和冷酷的事物，都被寄望於拖垮這位可愛的女神，使之擁有一種楚楚可憐的絕望。事實上，兩者經常也會和平共處，隨即就是一種共同的後退，且伴隨著嘲諷的大笑。簾幕時常被拉起，纖弱的光線照進來，就好像女神正在欣賞黃昏的微光和輕柔的色彩。當她舉起纖纖玉手放在玲瓏的耳邊時，動聽的詞句就變成了音樂般優美的旋律。

所以，在這場戰鬥中，歡樂不計其數，即使失敗之中也包含著快樂。而非詩人和所謂的「散文家」根本就都不懂得這一切；這就是為什麼他們只能寫出糟糕的散文的原因。

「**戰鬥是世間一切好事之父。**」這是蘇格拉底以前的哲學家——赫拉克利特[47]的著名格言的變體。戰鬥也是一切好散文之父！本世紀有四位真正具有詩人氣質的傑出作家，他們的散文已達到爐火純青的地步。就像我所說的，如

47 希臘哲學家，生活於西元前六世紀。

果他們缺乏詩情的話，這些散文根本就不可能被創作出來！這不包括歌德，他幾乎可說是應時代的需要而產生的作家。我認為這四位分別是里歐帕迪（Giacomo Leopardi）、梅里美（Prosper Mérimée）、愛默生（Ralph Waldo Emerson）和寫作《想像的對話》一書的作者藍道（Walter Savage Landor）[48]，他們才是當之無愧的散文家。

「但是，為什麼你還要寫作呢？」

A：我不是那種手裡拿著沾了墨水的筆才思想的人；也不是那種在打開墨水瓶、坐在椅子上、凝視著紙張之前，便已控制不住自我的激情的人，我總是為寫作而感到煩惱與羞愧。對我而言，寫作只不過是自然的一種召喚。——我甚至討厭採用明喻的手法來敘述。

B：但是，為什麼你還要寫作呢？

A：好的，先生，我可以很確切地告訴你，截至目前為止，我尚未找到能驅除我的思想的其他途徑。

B：為什麼你要驅除它呢？

A：為什麼我要驅除它？我真的想驅除它嗎？我不得不如此啊！

B：夠了！夠了！

48 里歐帕迪，一七九八～一八三七年，義大利抒情詩人；梅里美，一八〇三～一八七〇年，法國現實主義作家；愛默生，一八〇三～一八八二年，美國思想家、文學家；藍道，一七七五～一八六四年，英國散文作家。

死後的成長

豐特奈爾在他那不朽的《與死者對話》一書中，其談論道德問題時所採用的少數大膽詞句，在當時被視為是一種充滿矛盾的雋語，和略帶機智的玩笑之語。即使是擁有最高品位和最智慧的頭腦的裁判，也無法從其找出更多的意義來了；事實上，或許連作者自己也找不出來了。

如今，驚人的一幕發生了！這些想法都變成了真理！科學證實了它們！玩笑變得嚴肅起來了！當我們以一種有別於伏爾泰和艾爾維修（Claude Adrien Helvétius）[49]的感受來閱讀這些對話時，就會不自覺地將作者的頭腦提高到一種不同凡俗、更高級別的行列中。這究竟是對的？還是錯的呢？

尚福爾

那些與尚福爾（Chamfort）[50]一樣對人性和民眾有深刻瞭解的人們，若仍然加入民眾的行列，而不去明智地宣布與之斷絕關係並積極防衛的話，那麼，我只能作如下的解釋：他的本能比智慧還要強大，而且這一本能永不滿足。

他仇恨所有血統高貴的貴族；也許這源於他母親的舊日的仇恨。我們可以很容易地對此加以解釋，而他也透過母愛洗清了罪孽——這種報復的本能可

49 艾爾維修，法國百科全書編纂者。

50 尚福爾，一七四一～一七九四年，法國劇作家、雜文家。

以追溯到他的孩提時代，他等待時日是為了替母親報仇。如今，他的生命和天才——哎！毫無疑問，多半是由於他血脈中來自其父親的那半血統，許多年來，都不斷地誘使他加入貴族階級，以便實現平等。

但最後他不再能忍受自己所看到的景象，亦即那種在舊政權下的「舊式人們」；他被一種劇烈的懺悔情緒所吸引，這導致他穿上暴徒的外衣，就好像這是他的苦行衣！他敗壞的良知導致了復仇的失敗。若尚福爾能稍微像個哲學家，那麼革命就不會造成這種悲劇性的玩笑和最尖銳的刺痛了；而被視為是一種極其愚蠢的事情，也不會誘惑如此之多的人了。但是，尚福爾的憎恨與復仇觀已經教育了整整一個世代的人，即使是最傑出的人也曾受過這所學校的薰陶。

我們注意到米拉波（Honoré Mirabeau）[51]對尚福爾的景仰。他就像是在景仰那個更高尚、更年長的自我，而他也借此方式期望並忍受著衝動、警戒和裁決——與古往今來第一流的政治家相比，米拉波是屬於那種完全不同類型的偉大人物。雖然有這樣一位朋友和擁護者，但仍然令人感覺奇怪——畢竟，我們有米拉波寫給尚福爾的信件為證——這位智慧的道德主義者對法蘭西而言，仍然是個陌生人，這一點就和斯湯達爾一樣。而在本世紀的所有法國人之中，後者也許擁有最睿智的眼睛和耳朵。是否以各種原因來說，斯湯

51 法國大革命早期的重要政治人物。

達爾更像個荷蘭人和英國人，所以他能忍受巴黎人？但是，尚福爾，他是個在靈魂的深處十分富有之人——悲觀的、受苦的、熾熱的——一位思想家**發現笑聲之必要**，就如同醫療對於生命之必要，如果生活失去了笑聲，那他幾乎認為已經迷失了自我——這似乎更像個義大利人，與但丁和奧帕底相關，而不像個法國人！

我們都知道尚福爾的臨終遺言：「啊，我的朋友，我終於要離開這個世界了。在這個世上，我們的一顆心要麼被摔得支離破碎，要麼就必須用鋼鐵打造的盤子來盛裝。」這當然不像是個垂死的法國人所說的話。

兩位辯論家

在這兩位辯論家中，其中一位只有當他完全被激情所驅使吋，才會充分顯示其論據的合理性；也就是說，只有將充足的血液和熱量灌輸進他的腦袋之後，才能促使他顯露出自己的高智商。

另一個人的做法也大致相似。憑藉著激情，他激動地用低沉而充滿魅力的聲音敘說著自己的理由——但往往都是失敗的。隨即，他的敘說就變得晦澀和含混不清，他誇誇其談、漏洞百出，甚至對論據的合理性也產生了懷疑。事實上，他自己也感覺到了這種懷疑。他的語調逐漸變得冷淡和令人反感，這些都使聽眾懷疑他所有的激情，是否出自真誠。

在這個例子中，**激情**每時每刻都淹沒著他的頭腦——也許是因為他的激情比第一位辯論家更為猛烈吧！當他全力抵抗感情上的狂風暴雨並對之加以嘲弄時，他便達到了力量的頂點。此時，他的頭腦便完全離開了自己的藏身之所——這是一個講究邏輯的、愛挖苦和戲謔的，也是個令人恐怖的頭腦。

作家的喋喋不休

有一種出自憤怒的喋喋不休，時常可見於路德和叔本華的作品中。

喋喋不休，有時來自對概念的過度表述，例如康德的著述。

喋喋不休，有時來自對同一理念之修改的嗜好，這可以在蒙田的文章中發現。

喋喋不休，有時出於一種居心不良的天性，凡是讀過我們這個時期作品的人，必能在此回憶起兩位與此有關的作者。

喋喋不休，有時也來自對優美的詞彙和語言結構的嗜好，這在歌德的散文中並不少見。

喋喋不休，有時也來自對**喧譁的內在滿足**以及**情感的困惑**，例如卡萊爾（Thomas Carlyle）[52]的作品。

52 一七九五～一八八一年，英國作家，擅寫歷史和政治題材。

向莎士比亞致敬

我最敬佩莎士比亞的就是：他相信布魯圖斯（拉丁語：Bruti）[53]，而且對這種類型的美德沒有絲毫的懷疑！莎士比亞為之奉獻出了自己最好的悲劇——至今我們仍叫錯了劇名——這是獻給布魯圖斯的，也是獻給崇高道德的最可怕化身。

靈魂的獨立！這是最至關重要的問題！再也沒有比這更偉人的犧牲了：如果一個人熱愛自由，而這種擁有偉大靈魂的自由卻因他而瀕臨險境，那麼他就必須要作出犧牲，哪怕為此犧牲最親密的朋友——即使他是最非凡的、能為整個世界增光添彩的人物，也是最無與倫比的天才。這一定就是莎士比亞所感受到的！

他給予凱薩的崇高地位，也是他能給予布魯圖斯的最高榮耀。唯有當他將布魯圖斯內心的問題和心靈的力量都提升至極大的比例時，他才能解決這一難題。難道說，強迫這位詩人同情布魯圖斯——使之變成布魯圖斯的從犯，算是一種政治的自由嗎？或者，政治的自由只是某種不可言傳的符號象徵嗎？也可能我們面對的是一些未知的黑暗事件，我們是在詩人的自我靈魂中進行探險，而他對此只作了一些象徵性的敘說？

哈姆雷特的憂鬱，與布魯圖斯的憂鬱相比，又算得了什麼？也許，莎士比

---

53 西元前八五～西元前四二年，羅馬共和時期的第一任行政長官。

亞對後者的理解，也如前者一樣深刻——通過第一手的經驗！也許，他也有自己的黑暗時光和邪惡天使，就像布魯圖斯一樣！但是，不管有多少相似之處和可能存在的祕密聯繫，在布魯圖斯的整體形象和美德面前，莎士比亞將自己置身於最低處，他感到自己無足輕重，並相距甚遠——他在自己的悲劇中證實了此點。

莎士比亞在這兩部作品中都提及了一位詩人，而且兩次都將這種不耐煩和極端的輕蔑情感加諸於這位詩人身上，聽起來就像是哭嚎——一種自卑的哭嚎。當這位詩人出現時，甚至是布魯圖斯也失去了耐心——自傲自大的、令人同情的、冒失魯莽的，就像詩人們經常所表現出來的一樣——作為一個人，他似乎充滿著各種崇高的可能，甚至是道德的崇高，**但在行動和生命的哲學中，他甚至連基本的正直都很難做到。**

「如果他懂得自己的時代，那我就會懂得他的幽默。對於這些坐立不安的傻子，戰爭是否應該做點些什麼？同伴們，去吧！」布魯圖斯喊叫道。這句話的翻譯應該追溯到寫作此劇的詩人其靈魂深處。

叔本華的信徒

當文明人和野蠻人互相接觸時，會發生這樣的情景：較低等的文化通常會接受高等文化的種種陋習、缺點和暴行。在此基礎上，前者感受到了後者的某種特定的吸引力，最終，透過已獲得的那些陋習和缺點，它也接受了後者盈溢而出的有價值的力量。我們不必遠赴野蠻之地，就近就可觀察這一切，從而肯定它們在形式上確實變得更加高雅和理智化了，而這些並不易察覺。

叔本華的那些德國追隨者們，最初從他們的導師那裡究竟接受了什麼？在他的更高級的文化面前，他們必定感到了自己的野蠻，一開始就被他深深地吸引和誘惑吧？是否他對可靠事實的理念和對清晰理性的善意，使他更像個英國人而不像個德國人？或者他的理智與良知的力量，幫助他終身忍受著「**存在**」與「**意識**」的矛盾，並迫使他一直都在反駁自我及其作品中的幾乎每個觀點？或者，是他在和教會與基督教上帝有關的事物上表現出來的那份純淨？——他的這種純淨可以說在德國的哲學家之中是前所未有的，所以他活得像個「伏爾泰之徒」，死得也像個「伏爾泰之徒」。或者，是他關於知性直覺、因果法則的先驗性和不自由意志的不朽學說？

不，所有的這些東西並不能使人心醉神迷，但是叔本華表現出來了一種神祕的窘迫和逃避，在那裡真正的思想家受到了誘惑並為之墮落，他們渴望成為世界的闡釋者，但這只不過是種徒勞的刺激罷了。不能證明的「單一意志」學說（「**一切原因幾乎都是意志表象在此時此刻的偶然原因**」；「生命意志目前在每個存在上面都是整體的和不可分割的，即使最不重要的事物現在是、將來也是如此，就和曾經出現過的所有存在完全一樣」）、對個體的否認（「所有的獅子實際上都只不過是一隻獅子」；「眾多的個體都是幻覺」，就像發展也只不過是個幻覺——他將拉馬克（Lamarck）[54]的思想稱作「一個天才的荒謬錯誤」）、對天才的入迷的幻想（「在美學直覺中，個體不再是個體，而只是一個純粹的、無意志力的、無疼痛感、永恆的知識的客體」，「那個憑藉直覺而作用於客體的主體，成為了客體本身」[55]）、對憐憫的荒謬說法，視其為一切道德的源頭，以上這些都使人能夠突破那些個性化的原理；同時，所有的這些要求，比如「**死亡實際上是存在的目的**」、「就像一個死者不可能產生神奇的影響，我們不能否認這種先驗的可能性」——哲學家諸如此類的放恣和缺點，總是最先被接受，並成為一種信念——因為放恣和缺點最容易被模仿，而且不需要大量的提前實踐。

不過，我們現在要談論的是一位當前最著名的叔本華信徒——華格納。事實上，發生在他身上的事情，也曾發生在許多藝術家身上。他曲解了自己創造的角色，也誤解了自身藝術所內含的哲學。直到中年時期，華格納還自甘被黑格爾的哲學所誤導；當他開始閱讀叔本華的學說，且使之融入自己的性格，並用「意志」、「天才」和「憐憫」等字眼來表達自我時，他又再次重複

54 一七四四～一八二九年，法國博物學家，生物學的偉大奠基人之一。

55 參見叔本華的《意志與表象的世界》

了這種錯誤。

儘管如此，有一點仍然是正確的，亦即：沒有什麼能比華格納作品中的那些真正具有華格納風格的英雄人物，更直接地反對叔本華的精神了。我指的是：極端自私中的單純，以及偉大激情中的忠誠；簡言之，就是他的英雄角色中的那些齊格菲式的人物。「所有這些看上去更像史賓諾沙，而不像我。」叔本華可能會如此評價。華格納也許有信奉其他哲學家而不是叔本華的更好的理由，但是思想家身上散發的這種令人著迷的魅力，已經蒙蔽了他的眼睛，使他抵擋不住其他的哲學家甚至是科學的誘惑。

華格納其整體藝術想要傳達給我們的，越來越像是叔本華哲學的翻版和補充，而且我們可以日益明晰的看到，他已經放棄了成為人類知識與科學的翻版和補充的此一崇高抱負。深深吸引著他的不僅是叔本華哲學整體上神祕的華麗性——它還吸引了卡利奧斯特羅（義：Count Alessdro di Cagliostro, 英：Alessando Cagliostro）[56]，還有哲學家身上的那種特殊的舉止和情感，例如：華格納對德國語言訛誤的那種憤怒就源自叔本華。無論如何，如果有人想要證明華格納在這一點上是對叔本華的一種模仿，那就不能忽略這樣一個事實，即：華格納的風格本身就有許多不足之處，這種景象會激怒叔本華。至於那些以德國為寫作對象的華格納崇拜者們，對他們而言，華格納主義已

56 十八世紀義大利惡名昭彰的江湖騙子。

被證實為和曾經的黑格爾主義一樣危險。

此外，受到叔本華憎恨猶太人的影響，華格納也無法對猶太人的豐功偉績作出公正的評判，畢竟，猶太人是基督教的發明者。不僅如此，同樣受叔本華影響的是，華格納試圖在歐洲開創一個佛陀的紀元，他認為基督教就是佛教曾經隨風飄遠的一粒種子，這使天主教和基督教的原則和情感，能暫時的協調起來；華格納還受叔本華的影響，經常宣揚要憐憫動物。眾所周知，叔本華的前輩伏爾泰，也和他的後繼者一樣，就是一位出了名的喜歡掩飾自己對某些特定事物及人類的仇恨，而對動物則頗為憐憫的人。從華格納的演講中我們可以發現，至少他對科學的憎恨，並不是出自憐憫和善良的意志——很明顯地，它完全是來自於其他的**精神意志**。

最後，如果一位藝術家的哲學僅僅只是他人思想的補充，並且對藝術本身沒有任何損害的話，那麼它就幾乎毫無意義可言了。我們不可能十分小心地去避免喜歡一位藝術家，因為他們也會偶爾地、也許非常不幸地、傲慢地偽裝自我。但我們不要忘了，我們最可愛的藝術家在某種程度上都毫無例外的是個演員；若缺少表演，他們將很難堅持下去。

讓我們對華格納身上真實與原創的部分仍然保持忠誠吧！——作為他的追隨者，我們尤其要忠實於我們自己身上真實與原創的部分。讓我們摒棄其智力上的壞脾氣和疼痛性的痙攣吧！讓我們公正地詢問，到底需要做些什麼才能使他這樣的藝術——一種奇怪的營養品和必需品，能生存和發展下去呢？作為一名思想家，他經常犯錯，這其實無關緊要；正義和耐心都不是對他的要求——這個生命經常對我們每個人吶喊道：「**要成為一個人！不要跟隨我——成為你自己！你自己！**」我們的生命將會在自己面前變得更加的正當合理！我們還將會帶著一種天真無邪的自私，自由而無所畏懼地茁壯成長！

現在，每當我注視著這樣一種人，如同往昔一樣，以下的一些語句就跳入了我的頭腦：「情欲總比禁欲主義和偽善要好得多；罪惡中的坦誠也比在道德傳統中失去自我要好得多；一個自由之人可能是善良的或邪惡的，而一個不自由的人則是對其本性的一種羞辱，他無法與人分享那種神聖的或世俗的喜悅；最後，每個人要想獲得自由都必須通過自己的努力，自由不會如一件奇妙的天賜之恩物，掉落在任何人的身上。」57

學習如何表達敬畏

人們必須學會表達敬畏，就如同必須學會表達蔑視一樣。那些闖入並帶領大眾走上新征途的人們，會驚奇地發現，大多數人在表達他們的感激時，是如何的笨拙和言語貧乏。事實上，能被表達出來的感激實在是太少了！每當

57 此處引自尼采自己的散文，最初發表於《不合時宜的沉思》。

他們要說出心中的感激時，喉嚨就像被什麼東西哽住似的，而當他們清理了喉嚨之後，一切又重歸沉默。

一個思想家開始探究自己思想的影響力以及他人對這種思想的擾亂與重組的方式，幾乎可謂是個喜劇。有時，他們就好像已被深深的傷害，而受此感覺的支配，他們只能以各種混亂的粗魯行為，來表達自己受威脅的獨立自主。

整個時代都需要發明出一種謙恭有禮的感恩方式，而只有當某種天賦與靈魂需要感恩時，這一刻才會姍姍來遲。然後，有人通常會成為這個偉大的感恩的**接受者**，不只是由於他所取得的那些成就，更多的，還是由於他的前輩們已逐漸地積累了那些最好的、最有價值的「寶藏」。

04
《查拉圖斯特拉如是說》

弟兄！
帶著我的淚水走入孤獨吧！
我愛那些為追求自己不惜付出生命的人。

查拉圖斯特拉的前言

一

查拉圖斯特拉三十歲時，離開了故鄉的湖水，前往山上隱居修道。他在那裡樂此不疲地度過了十年的孤獨時光。最後，他的內心若有所動；某日清晨，他在霞光始現時起身，對著太陽說：「你這個偉大的星辰！若無人被你的光輝照耀，又何來你的幸福？

十年來，你每日光臨我的山洞：假若沒有我，沒有我的鷹與蛇，你也會厭倦你的光明和這條山路吧？

然而，每日清晨，我們等候著你的到來、沐浴你豐沛的光輝；因此，我們向你祝禱。

你瞧！我已對我的智慧感到厭倦，就像蜜蜂，儲集了太多的蜜——我需要有人伸手來承接這些智慧。

我願贈予並散播我的智慧，直到智者因再次發現自己的愚昧而快樂，窮人因重新發現自己的富有而歡喜。

因此，我應當下山，深入人間：就如同你在夜間沉入大海的背面，將光明播灑到另一面的世界一樣。你這個豐饒無比的星辰啊！

我將如你一樣地『**下山**』，就像我要去的人間是所謂的『**降臨**』。

是以，請祝福我吧！你寧靜的眼眸，望見無邊的幸福也從未嫉妒！

祝福這將滿溢之杯吧！讓這金色之水流淌，將你祝福的反光四處播灑吧！

瞧，這杯子又將空空如也，查拉圖斯特拉將再度成為凡人。」

於是，查拉圖斯特拉下山了。

二

查拉圖斯特拉獨自下山，不曾遇見一人。可是當他走進森林之時，一位老者突然出現在他面前。這位老者離開他神聖的草廬，為的是來到森林中尋覓樹根。他對查拉圖斯特拉如是說：

「我與這位行人有一面之緣：多年以前，他曾經路過此處。他是查拉圖斯特拉；但如今他已判若兩人了。

那時，你攜著過往的灰燼上山；如今你要帶著火種深入山谷嗎？你不怕『縱火犯』所受的責罰嗎？

沒錯，我認得查拉圖斯特拉。他的雙眼如此純潔，且其唇角不露一絲鄙夷之色。他不正如一個舞者似的踴躍前行嗎？

查拉圖斯特拉確實變了；他變成了一個孩子；查拉圖斯特拉已是一位覺醒者：你現在要到酣睡的人間去做什麼呢？

你曾生活在孤獨中，像在茫茫大海裡隨波上下。唉，你現在想上岸了嗎？你又想讓自己背負起皮囊的重擔嗎？」

查拉圖斯特拉回答：「我愛世人。」

「但是，」這位聖人說，「我為何逃到森林、這寂寥之地來？不正是因為我曾愛世人太深嗎？如今我愛的是上帝，我已不愛世人。我覺得人是太不完美的東西。鍾愛世人很可能把自己毀掉。」

查拉圖斯特拉答道：「何必言愛，我不過是去贈送禮物給世人。」

「什麼也不要給他們！」聖人說，「你倒不如從他們那裡拿走些什麼，替他們分擔——只要你樂於這樣做，對他們來說就是天大的歡喜。即便你想布施，也別給他們太多，要讓他們向你乞求。」

「不，」查拉圖斯特拉答道，「我不會布施什麼，我哪會如此貧困。」

聖人對查拉圖斯特拉笑道：「那你就去試著讓他們接受你的珍寶吧！他們不信任修行者，也不相信我們是來饋贈寶物的。

我們走在長街上的足音，在他們聽來太過孤寂。貌似夜間他們躺在床上，聽到有人在日出之前趕路一般，他們會自問：這個竊賊要去哪裡？

不要前往人間，留在森林裡！倒不如回到獸群中！你為什麼不願和我一樣，做熊群中的一頭熊，鳥群中的一隻鳥？」

「聖人在森林中能做什麼？」查拉圖斯特拉問道。

聖人答道：「我創作歌詩並詠唱。當我作歌時，我歡笑涕泣、我低聲吟誦：我如此讚美上帝。我以歌唱、歡笑、涕泣和低吟，來讚美我的上帝。但是，你給我們帶了什麼禮物呢？」

查拉圖斯特拉聽了這些話之後，向這聖人施禮道：「我哪能給你們什麼禮物？還是讓我快點走吧！免得我會從你們這裡拿走什麼！」於是他們相互道別，老人和中年男子，這兩位都笑得像個孩子一樣。

於是，查拉圖斯特拉獨自前行，他對自己的內心喊話：「這怎麼可能？這森林裡的老聖徒，竟還不曾聽聞**上帝已死**！」

三

查拉圖斯特拉走到一個緊靠森林的城鎮，發現市場上聚集著許多人；因為有人預告，一位走鋼索的藝人將要在此獻技。於是，查拉圖斯特拉向眾人如是說：

「我來教你們何謂**超人**。人是應當被超越的。為了超越自身，你們曾經做過什麼努力？

直到如今，一切物種都已超越了自身，難道你們願意在此大潮下逆流而動，寧願倒退為獸，而不肯超越人嗎？

猿猴之於人算是什麼？一個笑柄或是一種羞辱。人之於超人也是如此：一個笑柄或是一種羞辱。

你們走過了從蟲豸到人類的漫長征途，但是在許多方面你們仍然是蟲豸。從前你們是類人猿，如今，人類比猿猴更像猿猴。

你們之中最聰明的，也不過是一個植物與魑魅的矛盾雜種，但我在此，是要教你們變成植物或魑魅嗎？

瞧，我是在教你們成為超人！

超人是大地的意義。就是讓你們的意志說：**超人必是大地的意義吧！**

我祈求你們，弟兄，忠實於大地吧！不要輕信那些侈言希望超脫大地之人！不論有心或無意，他們是投毒者。

他們是生命的輕蔑者、垂死者，他們自己也中毒甚深。大地對他們也心灰意冷：讓他們去吧！

從前褻瀆上帝是大不敬；如今上帝已死，上帝的褻瀆者也隨之逝去。如今最可怕的是褻瀆大地，是把那位**『不可知者』**[1]之心看得比大地的意義還

1 即上帝。

高！

從前靈魂鄙棄肉體，這種鄙棄在當時被看作是最高尚的行為——靈魂令肉體醜陋、瘠弱、忍受饑饉。它以為如此便可以擺脫肉體與大地。

呵！事實上，靈魂它自己更加醜陋、瘠弱且饑餓；它以殘忍為淫樂！

但是請告訴我，弟兄，你們的肉體是如何展示靈魂的呢？你們的靈魂是那樣貧弱、汙濁、充斥著無知的志得意滿嗎？

誠然，人是一條不潔的河。若要容納一條不潔的河而不致汙濁，我們必須成為大海。

現在，我告訴你們何謂**超人**：他即是這大海；你們天大的輕蔑都可以沉入它的懷中。

你們所能經歷的最偉大之事是什麼？那便是天大的輕蔑。那時，你們會厭棄你們的幸福，你們的理智與道德亦然。

那時，你們會說：『我的幸福有什麼用！它只是貧弱、汙濁與無知的自滿。可是，幸福不應當是生存的意義之所在嗎？』

那時，你們會說：『我的理智有什麼用！它是否像獅子捕食獵物一樣渴求知識呢？它只是貧弱、汙濁與無知的自滿！』

那時，你們會說：『我的道德有什麼用！它不曾令我狂熱。我是怎樣地厭煩我的善與惡！一切都只是貧弱、汙濁與無知的自滿！』

那時，你們會說：『我的正義有什麼用！我從未覺得我是烈焰與熱炭，但正義之人應當是烈焰與熱炭！』

那時，你們會說：『我的憐憫有什麼用！憐憫不是那釘死**「愛世人者」**[2]的十字架嗎？但我的憐憫不是一種釘死在十字架上的刑罰。』

你們已經如此訴說過了嗎？你們已如此喊叫過了嗎？啊！但願我曾聽到你們如此喊叫！

這不是你們的罪，而是你們的保身之道；你們為免罪而向天呼喊！

那將用火舌舔舐你們的閃電何在？那應當接種給你們的瘋狂又何在？

現在我告訴你們何謂超人：**他便是這閃電，這瘋狂！**

查拉圖斯特拉說罷這些話，人群中有人叫道：「我們的耳朵領教夠這個藝人的嘴上功夫了，現在來讓我們開開眼吧！」眾人開始對查拉圖斯特拉哄笑，而走鋼索的藝人以為在說他，便開始登場獻技。

四

然而，查拉圖斯特拉看著人群，覺得很詫異，接著說：

「人類是一根連接在獸類與超人中間的繩索——一根懸於深淵上的繩索。

---

2 即耶穌。

向另一端去很危險，在當中間很危險，回頭瞻顧也很危險，戰戰慄慄或躊躇不前，也都極端危險。

人類之偉大，正在於它是橋樑而非終點。人類之可愛，正在於它是過渡，也是沒落。

我愛那些除沒落外不知如何生活的人，因為他們是過渡者。

我愛那些極度的輕蔑者，因為他們也是極度的崇拜者，是射向彼岸的憧憬之箭。

我愛那些人，他們不向天宇尋覓某種為之沒落犧牲的理由，而是為大地殉身，使大地有朝一日屬於超人。

我愛那些人，他們為求知而生活，他們為超人出世而求知，同時甘心於自己的沒落。

我愛那些人，他們為了給超人建設住所、給超人預備好大地和動植物而工作而創造。同時他們甘心於自己的沒落。

我愛那些人，他們珍愛自己的道德，因為道德即是甘於沒落的意志，憧憬之箭。

我愛那些人，他們不為自己保留精神的一點一滴，而以全部的精神來完成他的道德，如此，他在精神上跨過了橋樑。

我愛那些人，他們令自己的道德成為其偏愛和使命；如此，他可以甘願為其道德或生存，或毀滅。

我愛那些人，他們寧願只有一種道德而非多種。守死善道勝於首鼠兩端，遑論那道德聯接著命運的紐帶。

我愛那些人，他們慷慨地揮霍靈魂、不接受感謝也從不致謝，因為他總是贈予，毫無保留。

我愛那些人，他們為賭骰子時的幸運而羞愧，他捫心自問：我是一個作弊的賭徒嗎？——故而他甘願失敗。

我愛那些人，他們行動之前先出良言、履行責任多於允諾，因為他們甘願沒落。

我愛那些人，他們肯定未來的人，而拯救過去的人，他甘願為現在的人而毀滅。

我愛那些人，他們責罰上帝，因為他們熱愛上帝；因此他們將因干犯神怒而毀滅。

我愛那些人，其靈魂即便受傷亦不失其深邃，願為任何細微的冒險而赴湯蹈火；如此，他將樂於跨過橋樑。

我愛那些人，其靈魂極度充實，因而忘卻自我，卻能備萬物於其一身；如此，萬物成全他的沒落。

我愛那些人，其精神與情感一樣自由；如此，其頭腦僅是其情感的從屬，而其情感卻令他沒落。

我愛那些人，他們如同沉重的雨點，一滴滴從高懸於天空的黑雲墜落；它們預言著閃電將至，然後如預言者般的消亡。

瞧！我是一個閃電的預言者，一顆自雲中降落的沉重雨點，而這閃電，便是超人。」

五

查拉圖斯特拉說完之後，望向人群，陷入了沉默。「他們站在那裡，」他向自己的內心說道，「他們只知哄笑——他們對我所言茫然不解；我是在對牛彈琴罷了。

難道要撕掉他們的耳朵，讓他們學著用眼睛去聽嗎？難道要像鐃鈸或口誦經懺的牧師一樣喧嚷嗎？也許他們只相信口吃之人？

他們有某種引以為傲的東西。他們怎樣稱呼其引以為傲之物？他們稱它為文明，這令他們與牧羊者不同。

因此他們不願意承受『輕蔑』這個字眼。我應該從他們的驕傲入手。

我將向他們講述那最可輕蔑的，那便是『最末等之人』[3]！

於是，查拉圖斯特拉向眾人說道：

「人類自己決定目標的時候到了。人類自己栽種最高希望之幼苗的時候到了。

如今土地還相當肥沃。但終有一天，它會變成不毛之地，沒有任何樹木可以生長於其中。

唉！人類再也不把他超越自身的憧憬之箭射出的時候近了！那弓弦已不再震顫作響！

我告訴你們：人類得存有一個混沌，才能孕育出一顆光芒舞動的星。我告訴你們：你們還存有一個混沌。

唉！人類不再能孕育星辰的時候近了。唉！最可輕蔑者的時候近了，他已不知道輕蔑自己。

現在我讓你們看看『**最末等之人**』。

『愛是何物？何謂創造？何謂渴望？何謂星辰？』最末等之人如是問道，眨著雙眼。

那時，大地將會萎縮，最末等之人在其上揚塵舞蹈；他使一切萎縮而變得渺小。他的種群和跳蚤一樣地不可滅除；他們的壽命最長久。

3 此處有「最卑賤的人」、「小人」之意。

『我們已覓得幸福。』最末等之人說道，眨著雙眼。

他們捨棄了貧寒艱苦之地，因為他們需要溫暖。他們熱愛鄰人，和鄰人摩擦推擠，因為他們需要溫暖。

他們將疾病和懷疑視作罪惡。他們小心翼翼地前行。覺得若被石塊或他人絆倒，必定是傻瓜！

他們時不時來一點毒品，製造一些愜意的美夢。最後卻因吸食過量，而愜意地死去。

他們也工作，因為工作是一種消遣，但他們仍然很小心謹慎，不讓這消遣損傷身體。

他們沒有富裕或貧窮的差別，這兩者都是重擔。誰還願意發號施令？誰還願意聽命於人？這兩者也都是重擔。

於是這裡只有羊群，沒有牧者！大家的想法彼此一致，希望人人平等；誰若起了別的念頭，就會進瘋人院。

『以前的人都是癲狂的。』他們中的狡獪之徒說道，眨著雙眼。

他們很聰明，清楚一切過往之事，於是他們互相譏笑嬉鬧不休。他們偶有爭執，但很快便言歸於好，生恐妨害了胃口。

他們在白日享受其瑣碎的樂事，夜晚也是如此，但他們不會縱情狂歡，他們十分地愛惜自己的健康。

『我們已覓得幸福。』最末等之人說道，眨著雙睛。」

查拉圖斯特拉的開場白，到此告一段落了，因為此時人群的喧鬧打斷了他。「啊，查拉圖斯特拉，把那個最末等之人賜給我們吧，」他們喊道，「讓我們成為那最末等之人！我們就把超人給你！」人群開始歡呼鼓噪起來了，但查拉圖斯特拉卻憂鬱地對自己的內心說道：

「他們對我說的一片茫然：我是在對牛彈琴罷了。

也許，是我在山上隱居太久，聽慣了樹木颯颯與溪流淙淙；現在我向他們講道，還和同牧人聊天一樣。

我的靈魂寧靜澄澈，和晨曦中的山巒一般，他們卻當我是一個冷酷刻薄的訕謗者。

他們如此看著我嬉笑；他們的嬉笑裡飽含怨恨，有如冰霜。」

六

但此時，令人瞠目結舌的事發生了。走鋼索的藝人開始表演。他從一扇小門裡出來，走在鋼索上。這鋼索繫於兩座塔之間，懸掛在市場和人群上空。當他走到當中時，小門又開了，跳出一個身著彩衣的少年小丑，他快速地跟隨著前面那個人的步伐，「快點，瘸子，」少年以嚇人的聲音喊叫，「快點！懶骨頭，擋路的癆病鬼！別讓我用腳對你搔癢！你在這兩塔之間的鋼索上做什麼？你應該被關在塔裡面，你阻擋了高手的路！」他每說一個字，就離前面的那個人更近一點。當他隔著那人僅一步之遙時，便發生了那令全場瞠目結舌之事：這個小丑怪叫一聲，從那擋路的藝人頭頂一躍而過。那人見對手勝出，不由頭腦發昏，一腳踏空，平衡杆脫手；一陣手足亂舞之後，他飛速地向地面墜落。

底下的人群，就好像狂風暴雨之中的海浪，他們開始四散奔逃，尤其是那可憐人身體即將墜落之處，更是亂作一團。

此時，查拉圖斯特拉卻很鎮靜，而那人的身體恰好落在他腳邊，摔了個血肉模糊，手腳斷裂，奄奄一息。一會兒，那個人醒過來，看見查拉圖斯特拉跪在他旁邊。「你在這裡幹什麼？」他終於開口，「**我早知道魔鬼會絆我一腳，現在他正把我拖向地獄，你能阻止他嗎？**」

「朋友，以我的名譽起誓，」查拉圖斯特拉答道，「**你說的一切都不存在：**既沒有魔鬼，也沒有地獄。你的靈魂只會比你的肉體消失得更快，所以不要害怕！」

那垂死之人疑惑地仰望著他：「假若你的話沒錯，」他接著說道：「那麼我並不因為喪命而失去什麼。我與一頭野獸並無二致，人們用鞭子和些微的吃食，調教出了我的把戲。」

「並非如此，」查拉圖斯特拉說道，「你以危險為職業，這無可厚非。現在你因你的職業而殞身，所以我將親手埋葬你。」

查拉圖斯特拉說完，那個人已不能言語；但他的手動了動，像是在尋找查拉圖斯特拉的手，以示感激。

七

此時已是黃昏，市場早為暮色籠罩。人群漸漸散去，因為他們的好奇和驚恐都已疲倦了。查拉圖斯特拉坐在死者旁邊，陷入沉思，忘卻了時間。終於夜晚來臨，一陣冷風吹過這孤獨的人。查拉圖斯特拉站起來，他對自己說：

「說真的，查拉圖斯特拉今天的收穫不錯！沒捉到活人，倒捉到一具屍體。人生如此無常難測，且毫無意義：一個小丑就可以帶來不幸的命運。我將教給世人存在的意義：那便是超人，從凡人的烏雲裡放射出來的閃電。但是我和他們相隔甚遠，心靈無法契合。在他們眼中，我不過是在小丑與死者之間。

夜色黑暗，查拉圖斯特拉的前路也無比黑暗。來吧！僵硬冰冷的夥計！我帶你去尋找墳塋，將你親手埋葬。」

八

查拉圖斯特拉對自己的內心說完話，便背負屍體上路。他還沒有走上百步，一個人忽然悄悄湊上身旁，附耳低語。說話的人竟是那塔中的**小丑**！「啊，查拉圖斯特拉，離開這座城鎮吧！」小丑說，「這裡恨你的人太多了。善人和義人恨你，當你是他們的仇敵，輕蔑他們的人；信仰正統的教徒恨你，稱你為大眾的害群之馬。人們譏笑你還是你的運道，你說話也確實像一個小丑。你和這死狗為伴，也算是你的好運道，你這樣的自輕自賤救了你一命。無論如何，快離開吧！否則我這活人明天又得從一個死人頭上跳過了。」小丑語畢，便消失無蹤；查拉圖斯特拉則繼續在漆黑的街道上前行。

在城門旁，他遇見幾個掘墓人，他們拿著火把照了照他的臉，認出是查拉圖斯特拉，馬上刻薄地挖苦他：「查拉圖斯特拉背著這條死狗，不得了，查拉圖斯特拉何時又變成掘墓人了！我們的手太乾淨，不值得去碰這死狗肉。查拉圖斯特拉想偷魔鬼的食物嗎？去吧，祝你用餐愉快！只要魔鬼不是比你更高明的竊賊就好了！也許他會連你們兩個一起偷了吃掉！」說完，他們紛紛仰頭大笑。

查拉圖斯特拉默然不應，向前趕路。他順著森林與泥沼走了兩個小時，不時聽到餓狼的嗥叫；忽然，他覺得自己也餓了。於是，他停在一所孤零零但透出燈光的小屋前。

「飢火追著我，彷彿強盜似的。」查拉圖斯特拉說，「在這深夜的森林與泥沼間，飢餓抓住了我。

我的飢餓有些奇怪的稟性。經常在餐後到來，今天它卻整日不來，它在什麼地方流連忘返呢？」

查拉圖斯特拉敲了敲小屋的門。一位老者手提著燈盞出來，他問道：「誰在這裡吵擾我本就不好的睡眠？」

「一個活人和一個死人。」查拉圖斯特拉說，「請給我一點食物吧！白天我全然忘記了。俗話說：使飢者得食之人，其靈魂也得快慰。」

老者走回屋內，隨即拿了些麵包與酒出來，遞給查拉圖斯特拉。「這裡對於飢餓者可不是個好地方，」老者說，「所以我才住在這裡。人與獸都來找我這隱居之人。請你的夥伴也吃點喝點吧！他看來比你還疲倦。」查拉圖斯特拉說：「我的夥伴死了，這事恐怕不容易勸他。」

「這與我無關。」老者不悅地回話，「敲我門的人，就得接受我給的食物。吃完，祝你們一路平安！」

隨後，查拉圖斯特拉憑藉著星光，又沿著道路走了兩小時。他習慣於夜行，並且喜歡觀察沉睡中的大地萬物。當東方既白，查拉圖斯特拉發現自己已身在森林的最深處，再無去路。於是，他把屍體放在他頭頂的一株空心樹裡——以免被餓狼擄去——自己則在地面叢生的苔蘚上躺下。他立刻酣睡過去，**肉身疲倦之極，靈魂卻很寧靜。**

九

查拉圖斯特拉睡了很久；晨光從他臉上掠過，上午也很快過去了。最後，他睜開眼睛，訝異地看了一眼寂靜的森林，又訝異地低頭看看自己，接著猛然站起，像是一個發現陸地的水手，發出歡呼；因為他悟出了一個新的真理，他對自己的內心說道：

「一線光明洞燭我心。我需要同伴，活的同伴，而不是任憑我背到何處的死者和屍身。

我需要活的同伴，他們將跟隨我，只因他們願意跟隨自己，無論我去往何處。

一線光明洞燭我心。查拉圖斯特拉應該向同伴說話，而非向眾人說話！查拉圖斯特拉不應當作羊群的羊倌或牧羊犬！

從羊群裡誘走許多小羊——我是為此而來的。眾人和羊群會因我而惱怒，查拉圖斯特拉不憚被羊倌們視作強盜。

我稱他們為羊倌，但是他們自稱為善人和義人；我稱他們為羊倌，他們自稱為信仰正統的教徒。

看看那些善人和義人！他們最恨的是誰？他們最恨破壞他們價值石板[4]的人，破壞者，違法者——但這人也是創造者。

看那各種信仰的教徒罷！他們最恨的是誰？他們最恨破壞他們價值石板的人，破壞者，違法者——但這人也是創造者。

創造者所尋求的是同伴，而非死屍——也不是羊群或教徒。創造者尋找的是共同創造者。他們把新的價值寫在新的石板上。

創造者所尋求的是同伴和共同收割者，他覺得一切都已成熟，等待收割，但是他沒有一百把鐮刀，所以他憤怒地撏扯著麥穗。

創造者所尋求的是同伴和會磨鐮刀的人，他們將被稱為善惡的破壞者與輕蔑者，但他們是收割者和慶祝豐收的人。

查拉圖斯特拉所尋求的是共同創造者，查拉圖斯特拉所尋求的是共同收割者和一起慶祝豐收的人。羊倌、羊群以及屍體，對於他毫無用處！

然而，我的第一個同伴，安息吧！我已經妥當地將你埋葬在這空心樹裡；

4 以基督教故事中摩西刻寫十誡的石板比喻價值體系。

我已經把你藏好，不會被餓狼打擾了。

但我要走了，已是離別之時。在兩個晨曦之間，我悟得了一個新的真理。

我不應是羊倌或掘墓人。我絕對不再向眾人說話，這也是最後一次；我向死者訴說著。

我要到創造者的地方，到那些收割者和慶祝豐收之人的地方；我將向他們指出彩虹與超人的梯航。

我將向那些單獨或結隊的隱居者歌唱。若誰願意傾聽他不曾聽聞的東西，我將以祝福使他的心滿溢。

我將循著我的路途向目標前進，我將越過躊躇者與落後者。我的前行將是他們的沒落。」

十

查拉圖斯特拉對自己說完這些話之後，已是正午時分了。忽然，他驚疑地望向天空，因為他聽到上方傳來尖銳的鳥鳴。瞧！一隻鷹舒翅在天空中大兜著圈子，牠身上掛著一條蛇，這條蛇不像是牠的獵物反倒像一個朋友，因為這條蛇繞在它的脖頸上。

「牠們是我的鷹與蛇！」查拉圖斯特拉說道，滿懷欣悅。

「太陽下最高傲的動物，太陽下最聰明的動物啊！鷹即高傲，蛇即聰明。——它們是為探察而來。

牠們想知道查拉圖斯特拉是否還活著。確實，我現在算是還活著嗎？

在人群中，我遇到的危險比在獸類中還多；查拉圖斯特拉行走於危險的路途，讓我的鷹與蛇來當我的嚮導吧！」

查拉圖斯特拉說完，想起森林中老聖人的勸告，於是他歎息著對自己道：

「我願我更聰明些！像蛇一樣徹底地聰明無礙！

但這是不可能的。因此，我祈禱我的高傲永遠陪伴我的智慧！

若有朝一日智慧捨我而去——唉！它確實是喜歡逃脫！至少，我的高傲還可以和我的瘋狂一起展翅飛揚！」

查拉圖斯特拉如是下山。

三種變形

我要向你們指出三種靈魂的變形：靈魂如何變形為**駱駝**、駱駝如何變為**獅子**，而獅子又如何變為**孩童**。

許多沉重的事物需要堅毅充實、滿懷崇敬的靈魂來擔負，只因沉重至無以復加的負荷，需要此種靈魂的強健力量。

何謂沉重？負重的靈魂發問。然後如駱駝般屈膝，以便裝載更多。

何謂沉重無比，英雄們？負重的靈魂發問。或許我可以承擔它，然後為我的強健而歡喜。

它是否意味著：自抑自賤以克制驕傲，展露愚蠢以嘲弄智慧？

它是否意味著：放棄已大獲全勝的成就，登上高山並與誘惑者周旋？

它是否意味著：以知識的果實及枝葉為食，為了真理寧使靈魂忍飢挨餓？

它是否意味著：身罹疾患而拒絕慰藉，以永不會聽見你傾訴之聲的聾人為友？

它是否意味著：不論真理之水如何汙濁不堪，都會縱身而入，且不嫌棄任何魚蝦黿鼉？

它是否意味著：愛那些輕視我們的人，並向企圖嚇唬我們的魑魅魍魎，伸手示好？

負重的靈魂獨自擔負所有這些至重之物，並疾步奔向大荒，如同負重的駱駝驅馳在沙漠一樣。但，就在這最寂寞的大荒中，第二種變形發生了：靈魂一變而為獅子，他攫取自由，並主宰此大荒。

他在此尋覓最後的主人，他將與這位主人及最後的上帝為敵。為了勝利，他將不惜與巨龍一決高下。

這個靈魂不再稱之為主人及上帝的巨龍是何物？「你應（如何）」是它的名號，但獅子的靈魂卻說「我要」。

「你應（如何）」橫亙在路途中，金光閃耀——它是一頭身披金甲的猛獸。每一片鱗甲綻放的光輝都在昭示：「你應」！

千年來的價值都在它的鱗甲上閃耀，這至高無上的龍中之龍如此宣諭：「萬物價值，熠熠我身。一切價值，皆已創生。所創價值，唯我表徵。是以世間，『我要』何存？」如此如此，真龍宣諭。

弟兄，然則靈魂還要獅子有什麼用？有那勇於負重且謙抑恭順的駱駝，不就夠了嗎？

為創造新的價值，即便是獅子也無法獨力完成，但為了開創出創造的自由，則非獅子之力不辦。

開創自由，甚至對須盡的義務加以神聖的否定，為此，我的弟兄，我們需要獅子。

欲啟程奔赴新的價值，對於只知負重的溫順靈魂來說，確實是強人所難，無異於令他去掠食。確實，這是掠食動物的份內之事。

他曾摯愛「你應」，視之為極神聖之物，如今卻被迫去從這極神聖之物中，尋覓虛妄與專橫，以便從摯愛之手掠取自由。這掠取，須出獅子來完成。

但是弟兄，請告訴我，如果獅子都無能無力，孩童又該怎麼辦呢？為什麼那掠食的獅子仍須再變為孩童？

孩童，是純潔、是善忘、是全新的開始、是遊戲、是自轉的車輪、是最初的步履，是一個神聖的肯定。

是的，我的弟兄，為了創造的遊戲，生命需要一個神聖的肯定：此時靈魂有了自己的意志；被世界擯斥在外的，贏得自己的世界。

我已向你們指出三種靈魂的變形：靈魂如何變形為駱駝，駱駝如何變為獅子，獅子又如何變為孩童。

查拉圖斯特拉如是說。其時他的居停所在是一小鎮，名字叫做「斑牛」。

道德的講座

人們在查拉圖斯特拉面前讚美一位智者。人們說：「此人論說睡眠和道德十分精妙，因而受到極高的敬仰與禮遇，所有青年皆來至其講座前來聽教。」於是，查拉圖斯特拉也來至其座前，隱身在青年們中間。智者如是開講：

「須對睡眠抱持敬意與謙卑，此乃第一重要的事情！對夜間睡不安枕乃至不寐之人，應保持距離！

即便是竊賊亦對睡眠抱持謙卑，他總是在夜幕中悄聲行事。可是更夫卻毫無敬意，他洋洋自得地別著他的號角。睡眠不是雕蟲小技，必須整個白天保持清醒，夜晚方能安眠。

每天你須克制自己十次，那會帶來有益的疲乏，是靈魂的鴉片。

每天你須調節自己十次，因克制是苦事，不調和的靈魂難以入眠。

每天你須覓得十條真理，否則你將在夜裡忙於尋覓，以免於靈魂的飢渴。

每天你須開懷大笑十次，否則，胃這個煩惱之源，將會在夜間侵擾你。

知此事者甚少，但是一個人為了安眠，應具備一切道德，諸惡莫做。我會犯偽證罪嗎？我會犯姦淫罪嗎？我會企圖染指鄰人的婢女嗎？這一切都與安眠水火不容。

即便具備一切道德，你還得注意此事，**令道德在恰當的時機入睡**。

你要令這些小寵物般的道德不會互相爭執！要是它們吵鬧起來，你就有得受了！

聽從於上帝，親睦於鄰：此乃安眠的條件；同時，也與鄰人間的魔鬼妥協！否則它會在夜晚來到你的身邊作祟。

敬重服從於政府，即便是瘸腿的政府，也得如此！此乃安眠的條件。統治者樂意瘸腿行路，我又能奈他何？

凡是將羊群領去最蔥鬱草地的人，我打從心底認為他是最好的牧人，如此才得安眠。

不要名滿天下或富可敵國，這是自尋煩惱。但是湮滅無聞或一文不名的人，也是無法安眠的。

我寧可選擇一個狹小的朋友圈，也不歡迎一個損友。但朋友也得在適當的時機來往，如此，才不礙於我的安眠。

我對於智障也很有興趣。他們對睡眠有益。當人們對他們一味容忍讓步時，他們總是快樂無比。

有德之人的白晝須如此度過。當夜晚來臨，切記不可召喚睡眠。睡眠這一切道德的主人，是不會受人召喚的！

但是，我反省著日間的所行所思，如牛一般慢慢反芻。我自問：你的十次自我克制是什麼？十次自我調節呢？那十條真理與十次開心的大笑是什麼？

我如此反省沉思著，在這四十個念想交織的搖籃裡晃漾搖擺。忽然，睡眠這不受召喚的一切道德之主，就不請自來了。

它輕叩我的雙眼，我的眼皮就漸漸沉重起來；它輕觸著我的嘴，我的嘴就慢慢張開。

真的，它躡手躡腳地溜到我身邊，這最親愛的小偷，它偷去了我的思維。我呆若木雞地站著，如同這講桌。但是，我沒站一會兒，就躺下去，安睡了。」

查拉圖斯特拉聽完智者這番話，不由得暗自發笑，恍然大悟。他對自己的內心如是說道：

「這位智者的四十個念想，實在是太可笑了，但我相信他是精通睡眠之道的。

生活在這智者身邊的人是有福的。這種睡眠可以傳染，即便隔著一堵厚厚的牆，也會傳染。

他的講座也有一種魔力。這些少年們來此聽他的道德說教，並非空走一遭。他的智慧告訴我們，為了安眠，必須保持道德上的警覺。確實，如果生命本是毫無意義的荒謬事物，而我不得不選擇一個荒謬的理由時，那麼，我覺得這是一個最值得選擇的荒謬理由了。

現在，我總算知道從前人們尋找道德教師時，所求的是何物了。他們所求的，是安眠以及有益於安眠的道德麻醉。

所有為人稱道的高踞講壇之徒的智慧，不過是無夢的安眠，他們不知道生命還有其他更深刻的意義。

此種道德的說教者，如今還很多，只是他們都不如我眼前這個實在；不過他們的時代已經過去了，他們站不了一會兒，就會躺下去睡著。

這些昏昏欲睡的人是有福的，因為他們立刻便會進入黑甜之鄉。」

查拉圖斯特拉如是說。

遁世者

從前，查拉圖斯特拉也像所有遁世者一樣，馳騁其幻想於人寰之外的彼岸。那時，我覺得世界是出自一個受盡苦痛折磨的上帝之手。那時，我覺得世界是一個上帝的幻夢與妙想，一個不安現狀的神靈在眼前揮就的斑斕煙霞。所有的善惡，苦樂與你我，——我認為，都是造物者眼前的斑斕煙霞。造物者不願再看見自身——於是他創造了世界。受苦之人不再正視自己的痛楚以忘卻自己，這對他來說是一種陶然之樂。

從前，世界對我來說也一樣是陶然之樂與自我遺忘。這個世界，這永不完美的、一個永遠矛盾的殘缺倒影——**它是殘廢造物者的一種陶然之樂**——從前，我是這樣認識世界的。因此，我也曾像遁世者一樣，馳騁幻想於人寰之外的彼岸；但是，我真的能將人間拋擲腦後嗎？

啊，弟兄，我創造的這個神，和其他神祇一樣，是人類瘋狂的造物！他也是人，並且只是一個「**人**」與一個「**自我**」的可悲局部罷了。他是一個幻影，從我自己的灰燼與火焰裡走出，真的！他不是天外來客！

弟兄，之後又如何呢？我克服了自己的傷痛；我帶著自己的灰燼上山；我給自己點燃了一束更明亮的火焰。瞧！那幻影便遁跡無蹤了！

現在，相信這樣的幻影，對於病痛初癒者是痛楚與折磨；對於來說我則是煩惱與羞辱。我對遁世者如是說。

痛苦與無能——它們創造了另一個世界和這短暫的幸福迷狂，只有痛苦最深的人才能體驗。

疲倦想以一躍、致命的一躍，跳至最後的終點；這可悲而又無知的疲倦，它已喪失了自己的意志，於是它創造了神與另一個世界。

相信我，弟兄！這是肉體對於肉體的絕望——它以精神那隻迷失的手指，順著最後的牆壁慢慢摸索。相信我，弟兄！這是肉體對於大地的絕望——它聽到存在的臟腑在向它說話。

於是，它想要把腦袋穿過這最後的牆，它想要把整個身軀伸出去——它想全身心地投入到「**彼岸世界**」去。但這「**彼岸世界**」隱藏甚深，不易為人所見；它是個非人性的不毛之地，是一個虛無飄渺的天國；存在的臟腑如果不是以人的面目出現，便默然不語。

證明一切存在，令他開口，都極為困難，但是請告訴我，弟兄，你不覺得最奇妙的事物，正是最容易被證明的事物嗎？

是的，這個「**自我**」，以其特有的矛盾與混亂，坦率地證明了自己的存在。這個有創造力，有意志力的自我，它是衡量一切事物的價值標準。

這個「**自我**」，這最坦率的存在，即便是在它冥想時、迷狂時，或拍打斷翅低飛時，也談論著肉體，它需要其肉體。這個「**自我**」一直學著坦率地說話，它越學越能說出讚頌崇敬肉體與大地的話語。

我的「**自我**」教會我一種新的高傲，而我又教授給世人：不要再把頭埋藏在彼岸之沙中，而是自由地挺起這大地的頭顱——這創造大地意義的頭顱！

我教導世人一個新的意志：有意識地選取人類曾經無心走過的正確道路，肯定其正確，切勿像病患與垂死之人一樣悄悄地避開它！病患與垂死之人蔑視肉體與大地，虛構出一個彼岸世界與贖罪之血；但即便這甜美而致命的毒藥，也是取自於肉體與大地！

他們想要從苦難中得救，那天國的星辰卻遙不可及。於是，他們嘆息道：「天啊！為什麼沒有天梯，讓我們可以偷偷進入到另一重生命中，去享受另一重幸福呢！」——於是，他們創造出了捷徑和飲血的把戲！

這些忘恩負義之徒，他們自以為脫離了肉體與大地。但也不想想，是誰給他們那解脫時的悸動與狂喜？還不是他們的肉體與大地！

查拉圖斯特拉對於病患是寬厚大度的。是的，他不因為他們自我安慰的方式，或他們的忘恩負義而惱怒。他要讓他們痊癒，超越自己，給他們一個更強健的身體！

查拉圖斯特拉對於疾病初癒者，也是寬厚大度的。他不會因為他們念念不忘於那已失去的幻夢，半夜在其神祇墓塚旁徘徊不去而惱怒，在我看來，這些疾病初癒者的眼淚，仍然是一種舊疾與肉體的病態。

沉湎於幻夢而渴求上帝之人，很多是病態的；他們極度痛恨求知者與一種最基本的道德：誠實。他們時常回顧已逝去的黑暗時代。當然，那時的瘋狂與信仰有所不同：理智的昏沉便被認為是近於上帝，若敢懷疑就是罪惡。

我十分清楚這些儼然以上帝自居的人。

他們要求別人全然相信他們，而稍有懷疑便是罪惡。我也十分清楚他們自己最深信不疑的是什麼：絕對不是什麼彼岸世界或贖罪之血，他們最深信不疑的是肉體，他們把自己的肉體視為「**自在之物**」[5]。

不過他們仍認為肉體是一種病態之物。他們極想蛻掉這皮囊。所以，他們樂於傾聽死亡的佈道者，他們講述著彼岸世界。

---

5 即是康德所謂的「物自體」。

弟兄，還是來傾聽這健康肉體的聲音吧！這個聲音更為誠實、更為純粹。健康的肉體，完整而端方的肉體，它的聲音誠實、純粹；**它談論大地的意義**。

查拉圖斯特拉如是說。

肉體的輕蔑者

我有些話要告訴肉體的輕蔑者。我並非要改變他們學習與傳教的方式，我只是要他們**跟他們自己的肉體告別**——他們立刻啞口無言。

「我是肉體與靈魂。」——孩童如是說。為什麼這些人不會如是說呢？

但是，覺悟者和有道者卻說：「我全然是個肉體，而非其他什麼。靈魂是肉體某一部分的名稱。」

肉體是一個大理性，一個單一意義的複合體，同時是戰爭與和平、羊群與牧人。

弟兄，你的小小理智——被稱之為「精神」的，是你肉體的工具，你的大理性的小工具和小玩物。你把「我」掛在嘴邊，並以這個字眼而自豪，但是更偉大的你卻不願相信，那是你的肉體和它的大理性，它不言說「我」，而是踐行「我」。

一切感官所感知的，精神所認識的，都談不上有任何目的。但感官與精神卻想讓你相信它們是萬物的目的：它們竟是如此虛榮。

感官與精神不過是工具與玩物。它們的身後，仍隱藏著一個「自己」；這個「自己」也使用感官的眼睛巡視，精神的耳朵諦聽。「自己」總是在諦聽和巡視。它比較、克服、占領、破壞。它統治一切──統治著自我。

我的弟兄，在你思想與感情背後，站立著一個強大的主宰，一個陌生的智者──那就是「**自己**」，它在你的肉體裡，它即是你的肉體。

你肉體中的理智，遠多於你那最高智慧中的理智。誰知道你的肉體為何非得需要你那所謂的最高智慧呢？

你的「**自己**」嘲笑著你的「**我**」與它得意洋洋的跳躍著。誰知道你的肉體，為何非得需要你那所謂的最高智慧呢？

你的「**自己**」嘲笑著你的「**我**」與它得意洋洋的跳躍著。「這些思想的跳躍飛舞，與我何干？」「**自己**」呢喃自語道，「都只是達到我目的的歧路罷了。我是『**我**』的綁帶，也是『**我**』一切觀念的指示者。」

「**自己**」向「**我**」說：「去感受痛苦吧！」於是「**我**」立刻痛苦起來，並開始為如何免除痛苦而思考。「**自己**」向「**我**」說：「去品嘗快樂吧！」於是「**我**」立刻快樂起來，並開始為如何一直快樂而思考。

我有些話想告訴肉體的輕蔑者。

讓他們輕蔑肉體吧！這正是他們對肉體最好的尊敬。是誰創造了尊敬與輕蔑、價值與意志呢？這個創造性的「**自己**」為它自身創造出尊敬與輕蔑、歡樂與痛苦。這創造性的肉體為自己創造出精神，作為其意志的手臂。

你們這些肉體的輕蔑者，即便是你們的癲狂與輕蔑也是在為你們的「**自己**」效力。我說給你們聽：你們的「**自己**」想要自我毀滅、逃避生命。

它已不能去做它最想做的事：超越自我地創造。這才是它最強烈的願望、全部的熱誠。

但現在，為時已晚——你們的「**自己**」一心自毀，你們這些肉體的輕蔑者啊！

正因你們的「**自己**」一心自毀，因此你們成為肉體的輕蔑者！你們對於超越自我地創造無能為力。於是，你們怨恨生命與大地，於是一種不自覺的妒忌，流露在你們睥睨的輕蔑目光中。

肉體的輕蔑者，我絕不會重蹈你們的覆轍！你們不是我邁向超人的橋樑！

查拉圖斯特拉如是說。

快樂的熱情和痛苦的熱情

我的弟兄，假若有一種道德，是你所特有，那你千萬不可以和其他人共用。

你當然想給它一個美名，你當然想愛撫它；你當然想拎拎它的耳朵，同它嬉戲。但是，看看！一旦你給它取了名號，勢必為眾人所共用，那麼，這一道德亦將使你消失於眾人之中！

你不如說：「這使我靈魂悲欣交加的東西，無法用言語說明；這使我內心飢渴難耐的東西，無以名之。」

你的道德如此高貴，不容任何親暱的稱謂。如果你必須提到它，也不必羞於啟齒。

你可以期期艾艾[6]地說：「這是我所珍守的善道，它使我欣喜莫名，我所需之善道正是如此。我需要它，絕對不是因為它是上帝的律條，或人間的法規，抑或世人的日常所需。它絕不是指向彼岸世界或天堂的路標。

我愛它，因為它是大地上的道德。它並不具備多少智慧或理性。

但是，這隻鳥在我身邊築巢棲遲，所以我呵護憐惜牠——如今牠在我這裡，孵著金蛋。」

你應當這樣談論讚美你的道德，期期艾艾也無妨。

6 說話不流利的樣子。

從前你有許多種熱情，而你統統稱之為**邪惡**；但是，現在你擁有的只剩下這種道德，它誕生自你的熱情。你將你最高的目的根植於這些熱情中，因此它們變成了你的道德與快樂。

你縱然是屬於暴躁易怒的、沉湎肉欲的、宗教迷狂的，甚或睚眥必報的族類，但你的一切熱情終會變成道德，你的一切魔鬼終會變成天使。

從前你的地窖裡飼養著許多野狗，但現在，它們終於變成了鳥兒與動人的歌者。你從你的毒藥中製出了止痛劑；你擠出痛苦的牛奶，現在你飲用著這甘甜馥郁的液體。不會再有惡從你身上誕生，除非是那多種道德之間爭鬥而產生的惡。

我的弟兄，你只須有一種道德，不必更多，如果你足夠幸運的話，如此你過橋將更加輕鬆容易。

能夠擁有多種道德看似美好，但也是一個難以承受的命運。很多人因為不堪多種道德爭鬥之苦，而跑到荒漠中自殺了。

我的弟兄，爭鬥是惡嗎？它是必然會產生的。嫉妒、猜忌與誹謗，因你的多種道德也是必然會產生的。

瞧！每項道德都想占據最高的地位，它要你全部的精神為它驅馳，它需要你愛憎怨怒的全部力量。

道德互相嫉妒，而嫉妒如此可怕。多種道德都會因嫉妒而毀滅。被妒火包圍的人，會像一隻毒蠍那樣，最終將毒針刺向自己。

啊，我的弟兄，難道你從不曾看見**道德**自相詆謗、自相殘殺嗎？

人是應當被超越的，所以你當珍愛你的道德，因為你可以因它而毀滅。

查拉圖斯特拉如是說。

蒼白的罪人

你們這些法官和祭司，在犧牲沒有叩首之前，你們應當不願將他正法吧？瞧！這蒼白的罪人叩首了，他的眼睛中流露著極度的輕蔑。

「我的『**自我**』是應當被超越的，我的『**自我**』便是對人類最高的輕蔑。」罪犯的眼睛這樣表白。

這是他的自我審判。這是他最高貴的時刻。切莫讓這高貴的人再退回他的卑賤狀態！

除了速死之外，這因自我而如此痛苦的人，無法得救。

啊，法官們，你們的殺人判決應當是出於憐憫而非報復；你們殺人時要知道自己是在為生命辯護。

只與被你們處死的人和解是不夠的。讓你們的悲憫成為對超人的愛罷，這樣，你們自己的免死才算合理！你們應當稱這罪人為「**仇敵**」而非「**暴徒**」；你們應當稱他為「**病患**」而非「**惡棍**」；你們應當稱他為「**瘋子**」而不是「**罪人**」。

你，紅袍法官，如果你將心中所思全部吐露出來，大家想必會說：「掃除這汙穢的毒物吧！」

但是，思想與行為是兩件截然不同的事情，而行為的衝動又是另一件不同的事情；它們中間沒有因果之輪在旋轉。

罪人犯罪時，他似乎勝任愉快。可是完成罪行後，他反而不能忍受那種犯罪的衝動了。它使得這蒼白的人面如死灰。

他總是把自己當作是犯罪行為的實施者。我稱此為瘋狂，在他身上特例變成了普遍規則。

在母雞周圍用粉筆畫地為牢，會令牠躊躇不前。這罪人的衝動，也在他可憐的理智周圍畫地為牢——我稱此為事後的瘋狂。

聽著，法官們！另外還有一種瘋狂，那是犯罪之前的。啊！你們還沒有深深地看透這個靈魂呢！

紅袍法官如是說：「為什麼這罪犯會殺人？他想搶掠錢財。」但我告訴你們，他的靈魂渴望鮮血，而不是錢財。他渴望著刀鋒帶來的快感。

但他那可憐的理智，不瞭解自身這種瘋狂，而勸服他。「血又有什麼價值呢？」理智說，「你不趁此機會至少搶劫一下嗎？報復一下嗎？」

他聽從了他那可憐的理智。那語句像鉛塊一樣懸掛在他身上，於是他殺人時，也搶掠了錢財。他不願因自己的瘋狂而羞恥。

如今他罪感的鉛塊又重重地墜在他身上，他那可憐的理智又如此麻木，僵直而沉重。他只須搖搖頭，他的重負便會滾落下來；但是誰來搖這個頭呢？

這種人是什麼？他是疾病叢生的淵藪，這些疾病憑藉他的精神在世界上蔓延。它們想四處尋找贓物。

這種人是什麼？是一團扭動纏繞又爭鬥不休的毒蛇——因此牠們四處找尋贓物。

看這具可憐的皮囊！它的諸多痛苦與渴望，都由它那可憐的靈魂展現。靈魂認為那就是犯罪的衝動與渴望刀鋒帶來的快感。

如今，病患之人都被當代的惡所侵襲。他們加諸別人身上的痛苦，正是那個導致他痛苦的事物。但是，從前曾有過與當今不同的時代，不同的善惡。

從前，懷疑和個人野心都是罪惡。那時，病患是異教徒和女巫：他們像異教徒與女巫一樣，自己痛苦，也令別人痛苦。

我知道這些話語你們聽不進去：你們認為這會有害於你們之中的善人，但是你們所謂的善人對我又算得了什麼呢！

你們所謂的善人多有令我噁心之處，但他們的**惡**不在此列。我只願他們會有一種瘋狂，使他們如這蒼白的罪人一般毀滅！是的，我希望他們的瘋狂是真理、誠實或正義，但是他們自有其道德使其在可憐的自滿中長生不老。

「我是河邊的欄杆。誰願意扶我的，便扶住吧！但我不是你們的枴杖。」

查拉圖斯特拉如是說。

閱讀與寫作

一切文字，我只愛以血寫就者。用你的血寫作吧！你將會發現，**血即是精神**。

理解他人之血殊非易事，因此我痛恨一切以閱讀為消遣之人。瞭解讀者的人，不會為讀者寫作。再過一世紀，讀者連同他們的精神都會與草木同朽。

允許每個人都有讀書的權利，最後不僅會妨害寫作，連思想也會被殃及。

從前精神便是上帝，接著變成了人，如今他變成了庸眾。

用血寫作箴言之人，是不願其作品被人口頭誦讀的，而是要給人們用心默記的。

兩山之間最短的距離，是從山巔到山巔，但你必須有雙長腿，才能邁步過去。箴言即是山巔，而傾聽箴言的人，也應當是高大魁梧的巨人。

稀薄而清新的空氣，近在咫尺的危險，精神裡充盈著邪惡的快樂：這一切都如此融洽。

我不憚為鬼怪環繞，因為我勇於面對它們。勇氣會驅逐妖物，甚至會為自己造出許多鬼怪，勇氣需要對它們大笑。

我感覺你們已迥然不同。我取笑下方那塊雲的烏黑與臃腫，它卻是你們頭頂傾瀉雷雨的烏雲。

你們希望向上攀登時，須抬頭仰望；而我卻向下俯視，因為我已身在高山之巔。你們中又有誰能在高山之巔大笑呢？站立在最高峰上的人，笑看著人世間一切亦幻亦真的悲劇。

橫行無忌，漠視、鄙棄、征服一切——智慧期待我們如此。智慧是一個少女，只愛戰士。

你們對我說：「**生命如此難以承受。**」然則你們為何白日倨傲而夜晚恭謹呢？生命是如此難以承受的，那麼，不要再擺出那樣弱不禁風的樣子了！我們都是能負重的馬驢。

我們和那在一顆露珠的重量下便顫慄嬌軀不已的玫瑰花苞，哪有一點相似之處？

的確，**我們熱愛生命**，但並非因為我們慣於生，而是慣於愛。在愛之中，總有些瘋狂存在。但同樣的，在瘋狂裡也總有些理智存在。

在我這熱愛生命之人看來，蝴蝶、肥皂泡以及一切人間與它們相似之物，最能瞭解幸福的涵義。

當查拉圖斯特拉看見這些嬌憨活潑的小精靈在風中舞動，他不禁想要流淚、想要歌唱。

我只會信仰一個會跳舞的上帝。

而我的惡魔是那故作鄭重的精神，每當我看見它時，它都安靜嚴肅、煞有介事；這故作深沉的精神——萬物都被它嚇倒。

我們不以憤怒而以歡笑來施行殺戮，來吧！讓我們殺了這煞有其事的精神吧！

我已學會了行走，接著我便開始奔跑。我學會了飛翔，接著我便不必被人推動才能移位。

現在我的身體變輕了，我飛起來了，看見我在我自己的上方。一個上帝在我身上跳舞。

查拉圖斯特拉如是說。

山上的樹

查拉圖斯特拉發現一個少年總是在躲避他。某日傍晚，他到環繞斑牛鎮的山上去散步，看見這位少年正靠著樹坐著，凝望著深谷，目光疲倦。查拉圖斯特拉走向這少年，扶著他倚坐的那棵樹說道：

「我想用手去撼動這棵樹，但我做不到。然而那無形的風，卻能隨意地搖動它、彎折它。同樣的，我們也被無形的手所搖動、所彎折。」

這位少年嚇了一跳，猛然地站起來說：「這不是查拉圖斯特拉在說話嗎？我正好在想到他！」

查拉圖斯特拉回答：「你不必如此驚怕——人和樹並無二致。當他越想往光明的高處生長時，他的根便越深深地伸入下方的土裡，伸入黑暗的深處——伸入罪惡中去。」

「是啊，伸入罪惡中去！」少年喊叫起來，「你看見了我的靈魂，你是怎樣辦到的呢？」

查拉圖斯特拉莞然道：「芸芸眾生的靈魂，除非是預先被製造好的，否則永遠不會被發現。」

「是啊，伸入罪惡中去！」這少年再次高喊，「你說的都是真理，查拉圖斯特拉。自從我想向上攀升，我對自己便失去了信心，也無人再信任我——這是為什麼呢？也許是我改變得太快？今日之我不斷否定昨日之我。當我攀登時，跳過了很多層階梯，這些階梯不會原諒我。

我攀上了高處，卻發現自己的孤單。沒人可以攀談，淒清的寒氣令我戰慄。我究竟是要上來**找尋**什麼呢？

我的輕蔑和我的渴望交織著，與日俱增。我攀得越高，便越是輕蔑那些也在攀爬的人。他們究竟想上來做什麼呢？

我的攀爬與站立不穩曾令我怎樣的羞慚啊！我怎樣地譏笑我的喘息啊！我怎樣地痛恨那些一飛沖天之人啊！當我爬到高處我又是怎樣地疲倦啊！」

說完這些，少年陷入了沉默。查拉圖斯特拉看著他們身邊那棵樹如是說道：

「這棵樹獨自在山上長高、長大，長得高過了人與獸。即便它想說話，也已經沒有任何人能聽到，因為它長得太高了。但是它還在等待著，等待著——等待什麼呢？它已經生長得直入雲霄了，或許他在等待第一記雷電吧？」

查拉圖斯特拉說完，這位少年激烈地揮舞雙手喊道：「是的，查拉圖斯特拉，你說的都是真理。我之所以想攀上高處，為的是渴望我自己的毀滅，而你便是我等待的第一記雷電！你瞧，自從你來我們這裡以後，我成什麼樣子了？是對你的嫉妒害了我！」——少年如是說道，並放聲大哭。於是，查拉圖斯特拉挽住他的肩頭，帶他離去。

他倆一起走了一段路，查拉圖斯特拉又如是說道：

「我很難過。即便你不親口說出，你的目光已經告訴了我一切你所冒的危險。

你仍然是不自由的，你還在尋覓自由。你的尋覓使你夜不能寐、時刻清醒。

你想要向自由的高空而去，你的靈魂渴望著星辰，但是你惡劣的本性也渴望著自由。

你的野狗也想要自由。當你的精神嘗試打開牢門，它們在地牢裡歡快地吠叫。

在我眼中，你仍是一個**幻想著自由的囚徒**。啊！這種囚徒的靈魂，會變得機敏，同時也會變得狡獪邪惡。

精神獲得自由的人，還須淨化自己。他的心底還有許多枷鎖和汙泥，你的雙眼也須變得純潔澄澈。

是的，我知道你的危險，但是憑著我的愛與希望，我懇求你：切勿拋棄你的愛與希望！

你仍然相信自己的高貴，即便是對你懷恨在心，眼光滿含怨毒的人，也看得出你的高貴。你要知道，一個高貴的人對於任何人都是障礙。

高貴的人也是善人的障礙。雖然善人也稱讚他的好，那只是為了把他挪開到一旁。

高貴的人想要創造出新事物與新道德。善人們卻只想抓牢舊事物，永不放手。

高貴者的危險，不是他會變成善人，而是他會變成厚顏無恥之徒、冷嘲熱諷之人，以及破壞者。

啊！我曾認識很多高貴的人，失去了他們最高的希望，於是他們嘲笑一切高貴的希望。

於是他們無恥地沉溺於暫時的狂歡，目光短淺，醉生夢死。

『**精神也是一種淫欲**。』他們如是說，於是他們的精神自斷雙翅。精神不得不匍匐爬行，弄髒了傷口。

從前他們想成為英雄，如今他們僅是享樂主義者。英雄這一概念使他們痛苦驚惶。

但是憑著我的愛與希望，我懇求你：切勿拋棄你靈魂裡的英雄！讓你最高的希望永遠保持神聖！」

查拉圖斯特拉如是說。

死亡的佈道者

世上有死亡的佈道者，而世上也很多那些應當被勸服放棄生命的人。世上滿是多餘的人，生命早被這「**過剩**」的大多數人所戕害。讓「**永生**」的誘餌引誘著他們背離此生吧！

人們稱呼這些死亡的佈道者為黃袍人或黑袍人，在此，我將給你們看出他們不同的顏色。

這些死亡的佈道者中最可怕的，內心暗藏著獸性。他們除了肉欲和自殘，別無選擇，即便他們的肉欲也是自殘。這些可怕的生物，甚至不具人形，但願他們對自己作一番厭棄生命的說教！但願他們從世上消逝！

這些死亡的佈道者中，有些是靈魂的癆病鬼。他們從呱呱墜地之時，便已開始邁向死亡，他們渴求厭倦與放棄的教義。既然他們如此樂於死亡，我們不妨尊重他們的意願。我們要小心翼翼，切莫驚醒死者，也不要碰壞了這些活棺材。

除此之外，一旦他們遇見一個病人、一個老人甚或一具屍體，他們便會立刻說：「這就是對生命的反駁！」事實上，這是對他們自己和他們雙眼的反駁，他們那僅能看見生命其中一面的雙睛。

濃厚的憂傷籠罩在他們的生命周圍，他們期待那帶來死亡的偶然事故。他們咬緊牙關等候著。抑或如此：他們一邊伸手去鉤糖果，一邊又嘲笑自己的稚氣未脫；他們一邊抓著生命的稻草不放，一邊又嘲笑自己還不鬆手。

他們的智慧說道：「世上活著的都是蠢人，而我們正是那種蠢人！這正是生命中最大的愚蠢！」

「生命即苦！」——他們之中另外一些人如是說，這話似乎並非謠言；那麼，你們中止生命吧！中止你們僅有痛苦的人生罷！這便是你們道德的教義：「你應當殺死自己！你應當把自己的生命從世上盜走！」

「肉欲即罪。」一些死亡的佈道者如是說。

「讓我們擺脫肉欲，不再生育孩子！」「生育是痛苦的。」另一些人如是說。「為何還要生育？只是誕生又一群不幸者！」這些人也是死亡的佈道者。

「慈悲是必要的，」還有一些人如是說，「來吧！將我的所有拿去！來吧！將我自己拿去！如此我將更少受到生命的束縛。」

假若他們具有徹頭徹尾的慈悲心腸，他們將會使其鄰人也厭惡生命；假若他們不懷好意，那他們倒真是大發慈悲了。但他們連生命都想捨棄，又怎會顧忌其枷鎖與饋贈已牢牢地綁縛住了他人！

而你們的生命也是如此艱難，勞作如此辛苦，你們是否已經對生命感到深深的厭倦？你們是否已經準備好迎接死亡的說教？

你們的艱苦勞作代價不菲，且日新月異，你們對於自己的生命已經難以忍受，你們的不懈奮鬥與忘我意志，已經逃逸無蹤。

假若你們對生命更有信仰，你們便不會將自我奉獻給目前的一瞬間。但你們的內在還不夠充盈，所以你們不願等待——甚至一刻不願空閒！

死亡的佈道者之聲甚囂塵上，世上滿是那些應當被勸服就死的人。抑或說，應當勸服他們去尋求「**永生**」，這對我來說並無二致——只要他們快點離去！

查拉圖斯特拉如是說。

戰鬥與戰士

我們不願意最強的敵人對我們輕饒寬恕，如同我們不願意衷心熱愛之人對我們姑息放縱。因此，讓我來告訴你們幾句真話吧！

戰鬥的弟兄！我衷心熱愛你們。現在和以往我一直是你們的夥伴，也是你們最好的敵手。因此，讓我來告訴你們幾句真話吧！

我明瞭你們內心的怨恨與嫉妒。你們沒有偉大到不知怨恨嫉妒。因此，不如就讓你們的偉大之處體現在不以此為恥吧！

假若你們不能做一個求知的聖徒，至少請你們做一個求知的戰士；求知的戰士是聖徒的夥伴和先鋒。而我眼中所及是眾多的兵卒，但我更希望看到眾多的戰士！制服是他們的統一穿著。然而他們被包裹在制服下面的，卻是如「制服」般的千人一面！

你們應當時時以雙眼搜尋敵人——搜尋你們的寇仇。你們當中有些人，應當第一眼就流露出憎恨。你們應當時刻搜尋你們的敵人，你們應當戰鬥，為你們的思想而戰！如若你們的思想遭到挫敗，你們的赤膽忠心仍應高呼勝利！你們應當將和平當作新的戰鬥緣由來愛。你們應當愛短暫的和平甚於愛長久的和平。

我不會勸你們去工作，只是勸你們去戰鬥；我不會勸你們去尋求和平，只是勸你們去追求勝利！讓你們的工作成為一種戰鬥，讓你們的和平成為一種勝利！

只有手中握著弓箭的人，才會默然靜坐，相安無事，否則就會爭辯吵嚷不休，令你們的和平成為一種勝利！

你們認為是偉大的動機使戰鬥變得神聖嗎？我告訴你們：偉大的戰鬥使得一切動機，都變得神聖。與仁慈相比，戰爭和勇氣完成了更多偉大的事業。迄今為止，是你們的勇敢，而非你們的憐憫，拯救了更多的受難者。

「何謂善？」你們問。「**勇敢**」即是「**善**」。而那些小姑娘們說：「美好又使人感動的才是善。」隨她們說去吧！

人們會指責你們冷酷無情，但是你們的心如此真實，我愛你們那熱誠的羞怯。你們因你們的激流奔湧而赧顏，他人卻要因為他們的浪潮回落而自我羞愧。

你們容貌醜陋嗎？那好，弟兄！就以崇高的氣質作為你們醜陋容顏遮羞的披風！

當你們的靈魂變得偉大，它也變得目中無人。你們的崇高氣質之下，也有惡意。我瞭解你們。

高傲與軟弱在惡意中相遇，但是他們往往彼此誤會。我瞭解你們。

你們的敵人應當是那值得被憎恨的，而不是那只配被蔑視的。你們應當因你們的敵人而自豪，於是敵人的成功，同時也是你們的成功。

反抗——這是奴隸的光榮。你們的光榮，卻應當是服從。讓你們發出的命令也成為服從！

一個優秀的戰士，喜歡說「**你須**」多於「**我要**」。對於你們喜歡的事物，你們應首當其衝地來接受它的命令。

讓你們對生命的愛，即是你們對最高希望的愛，讓你們的最高希望即是生命的最高理想！

不過，你們要接受的最高理想，即我所要命令你們的——就是：人類應當被超越！因此，過著服從和戰鬥的生活吧！長命百歲又有什麼意義！哪個戰士願意被寬恕！

我不會寬恕你們，我戰鬥的弟兄，我從內心深處摯愛著你們！

查拉圖斯特拉如是說。

新偶像

弟兄，其他的地方如今還有民族與種群，但我們這裡絕對沒有！我們有的只是國家。國家，是什麼東西？豎起你們的耳朵聽我說！我將告訴你們：民族是如何衰亡的。

國家，是一切冷酷無情的怪物中，最冷酷的那一個。他說著冷酷無情的謊言，這謊言從他嘴裡爬出：「我，國家，即是民族。」

真是一派胡言！從前創生民族的，是創造者。他們為民族高懸了一個信仰與愛之鵠的，他們如此為生命服務。而那些給眾人埋下陷阱，並稱此陷阱為國家的，是破壞者。他們在民族頭頂高懸著刀劍以及千百種欲念。

凡是民族仍存在的地方，國家是不被接受的。他們厭棄國家如厭棄帶來惡兆的眼睛，如厭棄違反律法與習俗的罪孽。

我要提醒你們這一點：每個民族對於善惡，都自有它特別的**語言**；即便與之毗鄰的民族也不能瞭解。每個民族的語言皆從它的律法與習俗中所創制而出。

但是，國家關於善惡的各種語言都是在說謊，都是在矇騙，它所有的一切皆是偷盜而來；並且它所有的一切，都是虛偽；它用偷來的牙齒擇人而噬，這個咬人者，其心腸充斥著虛偽。

善惡的語言混淆莫辨。我提醒你們，這就是國家的標誌。是的，這個標誌指向的是死亡意願！是的，它會招來死亡的佈道者！

多餘的人日益充塞世界。國家是為這些多餘的人所創造而出的！看它怎樣誘惑那些多餘的人！看它怎樣將他們吞食、咀嚼，然後反芻！

「世上沒有偉大似我的事物，我是上帝調理秩序的手指。」這怪物如是咆哮。匍匐在它面前的，不僅是那些長耳驢與近視眼！

啊！即便是對你們，對你們這些偉大的靈魂，它也在你們耳邊呢喃著它陰森的謊言！啊！它覓得了你們這些慷慨的豐沛心靈！

是的，它找到了你們，你們這些舊太陽神祇的征服者！過去的戰鬥使你疲憊不堪，如今你的疲憊使你效力於新偶像。

它正樂於被英雄與高貴的人簇擁左右，這新偶像！它樂於從良知的陽光裡取暖——這冷酷的怪物！

它將給予你們一切，只要你們願意頂禮膜拜，這新偶像！如是，它也就收買了你們美德的榮耀、你們高傲的目光。

它將以你們作誘餌，去釣取那些多餘的人！是的，它發明了一條充滿誘惑的毒計，給一匹死馬配上閃耀著神聖金光的絡腦鞍韉，令它們叮噹作響！

是的，它製造了無數人的死亡，一種自詡為生命的死亡。這對於死亡的佈道者，真是一項貼心的功績！

國家，我稱之為善人惡人一起飲用毒藥之地；國家，是善人惡人一起迷失自我之地；國家，是所有人以「**生命**」之名一起慢性自殺之地。

看看這些多餘的人！他們偷竊了發明者的作品與智者的寶物，他們稱此偷竊行為為文明。但是一切遇到他們，都變成了疾病與災禍！

看看這些多餘的人！他們總在病中；他們嘔吐著膽汁，卻稱之為新聞報導。他們彼此吞食，卻不能互相消化。

看看這些多餘的人！他們越是聚斂財物，就因而越加窮困。他們渴求權力，首先是**權力**的敲門磚——大量金錢，這些無能者！

看他們怎樣攀爬！這些敏捷的猿猴！他們爭先恐後地互相攀援，然後又互相拖拽著墜入深深的泥坑，扭打作一團。

他們都妄想登上王座，這是他們的瘋狂——似乎幸福就在王座之上！卻不知置於王座上的往往都是汙物——而王座自身也常常置於汙物之上。

在我眼中，他們全是瘋子、攀爬的猿猴與發燒的病人。他們的偶像，那冷酷的怪物，已然腐臭不堪；他們這些虔誠的偶像崇拜者，也已然腐臭不堪。

弟兄，你們願窒息在他們腸胃和食欲的噁心氣息裡嗎？不如破窗跳入外面的空氣中去！

擺脫那種惡臭！從那多餘人的偶像崇拜中全身而退！

擺脫那種惡臭！從那人肉犧牲的煙霧繚繞中全身而退！

大地仍對偉大的靈魂敞開懷抱。如今，還有許多地方可供隱者獨自或結伴藏身修道；那裡被寧靜大海的氣息環繞。

自由的生命仍對偉大的靈魂敞開懷抱。是的，一個人占有的越少，他也就越不易為外物所累：適度的貧困是幸福的！

唯有在國家滅亡了的地方，那並非多餘的人才開始存在。那不可或缺之人的歌唱，那無可替代的無上妙曲，才能開始。

那國家滅亡了的地方——看向那裡，我的弟兄！你不曾看見彩虹與通往超人之橋嗎？

查拉圖斯特拉如是說。

市場的蒼蠅

我的朋友，逃回的孤獨中吧！我看到你因為大人物的喧嚷而聾聵，因為小人的暗箭而遍體鱗傷。

森林與山岩以它們沉默不語的陪伴，崇敬著你。再學學你一向喜愛的大樹吧！它伸展著無數修長豐茂的枝條，無聲地俯身在海面上，凝神諦聽。

然而孤獨的盡頭，便是市場開始的地方；而市場開始之時，便是名伶的呶呶與毒蠅的營營開始之時。

在這世界上，即便是最好的事物，一旦沒有表演者的演繹，也是一文不值。眾人尊稱這些表演者為大人物。

眾人不懂得何謂偉大，也就是說他們不懂得何謂**創造**。但他們對於偉大事物的表演者與闡釋者，卻另眼相待。

世界因新價值的創造者而旋轉——儘管這旋轉是看不見也摸不著的；人群與榮耀卻圍著優伶打轉，這就是世事的真相。優伶也有精神，卻少有精神的良知；他只相信那使他的信仰更加堅定之物——**他自己**！

明天，他將有一個新的信仰；後天，一個更新的信仰等著他。他像眾人一樣，有著敏銳的感覺和善變的性情。

顛倒是非——這即是他所謂的證明；逼人瘋癲——這即是他所謂說服；他認為血是最有力的論據。

那只能說給明白人聽的真理，他認為是謊言與胡說是真的，他只相信在世間吆喝得最響的上帝！

市場上滿是喋喋不休的小丑——而群眾正以這些所謂大人物而備感榮耀：視之為時代的主宰。

但時代緊迫著他們，因此他們又緊迫著你。他們要你回答「然」或「否」。唉！難道你只能把座椅置於然否之間嗎？

不要嫉妒這些絕對而急躁的人，你這愛真理的人！須知真理從來不曾挽過絕對者的手臂。

躲開這些莽漢，回到你的安全之處去。只有在市場上，一個人才是被「然」與「否」所決定的。

而深井的體認是很緩慢的。在知道墜落於井底的究竟是何物之前，深井必須等候良久。

一切偉大的事物，總是遠離市場與浮名才能產生。新價值的創造者總是住在距離市場與浮名遙不可及的地方。

朋友，逃吧！逃回你的**孤獨**裡去。我看到你因毒蠅而遍體鱗傷。逃往狂風勁吹之地去吧！

逃回你的孤獨裡去！你活在那些小人和可憐蟲伸手可及之處。在他們暗地裡的報復來臨之前逃開吧！他們一心只想向你報復。

不要試圖舉手抵抗他們！他們多如恆河沙數，而你的使命不是做個蒼蠅拍。這些小人與可憐蟲多得不可勝數。多少雄偉的千里長堤，曾因蟻穴而潰爛。你並非岩石，可是密集的雨點已經將你滴穿；還有更多的雨點將會使你粉身碎骨。

我看到你因毒蠅而筋疲力竭，我看到你的血自身上的千瘡百孔中流出，然而高傲使你不屑於動怒。

他們一臉無辜地盡情吸吮著你的血，那是他們貧血的靈魂所渴求的——於是他們一臉無辜地恣意叮咬。但是情感最深刻的你，即便是極細微的傷口，也會使你痛徹心扉，並且在你還未治癒之前，同樣的毒蟲又爬上了你的手背。

我知道你太高傲，不屑於殺死這些饕餮之徒，但你也得當心，不要讓它們的惡毒注定你的厄運！

他們圍繞著你上下飛舞、營營擾擾、大唱讚歌，他們的讚歌也是強人所難；他們只想親近你的皮膚與血管。

他們向你獻媚，如同向上帝或魔鬼獻媚；他們在你面前啜泣，如同在上帝或魔鬼面前啜泣。何其無趣！他們只是一些獻媚之徒、好哭之人，而非其他。

他們經常在你面前表現得和善可親，但是這是怯懦者的小聰明。是的！怯懦者是機靈的！

他們以小人之心測度你——他們覺得你十分可疑！令他們百思不得其解之人，總是可疑的。

他們因你的一切美德而懲罰你。他們的心底只願原諒的是——**你的過錯**。

你的大度與正直使你說：「**他們卑微的存在是無罪的。**」但他們褊狹的心腸使他們認為：「一切偉大的存在都是有罪的。」

即便你對他們和善有加，他們卻總是覺得被你所蔑視。他們以陰謀詭計來報答你的恩德。

你那沉默的高傲總是不合他們的口味，若你自謙到近於百無一用時，他們便歡喜莫名起來。

我們判定了一個人的品質，就會刺激那品質更加張揚。因此要防備小人！他們在你面前自覺渺小，他們的卑賤便會燃燒為惡毒報復的無形烈焰。

你沒有發現多少次你走近他們的時候，他們便閉口不語了嗎？你沒發現他們的活力頓時散去，如餘煙離開將熄之火嗎？

是的，我的朋友，你使得你的鄰人們良心難安，因為他們比不上你。因此他們對你懷恨在心，欲飲你的血而後快。

你的鄰人永遠是毒蠅；你的偉大使他們更毒、更像蒼蠅。

朋友，**逃回你的孤獨中去！逃往那狂風勁吹的孤獨中去吧**！你的使命不是做個蒼蠅拍。

查拉圖斯特拉如是說。

貞潔

我愛森林。城市是不宜生活的，那裡淫蕩之徒太多。

落在一個殺人犯手中，還不如跌進一個淫婦的夢裡嗎？看看這些男子，他們色迷迷的雙眼表明——他們不知道世上還有勝於躺在一個婦人懷抱中的事。

他們的靈魂深處滿是汙糟的泥垢；如若他們的泥垢裡也有精神存在，那就更糟糕了！

至少你們能如同禽獸一樣完整吧！但禽獸是無邪的。

我是在奉勸你們消滅本能嗎？我只是在奉勸你們要保持本能的無邪。

我是在奉勸你們保有貞潔嗎？貞潔對於一部分人是美德，對於更多人卻如同一種罪惡。

禁欲者確實能自我克制，但淫欲的母狗那深深的妒意卻在他們的行為中表露無遺。即便是在他們最高的美德與最冷靜的靈魂中，這隻母獸也如影隨形，令他們寢食不安。而當這母狗得不到一塊肉時，它會用怎樣和善的態度，為一點精神滿足而搖尾乞憐啊！

你們愛悲劇和一切令人心碎之事？但是我對你們內心的母狗深表懷疑。

你們的眼睛太過殘酷，你們以淫欲的目光搜尋著受苦者。你們的淫欲不是假冒憐憫之名而行嗎？

我再給你們打個比方：**不少人想驅逐魔鬼，結果反而讓自己墮入魔道**。如若貞潔難守，則應拋棄，否則禁欲會變成通向地獄之路——通向靈魂的汙穢與荒淫。

我提到了汙穢嗎？對我而言這**並非**最壞的事。

求知者不願跳入真理之水中，是因為那真理的清淺，而非因為它的汙穢。

有些人天性就是貞潔的，他們的內心柔和。他們比你們笑得更頻繁、更開懷。

他們也笑禁欲，並且問道：「禁欲是什麼？

禁欲不是愚行嗎？但要這種愚行來遷就我們，而非我們去遷就它。

我們給這客人提供房屋和心靈。如今他住在我們這裡——想住多久就多久！」

查拉圖斯特拉如是說。

朋友

「我身上總有一個多餘的自我。」隱士這樣想，「開始是一個——最終總會變成兩個！」

我與我自己經常會陷入激烈的爭執。假若沒有一個朋友，我怎能忍受下去？

朋友對於隱士來說，一直是第三者。第三者是防止兩個人的爭執沉入深淵、無可挽回的浮木。

啊！隱者身上有太多的深淵。因此他們如此渴望一個朋友　站在高處，不時施以援手。

我們對別人的信任，暴露出我們本願信任自我而又力有未逮之處。我們對於朋友的渴求，就是如此暴露了我們的弱點。

我們經常用**愛**來掩飾嫉妒。我們四處出擊，四下樹敵，也是為了掩藏自己的脆弱。

「至少為我之敵！」——真正的尊敬說道，它不敢對友誼有非分之想。

如若一個人需要朋友，他必須樂於為朋友而戰；因為必須為其戰鬥，他必須具備為其敵手的能力。

一個人必須敬重其朋友身上的敵人。你能親近你的朋友而不至戲弄他嗎？

你的朋友身上應當有你最好的敵手。當你與之敵對時，才是你的心離他最近之時。

你不願意在朋友面前穿上衣服嗎？你將你的本性裸裎以對朋友，算是對他的尊敬嗎？他會因此詛咒你見鬼去！

完全沒有隱私之人，會令人震驚，因此你們對裸身、裸體感到恐懼！是的，只有當你們是神，你們才會羞於以衣物蔽體。

為朋友故，你怎樣盛裝也不過分：因為你應當是他射向超人的箭鏃與憧憬。

你曾為了看清朋友的真面目，而偷看他睡覺的樣子嗎？他面貌如何？那就是你自己的尊容，映照在一面粗劣破損的鏡子裡。

你曾看過朋友睡覺的樣子嗎？你沒有因他的面容而震驚嗎？啊，我的朋友，人是應當被超越的。

身為朋友，應當善於揣度而非緘口不言，你不會希望對一切瞭若指掌。你的夢會告訴你朋友醒時的作為。

你的同情也應當是一個揣度：首先得明瞭你的朋友是否願接受你的同情。也許，他更喜歡你無動於衷的眼睛和冷峻如鐵的面容。

對於朋友的同情應當藏於硬殼之中，這硬殼能折斷你的牙齒；如此，它才是美妙與甜蜜的。

你能給朋友提供新鮮空氣、孤獨、麵包與藥物嗎？許多人不能除去自身的枷鎖，卻能給朋友自由。

你是一個奴隸嗎？那麼，你不能成為朋友。你是一個暴君嗎？那麼，你不能擁有朋友。

很久以來，女人身上隱藏著一個奴隸和一個暴君。因此女人不懂得友誼，她只懂得愛情。

愛情中的女人，對於她不愛的一切充滿偏見與武斷。就是在女人清醒的愛情中，和光明伴生的，總有攻擊、閃電與黑夜。

婦人仍然不懂得友誼。她們仍然是貓，是鳥兒。或者最佳情況下，是牝牛。

婦人仍然不懂得友誼。但是，請告訴我，你們這些男子，誰又懂得友誼呢？

啊！你們這些貧乏的男子！你們吝嗇的靈魂！你們所能奉獻給朋友的，我寧願贈與仇敵，也不會因此而比你們貧乏。

志同道合便會催生友誼！

查拉圖斯特拉如是說。

一千個目標和一個目標

查拉圖斯特拉曾到過許多地方，看過許多民族，他看過了許多民族的善與惡。查拉圖斯特拉發現，在這世上沒有比善惡更偉大的力量。

任何民族沒有其判斷價值，便不能生存。如果它要自立於民族之林，它的價值判斷標準，應當與鄰族截然不同。

許多這一民族稱為善的事物，另一民族卻視為可恥而加以輕蔑：這是我發現的。我還發現此處斥之為惡的，在他處卻身披榮耀的紫袍。鄰人之間絕無可能彼此瞭解。人們的靈魂經常對鄰人的愚妄與惡毒，感到大惑不解。

每個民族的頭頂皆高懸指示善道的石板。看！那是此民族的輝煌戰績；看！那是此民族權力意志的呼聲。他們讚頌一切不易成功的事物；他們將不可或缺的艱難困苦稱之為善；那不世出而能拯救人於水火的、獨一無二而又艱險無比的——便被讚譽為神聖。

那使其主宰、征服而榮耀一切，且激起鄰族恐怖嫉妒的事物，他們便認為這事物是萬物中至高至重的，繫萬物的標準和意義於一身。

是的，我的弟兄，假若你已經看清一個民族的需要，看清它的土地、天空與四鄰，你就會猜出其勝利法則，就會知曉它攀登而上以臻其理想的階梯為何是那一個。

「你應當超越別人，永居首位：你好勝的靈魂，不應當愛任何人，除了朋友以外。」——此言使一個希臘人的靈魂顫慄，他循此走上偉大路途。

「說真話，且諳於弓箭之道。」——這句話是我的名字所屬的民族，認為最可貴而難行的——這名字查拉圖斯特拉，波斯語中意為金星，象徵珍貴而難以達到的理想。對我來說同樣可貴而沉重。

「使父母榮耀，從內心最深處順從他們。」另一個民族猶太人。在其人民頭頂高懸這箴言而保持了強盛不衰。

「恪守忠誠。為忠誠可以流血犧牲或喪失榮譽，哪怕是為了險惡的目的，亦在所不顧。」另一個民族日爾曼人。以此言為訓，從而超越自身，孕育了偉大厚重的希望。

人類的善與惡由自身創造。不是人們自別處拿來的，也不是偶然發現的，更不是從雲霄降下的天堂之聲。

人類為了維護自身而給萬物指定價值。——他們創造了萬物的意義，來自人類的意義。因此他們自稱「人」；也就是價值的評定者。

評定價值即是創造。聽著，你們這些創造者！評價便是一切有價值事物中的奇珍異寶。

價值唯有通過評價而存在。沒有評價，存在的堅果就只是一個空殼。聽著，你們這些創造者！

價值的變換——那即是創造者的變換。唯有時常破壞才成其為創造者。

民族是最初的創造者，後來才輪到個人。是的，個人本身也是最近才被創造出來的。

從前，民族在自己頭頂高懸起指示著善的法典。統治之愛與遵從之愛共同創造了這一法典。

人群的福祉，先於「**自我**」的快樂而存在。當良知是為群體利益服務的時候，「**自我**」只能是對良知的違背。狡詐無情的「**自我**」，在大多數人的利益中找尋個人利益。它不是群體的起源，而是群體的衰亡。

從來總是熱愛者與創造者在創制善與惡。愛火與怒火在一切道德之名中，熊熊燃燒。

查拉圖斯特拉曾到過許多地方，看過許多民族：他發現在這世上，沒有比熱愛者的創作更偉大的力量：善與惡便是這作品的名稱。

這褒貶勸阻之力是一隻怪物。告訴我，弟兄，誰能為我將它制服？誰能將一條鎖鏈套上這頭怪獸的一千個脖頸？

迄今為止，我們曾有一千個目標，因為存在一千個民族。但是那套在一千個脖頸上的鎖鏈卻尚告闕如，那獨一無二的目標同樣闕如。人類仍然沒有目標。

但是，告訴我，我的弟兄：若目標不存，人將焉附？

查拉圖斯特拉如是說。

睦鄰

你們忙著與鄰人交往，你們為此不吝甜言蜜語。然而我告訴你們：你們對鄰人的愛，是你們在以錯誤的方式自愛。

你們拜訪鄰人，藉以逃避自己，你們想把睦鄰當成一種美德，但是我看穿了你們這種「無私忘我」。

「**你**」這個字眼比「**我**」古老得多；「**你**」已早被抬上神壇　而「**我**」還不曾，所以世人忙著與他的鄰人交好。

我會奉勸你們愛鄰人嗎？我寧願奉勸你們逃避鄰人而愛遠方之人！

愛遠方之人，愛將來之人，勝於愛鄰人；愛事物，愛幽靈，也勝於愛人類。

我的弟兄，這跑在你前頭的幽靈，比你美好得多。為什麼不把你的肉與骨交付給它？因為你害怕，於是你逃往鄰人家裡。你們無法忍受自我，你們不能充分地熱愛自我：所以你們以愛去迷惑鄰人，以他的錯誤為自己鍍金。

唯有當你們不能忍受任何鄰人之時；你們才會為自己創造出一個朋友及其豐盈橫溢的心。

當你們想自我誇飾時，你們便需要一個聽眾；如果你們能誘使他對你稱頌有加，你們心裡便也信以為真，對自己稱頌有加。

對自己一無所知之人比尚有自知之明之人更愛撒謊；你們也是如此，說著謊言欺騙你們的鄰人。

傻人如是說：「人際交往有害於一個人的品格，尤其是對全無品格的人。」

這人進出鄰家，是為了尋找自己；別的人進出鄰家，是為了丟棄自己。你們錯誤的自愛，使你們的孤獨成為自己的監牢。為你們這種鄰人之愛付出代價的，是不在場的遠方之人。每當你們有五個人聚集在一起時，總有第六個人要成為犧牲品。

我也不喜歡你們的那些節日慶典。我發現有太多優伶在那種場合出沒，便是旁觀者的行為，也如優伶一般。

我不會教你們愛鄰人而要教你們去交友，就讓朋友成為你們大地上的節慶與超人的預兆吧！

我教導你們如何結交朋友，結交他們滿溢的心。如若你們想被滿溢的心所愛，你們應當知曉如何成為一塊海綿。

我教導你們結交怎樣的朋友，他們內心珍藏著完備的世界，外表也同樣和善美好——這創造性的朋友，他們總是將那完備的世界慷慨奉贈。

世界生生不息地為他舒展，又為他捲起，就像**由惡到善、由偶然到目的的演變一樣**。

讓遠方之人和將來之人成為你今日一切作為的動機吧！你應當愛你朋友身上的超人，並以之作為你的動機。

弟兄，我不會奉勸你們去愛鄰人；我要奉勸你們去愛遠方之人。

查拉圖斯特拉如是說。

創造者之路

你願意走入孤獨中嗎，我的弟兄？你願意尋求自己的道路嗎？請稍候片刻，讓我來跟你說幾句。

「尋覓者易於迷失自我，一切孤獨都是錯誤。」人群如此說道。你曾從屬於這樣的人群很久。

但人群的聲音仍然在你心頭縈繞，有朝一日，當你說出「我不再和你們同心同德」時，那一定是憂傷和痛苦的。

瞧，這痛苦是由那人群的共同意識所造成的，而這共同意識的影響自始至終都體現在你身上，它的微光至今仍在你的煩憂中閃爍。

但你仍願走向這煩憂之路，走進尋求自我的路途嗎？那麼就展現你的權利與力量吧！

你具有煥然一新的權利和力量嗎？你是第一動因嗎？你是自轉之輪嗎？你能迫使星辰環繞你轉動嗎？

唉！向上攀爬的欲念如此之多，扭曲痙攣的野心不計其數，向我展現出你並非一個利欲薰心之徒！

唉！那麼多大而無當的思想，與冷風箱並無二致，越是膨脹，越是顯其空虛。

你自以為是自由的嗎？那麼我想聽聽你支配著的思想，而不僅僅是你從枷鎖下的逃脫。

你是那有資格擺脫枷鎖之人嗎？許多人在逃離奴役的同時也失去了他最終的價值。

擺脫什麼而獲取自由——這對查拉圖斯特拉來說有何緊要？但你噴火的雙眼應該告訴我的是，**為了什麼而尋求自由**。

你能為自己制定善惡的標準嗎？將你自己的意志如同律法一般高懸於頭頂嗎？自己據此律法審判自己，懲罰自己嗎？

集法官與懲罰者於孑然之身是可怕的，如同星辰置身於廣漠無垠的太虛、孤獨凜冽的大氣中。

現在，你這個體依然因人群而受難；現在，你的勇氣與希望依然未曾稍減。

但終有一日，你會因孤獨而疲倦不堪，你的尊嚴將會屈服，你的勇氣將會顫抖；終有一日，你會大喊：「我如此孤獨！」終有一日，你將再也看不到自己的崇高，卻將自己的卑微看得一清二楚，而崇高如同魑魅一樣使你驚嚇，你會大喊：「一切都是謬誤！」

有一些情感試圖殺死孤獨者，如若它們不能得手，那麼這些情感自身就得滅亡。但你有能力去消滅它們嗎？就像一個謀殺犯？

我的弟兄，你瞭解「**蔑視**」這個詞嗎？你能體會那給蔑視自己之人以公正待遇的苦澀滋味嗎？

你迫使許多人對你另眼相看，因此招致他們對你嚴重不滿，你走近他們身邊卻又徑直離去，因此他們永不原諒你！

你超越了他們，你飛升的越高，在嫉妒者的眼中就越發渺小，而那些騰空而起的人是最遭人忌恨的。

「你們怎麼可能公正地對待我！」你必須這樣說，「**我要把你們對我的不公正當作我的分內之事！**」

他們施予孤獨者的是不公與汙蔑，然而，我的弟兄，如果你是星辰，又豈會介懷，你必須一如既往地照耀他們！

保持警惕，對於善良與公正。他們會將那些自創道德之人釘上十字架——

他們憎恨孤獨者。

保持警惕，對所謂神聖的單純。對他們來說不單純的就是瀆神的。他們喜歡玩那些柴堆與烈火的把戲，以燒死異端。

保持警惕，對愛意的侵襲。隱士經常太易於向不期而遇之人，伸手示好。很多人不值得你伸出熱情的手，對他們只須伸腳，最好那腳上還長著利爪。

但你可能遇到的最壞敵人永遠是自己，你總是潛伏在洞穴與森林中，隨時準備襲擊自己。

你這孤獨之人，走在尋求自我的道路上，這條道引領你經過你自己和你的七個魔鬼身旁向前而行。

你將成為自己的異端，成為自己的巫師、相士、傻子、懷疑論者、褻瀆者、惡棍。

你必須準備好在自己的烈火中自焚，如若你不先變成灰燼，如何才能獲得你的新生？

你這孤獨之人，你走的是創造者之路，你要從這七個魔鬼中創造一個新上帝。

你這孤獨之人，你走的是熱愛者之路，你熱愛自己，因此也蔑視自己。只有熱愛者才能真正地蔑視。

熱愛者因為蔑視而渴望創造！如若他不能蔑視他所愛的，那他又能懂得什麼是真正的愛？

我的弟兄，帶著你的愛和創造力走入孤獨吧！公正自會跟在你身後跛行。弟兄，**帶著我的淚水走入孤獨吧**！我愛那些為追求超越自己不惜付出生命的人。

查拉圖斯特拉如是說。

老嫗與少女

查拉圖斯特拉，你為什麼要在暮色四合中偷偷地趕路？你在外套底下小心翼翼地藏著什麼物件？

是別人送你的寶物呢？還是你親生的嬰兒？抑或是你正幹著賊人的勾當，你這魔鬼之友？

是的，我的弟兄。查拉圖斯特拉說，這真是別人給我的寶物，是我攜帶的一個小小真理。

但它是如此淘氣，有如頑童，如果我不捂住它的嘴，它一定會大聲尖叫。

今天我獨自在路上漫步，當太陽即將落山時，我遇到了一位老嫗，她對我的靈魂如是說道：

「查拉圖斯特拉也曾給我們女人講過很多話語，但他卻從未談及有關女人的問題。」

我回答她：「有關女人的問題，我從來只與男人談論。」

她說：「也對我講講女人吧！我已經夠老了，很快會忘記你說的一切。」

於是，我滿足了這位老嫗的請求，並如是說道：

「有關女人的一切都是謎，有關女人的一切也只有一個答案——那就是生育。對於女人來說，男人只是一種**工具**，而目的無外乎孩子，但女人對於男人來說又是什麼呢？

真正的男人只需要兩樣事情：**危險與遊戲**。因此，男人需要女人，作為他最危險的玩物。

男人應當被訓練來作戰，而女人應當被訓練為戰士的消遣品。除此之外的安排都是愚不可及的。

戰士不喜歡太甜的果子，因此，他們喜歡女人——即便是最甜美的女人也帶著苦味。

女人比男人更瞭解孩子，但男人比女人更像個孩子。

真正的男人，內心潛藏著一個孩子：它想要玩耍！那麼，女人們，去男人那裡，找出他們那個他們內心的孩子！

讓女人成為玩物，純潔無瑕而精緻美好，如同一顆寶石，閃耀著那未來世界的美德之光。

讓那星辰的光芒在你的愛中閃耀，讓你的希望說：『願我誕育超人！』

讓你們的愛充滿勇氣！用你們的愛擊退那些使你們恐懼的人！

讓你們的愛充滿榮耀！儘管女人不知榮耀為何物，但以此為你們的榮耀吧！永遠愛人更甚於被愛，且絕不後人。

讓男人害怕愛著的女人！此時她們願意為愛做出一切犧牲，將除此之外的都看作一錢不值。

讓男人害怕恨著的女人！因為在男人的靈魂最深處，只是罪惡，而女人則是卑劣。

女人最恨的是誰？就如鐵對磁石說：『我最恨你，因為你吸引了我，但你又無力使我吸附於你。』

男人的快樂是『我想要』，女人的快樂則是『他想要』。『瞧！這下整個世界都完美了！』當每個女人以全心全意的愛聽命於她的男人時，都會作如是想。

女人必須服從，以此為她的膚淺尋找深度。女人的靈魂是全然的膚淺，就如淺水表面上那層飄蕩無定的薄霧。

男人的靈魂則如此深沉，就像地下岩洞裡轟鳴澎湃的激流，女人能感覺到它的力量，卻不會理解它。」

說完，那位老嫗回答我說：「查拉圖斯特拉說出了很多金玉良言，尤其是對於那些年輕的女人來說。

頗為奇怪的是，查拉圖斯特拉對女人知之甚少，但這一席關於她們的話頭卻準確無誤。原因是不是正在於：對女人來說，一切皆有可能？

現在你應當以感激之情接受一個小小的真理！我已經夠老，足以直言無隱地將它說出。

但你要小心地將它納入襁褓，並且捂好它的嘴，否則這個小小的真理會大聲尖叫！」

「女人，給我那個小小的真理吧！」我說。那老嫗便如是說道：

「你要到女人那裡去？別忘了帶上鞭子！」

查拉圖斯特拉如是說。

毒蛇之噬

有一天，查拉圖斯特拉在一棵無花果樹下睡去。因為天氣炎熱，所以他用手臂遮蓋著臉。一條毒蛇爬過來，在他的脖子上咬了一口，於是查拉圖斯特拉疼得尖叫起來。他將手從臉上移開，注視著這條毒蛇。那條蛇也認出了查拉圖斯特拉的雙眼，於是牠窘迫地扭動著身軀，想要逃跑。

「不要走，」查拉圖斯特拉說，「我還沒感謝你。多虧你及時叫醒我，我的旅程還很遙遠。」「你的旅程沒多長了，」蛇悲傷地說：「我的毒液是致命的。」查拉圖斯特拉微微一笑。「你可曾見過一條龍死於一條蛇的毒液？」他說，「不過還是收回你的毒液吧！你也沒有多到足以與我分享。」於是那條蛇又一次爬到他的脖子上，幫他舔舐傷口。

當查拉圖斯特拉給他的門徒講這個故事時，他們問道：「查拉圖斯特拉，這個故事有什麼道德寓意？」查拉圖斯特拉如是答道：

「善人和義人們稱我為道德的破壞者，所以我的故事並無道德可言。只是，當你們有敵人時，不要試圖以德報怨，因為那樣會使他羞恥。不如向其證明他對你做了件好事。

與其讓人羞恥，不如乾脆發怒！如若你們受到詛咒，我不希望你們報之以祝福，不如也還他少許詛咒！

如果你身上被施加一個極大的不公時，那麼趕緊以五個小的不公來回擊，獨自承受不公是一件醜陋的事。

你是否知道？跟對方分享你身受的不公就是半個公正，那能容忍不公的人，就應該將不公背負於己身。」

一個小小的報復比全不報復**更人性**，如果懲罰對於違法者來說既非權利也非榮譽，那我就不會喜歡你的懲罰。

自己承認錯誤比證明自己的正確更為高貴，特別是在你本就正確的時候。只是，這樣做需要一個足夠豐盈的靈魂。

我不喜歡你們冷酷的公正。從你們的法官眼中，我總是能捕捉到劊子手的冷酷和他手中冰冷鋼刀的寒光。

告訴我，在哪裡能找到公正，它同時也是目光澄澈的愛？

請給我創造出不僅承擔一切懲罰，也承擔一切罪惡的愛吧！

請給我創造出除了法官以外，一切人皆得赦免的公正吧！

你們還要聽這樣的話嗎？對那些發自內心追求公正的人來說，即便謊言也能變成對他人的友善。

但是我怎樣發自內心地公正？我怎樣給予每個人他所需的一切呢？那麼做

到這一點對我來說也許就夠了：**將我自己的一切給予每個人。**

最後，我的弟兄，小心千萬別對隱士做錯事，一個隱者怎麼會忘記呢？他會如何報復？

隱士就像一口深井，扔一枚石塊進去輕而易舉；但如果石塊沉了底，告訴我，誰又能再把它取出來？

小心千萬別傷害隱士！如若你已經這樣做了，不如乾脆把他殺死！

查拉圖斯特拉如是說。

孩子與婚姻

我的弟兄，我要單獨問你一個問題，這個問題就如測深的鉛錘，我可藉此探測你靈魂的深度。

你很年輕，你渴望孩子與婚姻。但我問你，你夠資格希求一個孩子嗎？你是勝利者嗎？你是自我的征服者嗎？你是自身激情的支配者以及道德的主宰嗎？我要這麼問你。

是一頭動物在訴說你內心的願望與需要、孤獨與混亂嗎？

就讓你以勝利和自由的名義渴望一個孩子，你應當為自己的勝利和自由建造一個活生生的紀念碑。

你所建造的要超越自己，不過你首先要建造你自己，建造你自己方正堅固的肉體和靈魂。

你繁衍生命不僅是為了使其不斷延續，更是為了使其不斷向上。若是為著這一目的，婚姻的殿堂可以幫助你。

你應當創造更高級的身體，創造第一動力，創造自轉之輪——你要創造一個創造者。

婚姻，我稱之為一種兩個人想要創造出超越他們自身之人的意志。相敬如賓地實踐這種意志，我稱之為婚姻。

讓這一點成為你婚姻的意義和真理吧！但是那些眾多的多餘人所稱的婚姻，那些多餘的婚姻，我應稱之為什麼呢？

啊，是靈魂的雙倍貧乏！啊，是靈魂的雙倍骯髒！啊，是雙倍可悲的自得自滿！

他們稱之為婚姻，稱之為天作之合。

啊，我可不喜歡那些多餘人的天堂！不，我不喜歡它們——那些在天堂的大網中糾纏推擠的動物。

讓那個蹣跚著腳步前來祝福他尚未作合之人的上帝離我遠一點！

犯不著嘲笑這樣的婚姻，哪個孩子沒有為其父母哭泣的理由呢？

這個男人看上去令人肅然起敬，他也足夠成熟，準備好接受大地的意義。但當我看到他的妻子時，我感覺大地成了一座瘋人院。是的，當一個聖徒與一隻雌鵝成雙配對時，我希望大地在抽搐狂笑地震動！

這個男人曾像英雄一樣尋求真理，最後他為自己找到一個謊言，作為他小小的偽裝：他稱之為婚姻。

那個男人曾謹言慎行、擇友甚嚴，有一日他永遠地降低了標準，對其伴侶寵溺驕縱：他稱此為婚姻。

另一個男人曾尋覓有天使般美德的侍女，然後他突然變成了一個女人的侍女，現在他更須變成一個天使般的侍女了。

我發現所有人在購物時都小心翼翼，他們的眼睛流露著精明強幹，但他們在買進妻子時卻很糊塗。

許多短暫的愚蠢行為——即你們所謂的愛情。它們往往因婚姻而宣告結束，代之以一件長期的蠢舉。

你們對女人的愛，女人對男人的愛——唉，但願這是對隱身受難之神的同情，但一般說來，這不過是兩隻動物的彼此相遇。

即便你們最無與倫比的愛，也只是一個狂喜的寓言和一陣痛苦的激情；但它可以成為火炬，照亮你們面前通向上方的道路。

有朝一日你要超越自己去愛！在那之前，你要先學會去愛，為此你必須飲盡那杯愛的苦酒。

即便是最無與倫比的愛，那杯中也盛滿了苦酒。因此它才激起你對超人的憧憬，因此它才令你產生創造者的飢渴。

創造者的飢渴，射向超人的箭和憧憬，告訴我，我的弟兄，這是你想要婚姻的意志嗎？

這樣的意志，這樣的婚姻，我稱之為神聖。

查拉圖斯特拉如是說。

自願的死亡

許多人死得太遲，有一些人則死得太早。而「死得其時」這句格言聽起來似乎有些奇怪。

死得其時，查拉圖斯特拉就是如此教導人的。

然而不可否認的是，那些沒有在恰當的時間生活的人，又怎能在恰當的時間死亡？我要如此建議那些多餘的人：但願他從來就沒出生！

但即便是多餘人也對他們的死鄭重其事，就如即便是內在空空如也的堅果，也願被夾碎。

每一個人都把死亡當作了不得的事，但死亡並非一個節日。**人們還沒有學會如何舉辦一個最激動人心的節日。**

我要教導你們何謂完美的死亡，那即是**對生命的激勵與承諾**。

那些使其生命完美謝幕的人，死在勝利之後，被簇擁在希望與承諾之中。

因此，一個人應該學會如何死亡。如若他沒有將其死亡奉獻給他生命的誓言，就不配享有死亡的慶典。

這樣的死亡是最好的。其次是在戰鬥中死去，為偉大的精神而犧牲。

但最被征服者與勝利者所憎恨的，是那獰笑著的死亡，它就像賊人一樣偷偷接近你，還裝出一副生命主宰的模樣。

我要向你頌揚我的死亡，這是自願的死亡，它的降臨是因為我想要它。

但我什麼時候想要它呢？——有了目標和繼承者的人自會有合適的時間死去，這樣做正是為了其目標和繼承者。而且出於對目標與繼承者的尊重，他不願再戴著那已枯萎的花環，在生命的聖所流連不去。

我也不願模仿編繩子的人。自他們手中鑽出的細繩越長，人就後退得越遠。

很多人對於他的真理與成功而言都活得太久。牙齒掉光了的嘴是沒有資格再宣示任何真理的。

一個人越想要名望，就越應當放棄榮譽，而最難做到的是：在**恰當**的時機放棄。

一個享用過了最美味餚饌的人必須停止饕餮，那些想被長久愛戴的人明瞭這一點。

毫無疑問，酸蘋果的時機得等到秋末才會到來，同時它也會變熟，變黃，直至萎縮。

有些人是心臟首先老去，有些人則是精神先衰，有些人少年白頭，而保持青春活力之人總是駐顏有術。

對很多人來說，生命是一種失敗，如同一條毒蟲在其心中不斷咬噬。那麼不妨讓他們知道，他們的死亡不啻於一種成功罷。

很多果實永遠不會變甜，它們在夏天就已開始腐爛，是怯懦讓它們緊緊抓住了枝條。

太多的多餘人活在世上，他們也像果實一樣在枝頭掛得太久。但願來一場暴風雨，將這些腐爛生蟲的果實統統搖落！

但願有關於速死的說教者前來，他們即是這搖撼生命之樹的暴風雨。但我只聽到關於緩慢死亡的說教，所謂「好死不如賴活」，所謂忍耐「塵世」。

你們鼓吹要忍耐「**塵世**」嗎?「**塵世**」已忍耐你們太多,你們這些褻瀆者!

那個希伯來人死的太早了,那個緩慢死亡的說教者,對很多人來說他的早死不啻於一種災難。

他所知道的只有眼淚,只有希伯來人的哀傷,只有善人與義人的憎恨。於是,這個希伯來人的耶穌突然生起對死亡的渴念。

但願他仍沒沒無聞,不為世人所知,並且遠離善人與義人 這樣,也許他能學會生活,熱愛大地,喜歡開懷大笑。

相信我吧!我的弟兄們,他死得太早了,如果他活到我這個年齡,他會主動放棄他的教義。他會有足夠的高貴來放棄。

但事實並非如此,他仍是不成熟的。他不成熟地愛著,同時也不成熟地恨著人類與塵世。他的靈魂和精神的翅膀仍然拘束而笨拙。

但是成年人比年輕人擁有更多的童真,更少的悲傷,他們更明瞭生與死的意義。

自由地活,自由地死。當一味肯定的時代已過,神聖的否定者就理解了生與死。

你的死不是對人類與塵世的譴責,我的朋友,我向你們甘甜的靈魂祈求。

在你的死亡中,你的精神與美德仍像籠罩大地的夕陽餘暉一樣閃耀。否則，你就死得太糟了。

我將這樣死去。而你們，我的朋友，將會因為我的原因更愛大地。我將再一次變成大地的一部分，在那生我的地方休憩。

查拉圖斯特拉有一個目標，他拋出了他的金球。而你們，我的朋友，現在就是我目標的繼承者，我把這金球拋給你們。

我的朋友，我最樂於看見的就是你們拋擲那個金球的情景。為此我要在人世再停留一陣，請原諒我。

查拉圖斯特拉如是說。

贈予的美德

一

當查拉圖斯特拉戀戀不捨地離開斑牛鎮時，有好多自稱為其門徒之人跟著他，陪伴他前行。就這樣，他們走到一個十字路口，此時查拉圖斯特拉告訴門徒，他想一個人前去，因為他喜歡獨自行走。道別時，門徒們贈送一根手杖給查拉圖斯特拉；這把手杖的金把手上雕刻著一條纏繞太陽的蛇。查拉圖斯特拉非常喜歡，他倚杖而立，對門徒們說道：

「請告訴我，金子為什麼價值最高呢？因為它難得而無用，閃動著柔和的光澤，同時它總是在贈予。

只有在作為最高道德的象徵時，金子才具有了最高的價值。那贈予者的目光如金子般閃爍，而金子的光澤則一如日月光輝的平和。

最高的道德是難得而無用的，它閃動著柔和的光澤。贈予的道德是最高的道德。我很理解你們，我的弟子們，你們像我一樣追求贈予的道德。然而你們與貓和狼有何相似之處？

你們渴望著使自己變成犧牲和禮品，也如此渴望在靈魂深處中儲積所有的財富。

你們的靈魂對奇珍異寶的追求是永難饜足的，因為你們渴望贈予的道德也永不知足。

你們迫使一切流向你們，為你們所吸收，以便有朝一日再將它們從你們的泉源中拿出來，作為愛的禮物去贈予。

這種贈予之愛一定會變成所有價值的竊取者，但我稱這種自私為『**健康**』與『**神聖**』。

另外，有一種自私，它是貧窶饑饉、病態的，因而它經常偷盜。這種自私就是不健康的。病態的自私。此種病態的自私用竊賊般的眼光，望著一切發光的東西，用飢餓的渴望打量著富而有餘的人，它總是圍繞著贈予者的桌腿匍匐爬行。

這種渴望喃喃訴說著疾病和無形的退化，這種自私的竊賊般的渴望訴說著一具病態的身體。

告訴我，我的弟兄，我們認為什麼是惡，什麼是一切惡中的最惡？不就是退化嗎？當贈予的靈魂匱乏之時，我們就疑心那是退化的開始。

我們走的，是從人進化到超人之路，是以那退化的感覺讓我們恐怖，它宣稱：『**一切為我自己**。』

我們的意識向上飛升，這是一種比喻，我們肉體飛升的一種比喻，此類飛升的象徵便是各種美德的名號。

肉體不斷變化、不斷戰鬥，貫穿歷史而不斷前行。其間精神對肉體來說是什麼？是它戰鬥與勝利的先鋒，是它的夥伴和共鳴。

所有善與惡的名號都是一種比喻，他們從不直說，只是暗示。只有傻瓜才從這種比喻中尋求知識。

注意，我的弟兄，當你們的精神要用比喻來表達意思時，那即是你們道德的開端。

那是你們肉體的飛升與矗立，你們的精神也因它的狂喜而歡呼雀躍。它變成了創造者、估價者、愛人者、萬物的贈予者。

當你們的心像寬闊的大河一樣氾濫時，這對於住在低窪處的人來說，既是福祉也是險情。這即是你們道德的肇端；當你們將一切毀譽拋擲腦後時，你們的意志便會駕馭一切，就像一個愛人者的意志，這即是你們道德的開端；當你們蔑視娛樂與暖和的睡床，而且避之唯恐不及時，這即是你們道德的開端；當你們志同道合時，而每一種必須的改變皆是你們的當務之急時，這即是你們道德的開端。

是的，這是一種嶄新的善與惡，一種嶄新的呢喃低語，一種嶄新的泉源之聲。

這個新道德是力量。它是統治的思想，圍繞著它的是一個敏銳的靈魂：如同一輪金色的太陽，那知識之蛇纏繞著它。」

二

說到這裡，查拉圖斯特拉停頓了片刻。他慈愛地看著他的門徒們，接著以有些改變的聲音繼續如是說道：

「弟兄們，用你們道德的力量保持對大地的信仰，讓你們的贈予之愛與全部知識都具有大地的意義。我如是祈禱並懇求你們！

不要讓它們飛離地面，不要讓它們用雙翅不斷拍打永恆之牆。啊！總有那麼多想要飛離地面的道德！

如我一樣，把那些飛走的道德引回地面，讓它們回到肉體與生命，如此才能賦予大地以它的意義，人類的意義。

迄今為止，人類的精神與道德已逃逸和跌倒過千百次。在我們的身上依然存在著這所有的荒謬和跌傷，它已成為肉體和意志的一部分。

迄今為止，人類已經嘗試並且失敗了千百次。是啊，人類就是一種嘗試。啊，不計其數的無知與謬誤已化為了我們自身的一部分。

不僅是千年來的理性，還有它的瘋狂，都生發於我們的呼吸之間。做個這樣的繼承人是危險的。

我們仍然一步一步地在與『**機會**』這個龐然大物作鬥爭。迄今為止，整個人類依然被謊言和無知統治著。

將你們的精神與道德奉獻給大地的意義罷，我的弟兄，讓一切價值皆由你來重新評定罷！因此你要做戰士！因此你要做創造者！

肉體以知性淨化自身，並嘗試以知性揚升自身。求知者將其一切本能衝動都神聖化，而超越者的靈魂充滿喜樂。

醫生，請醫治你自己吧！如此你才能醫好你的病人。讓他們親眼目睹自己的痊癒就是最好的治療。

有上千條道路尚未被踩踏過，有上千種有益健康的資源和隱藏的生命之島尚未被發現。人類及整個世界尚未被充分利用和開發。

醒來聽我說吧！你們這些孤獨的隱者！風揮著隱祕的翅膀從未來飛來，向耳聰之人宣示好消息。

你們這些今日的孤獨者，你們這些離群索居的隱者，總有一日你們自己會成為一個民族。你們挑選自我，將有一個被挑選的民族自你們中間興起，而這樣的民族將誕生超人。

是的，世界將會成為治癒之地，一種新的芬芳已四處瀰漫，這是一種得救的芬芳——**一個新的希望！**」

三

查拉圖斯特拉說完這些話，停頓了片刻，好像還沒說完最後一句話似的。他猶疑地把玩了很久手中的手杖，最後，他以有些改變的聲音如是說道：

「我現在要獨自走了，我的門徒們！你們也就此各自散去吧！這是我的意願。

離我而去吧！更要抵制查拉圖斯特拉！最好是以他為恥！說不定他欺騙了

你們。

智者不僅須愛其敵，更須恨其友。

如果一個人總是做一個亦步亦趨的弟子，這是對其老師的錯誤報答。——為何你們還不扯掉我的頭冠呢？

你們崇拜我，但是當這種崇拜有一天崩潰了怎麼辦？小心不要葬身在坍塌的雕像之下！你們說，你們信仰查拉圖斯特拉？但是查拉圖斯特拉有什麼緊要！你們是我的信徒，但是一切信徒又算得了什麼！

你們還沒有尋找過自我，因為你們發現了我。信徒皆是如此，故而信仰才如此無關緊要。

現在我要求你們，捨棄我，去尋找自己；只有當你們將我的一切全盤否定，我才會再度出現在你們面前。

真的，弟兄們，那時我將用另一種眼光來看我所失去的人們，我將用另一種愛來愛你們。

有朝一日，你們將再次成為我的朋友，成為一個希望之子，那時我會第三次與你們相聚，與你們共慶那偉大的正午時分。

那一定是偉大的正午時分，那時人們正處在動物與超人的路途中間，並將其前往黃昏的路途作為最高的希望來慶祝，因為那路途也會通向一個嶄新的黎明。

此刻，行九十里[7]者都將祝福自己，因為他即將走完百里，而他們知識的太陽也正位於正午時分。

『**諸神都已死去，現在我們要讓超人誕生！**』——就讓這句話成為我們偉大正午的最後意志！」

查拉圖斯特拉如是說。

持鏡的孩子

查拉圖斯特拉又回到了群山間，回到了那個孤獨的洞穴。遠離世人，像一個播種之人一樣等待著他的收成，但他的靈魂變得越來越焦躁，渴念他所愛的人們，因為他還要贈予他們很多。合上那曾為愛張開的手，保持贈予者的謙遜節制，這是極為困難的事情。

歲月如水般自這位孤獨者身旁流逝，他的智慧不斷增長，但同時，也因其豐盈給他帶來了莫大的痛苦。

一日清晨，他在玫瑰色的黎明中醒來，躺在床上冥思了許久，最後向他的內心如是說道：

7　一百里的路程，走到九十里也只能算是才開始一半而已。比喻做事愈接近成功愈困難，越要堅持到最後。

「為何我在夢中驚嚇著醒來，不是因為一個持鏡的小孩來到我面前嗎？『噢，查拉圖斯特拉』，那個小孩對我說，『看看鏡子裡的自己吧！』當我看到鏡中的自己時，我不由得尖叫起來，我的心感到一陣抽痛。因為我看到的不是我自己，而是一個魔鬼，在扮著鬼臉嘲弄我！

是的，我非常明瞭這個夢的預兆和警示：我的學說處於危險境地，莠草妄圖冒充麥穗。

我的敵人日益強大，他們歪曲我的學說，以致那些我愛過的人也因曾接受我的饋贈而羞恥。

我的朋友們相繼走失，是時候去把他們找回來了。」

查拉圖斯特拉跳起身來，此時他不像是一個為尋找信仰而極度痛苦的人，反而像是一個靈感大發的先知和詩人。他的鷹和蛇用詫異的眼神看著他，因為一陣突如其來的狂喜湧上了查拉圖斯特拉的臉容，如同那玫瑰色的黎明。

「我這是怎麼了，我的動物，我是不是改變了？是不是有一陣狂喜像旋風一樣吹襲了我？

我的快樂是很傻，它也會說傻話，但它還很年輕，對它耐心點吧！

喜悅使我受傷，而所有的受難者都會成為我的大夫。

我要再次下山，回到我的朋友當中，回到我的敵人當中。查拉圖斯特拉依然可以講話和贈予，也可以給他所愛的人們獻上最好的愛。

我這焦躁的愛將化作溪流奔湧，奔向日出和日落，自沉寂的群山和痛苦的風雨中奔出，將我的靈魂沖進山谷。

我已嚮往與眺望遠方太久，我已被孤獨統治太久，但我並沒有學會保持沉默。

我已變成驚雷和從巉岩絕壁落下的咆哮溪流，我要把我的言語傾瀉到山谷！

讓我以愛的激流沖刷那人跡不至的河道吧！一條激流怎會找不到入海之路？是的，我的內心有一個隱祕寂靜而豐沛自足的湖泊，但我將以愛的激流帶著它一起向前——沖向大海。

我將走上新的征程，使用新的話語，我已像所有的創造者一樣厭倦那些陳詞濫調，我的精神不會再穿上那些破舊的鞋。

對我來說，言語已顯得太過遲緩。啊，暴風雨，讓我跳入你疾馳的戰車！即便是你，我也要惡狠狠地鞭撻。

我要如一陣吶喊與歡呼般的遠渡大洋，直到發現我的朋友逗留的幸福之島。我的敵人也一定在他們中間，現在我深愛那些可向其傾訴之人，即使是敵人也與我的喜悅休戚相關。

當我想跨上我最烈的戰馬，長矛總是極方便地將我撐起，它是如我雙腿一般的忠實僕從。

我這投向敵人的長矛啊！**我是如此感激我的敵人，因為我可以向他擲出最後一矛。**

我的烏雲如此緊張的醞釀著雷電，在電閃雷鳴的大笑聲中，我要將冰雹撒到大地的最深處。

我胸中風起雲湧，它要以狂風驟雨擊打群山，這樣才能感到酣暢。

是的，我的幸福與自由如暴風雨一樣來臨，但我的敵人將會以為那是惡魔在其頭頂咆哮。

是的，我的朋友，你們也會被我的野性驚嚇，也許你們將會與我的敵人一起奔逃。

啊，但願我知道如何用牧人的短笛吸引你們回頭，我母獅般的智慧會學習如何溫柔地咆哮，我們已在一起相互學到了很多。

我的狂野智慧在孤寂的群山中孕育後代，在危岩險壁間誕下了孩子中最小的幼崽。

現在她在不毛的荒漠裡瘋狂奔跑，不停尋覓，尋覓那柔軟的草地——我這年邁狂野的智慧！

在你們內心那片柔軟的草地，我的朋友，在你們的愛意中　她將為最鍾愛的幼崽搭起安樂窩！」

查拉圖斯特拉如是說。

在幸福的島嶼上

無花果從樹梢落下，它們鮮美甘甜，紅色的外殼迸裂於墜落之時。而我，就是那將成熟果實吹落入懷的北風。

因此，這些無花果一般的學問落向你們，我的朋友們：現在享用它們的瓊漿和鮮肉吧！在這晴空萬里的秋日午後。

瞧，我們的周圍是何等的豐饒！從這一派豐饒中眺望遙遠的大海，真是令人心曠神怡。

從前人們眺望遙遠的大海，總要口稱「上帝」之名。然而，如今我要教你們口稱「**超人**」！

上帝只是個猜想，我不希望這個猜想超過你們創造的意志。

你們能創造一個上帝麼嗎？那麼，我請求你們不要再去思考什麼諸神，但你們卻能創造超人。

也許，你們自身不能成為超人，但你們可以把自己變成超人的父親或祖父，就以此為你們的最佳創造吧！

上帝是一個猜想，但我希望你們將猜想限制在思考力所能及的範圍內。

你們能創造一個上帝嗎？但是以此為你們求真的意志，以此將一切事物變得可以為人力所推想、看見和感知，依據你們的洞察力，直至終點。

你們所稱的這個世界，就應當由你們一手創造，以你們的理智、形貌、意志以及愛，構成這整個世界。這樣才是為你們的幸福計，你們這些求知者啊！

如若沒有此種希望，你們這些求知者如何能忍受人生？你們絕對不會誕生在一個不可想像或毫無理性的世界。

讓我對你們傾吐肺腑之言：如果有神祇存在，我怎能忍受我不是神？因此，**神不存在**。

是的，這是我曾得出的結論。如今它引導著我。

上帝只是個猜想，但誰能飲盡這杯猜想的苦酒而不死呢？創造者的信仰能被剝奪嗎？雄鷹的振翅高飛能被阻止嗎？

上帝是一個念頭，它弄直為曲，以是為非。什麼？時間將會流盡，而所有的無常朽滅不過是一個謊言？

試想這個就會讓人天旋地轉，頭暈目眩，甚至讓人嘔吐。猜想上帝這種玩意，我稱之為夢遊。

所有宣稱唯一、完全、靜止、充足、不朽的學說，我一概稱之為邪惡的、反人類的。所有的不朽都不過是一種比喻，詩人們太愛大言欺人。

可是最好的比喻應當提及時間與變化，它是對一切無常易朽事物的讚美與辯護。

創造——這是拯救苦難與慰藉生命的最佳方法，然而為了創造者的出現，苦難與許多變形的經歷都是必不可少的。

是的，在你們這些創造者的生命中必然有許多垂死的苦痛，這樣你們才能成為無常的提倡者和辯護者。

為了使創造者成為新生的嬰孩，他必須成為身懷此嬰孩的母親，並忍受那分娩的劇痛。

我在旅途中穿越了一百多個靈魂、一百多個搖籃、一百多次分娩之痛，我也曾道過許多次再會，我深諳那最後別離時刻的銷魂滋味。

但是我創造的意志，我的命運就是如此。不妨更坦白地告訴你，正是這樣的命運才是我的意志所渴求的。

我的所有情感都在牢獄中備受煎熬，可我的意志最終會以解放者與慰藉者的身分前來。

意志使人解放，這就是意志與解放的真義。查拉圖斯特拉就是如此教導你們的。

不再有意志，不再評判價值，不再從事創造——啊，讓這樣的虛弱永遠遠離我！

在認識世界的過程中，我感覺到了意志的誕育與成長的快樂。如果說，在我的知識中尚有純真存在，那便是因為其中有意志在誕育。

遠離上帝與諸神，就是這種意志吸引著我。如果諸神存在的話，那還要創造什麼呢？

我強烈的創造意志驅使我重新走向人類，如同鐵錘的意志是砸向石頭。

啊，你們這些人類啊！我想像的一個形象，它深藏在石頭裡面。啊，它就應當沉睡在最堅實、最醜陋的石頭裡。

我現在正用鐵錘猛烈擊打禁錮它的牢獄，石頭裂為碎片，四下飛濺，這又有什麼關係？

我要完成這項工作，因為那陰影靠近了，那萬物中最寧靜、最輕盈的影子來到我面前了。

超人之美猶如影子一般向我走來！啊，我的弟兄，現在諸神與我又有什麼相干？

查拉圖斯特拉如是說。

憐憫者

朋友們，我聽到你們的朋友中傳播著這樣的挖苦：「看看查拉圖斯特拉，他在我們當中漫步，不就像在動物中漫步一樣嗎？」

他們這話如果說得更好一些，那就是：「**求知者漫步在人類之中，就像漫步在動物中一樣。**」

對於求知者來說，人類不過是紅臉的動物罷了。他為什麼會紅臉？難道不是因為有太多次人類必須為自己感到羞愧嗎？

啊，我的朋友！求知者如是說道：羞愧，羞愧，羞愧——這即是人類的歷史！

為此，高貴者絕不會令他人窘迫，他自己卻在一切苦難者面前羞慚到無地自容。因此我討厭那些慈悲者，慈善者以憐憫他人為樂，他們太缺少羞恥之心。

假若我必須表達憐憫，我不願人們將我與那些慈悲者等量齊觀。假若我必須同情他人，我寧願站得遠遠的，寧願在別人認出我之前掩面而逃。我命令你們也這樣做，我的朋友們！

但願我的命運能時常帶領如你們一般的無憂無慮之人，踏上我的道路，帶領那些能和我分享希望、佳餚和蜜糖的人上路。

我曾為那些受難者東奔西走，但是在我更懂得怎樣享受自我時，我才會做得更好。

自人類誕生以來，人就很少真正快樂過。就是這一點，弟兄們，才是我們的原罪。

當我們學會了怎樣更好地享受自我時，才會把傷害別人和製造痛苦徹底忘卻。因此，我洗淨我幫助過受難者的雙手；因此，我擦拭我的靈魂。在目睹受難者的苦難之後，假若我因為他的赧顏而羞慚，那麼在我幫助他時，我會深深傷害他的自尊。

大恩只會換來報復，而非感激。小小的善舉若還被人銘記，它終將變成一條不斷啃噬的毒蛇。

「靦腆地接受餽贈吧！因接受餽贈而顯得與眾不同吧！」我這樣奉勸那些無可贈予者。

但我是一個贈予者，我喜歡以朋友對朋友的身分贈予。如若是陌生人或窮苦人，不妨自己去搖取我樹上的果實，這樣他們才不至於太過羞慚。
但是我們應該將乞丐全部清除！無論施捨或不施捨，他們都令人厭煩。
罪人和惡人也應該全部清除，相信我，朋友們，良知的刺會令他們四處叮螫。
但最壞的是卑劣的思想。即便行惡也比卑劣的念頭好很多。誠然，你們會說：「一些幻想卑劣罪行的樂趣可能使我們免於犯下大的惡行。」但大惡是無法指望以此來逃避的。惡行像一個膿瘡，它會發癢、腫痛，直至迸裂潰爛。這是它堂皇的聲明。
「瞧，我是一種疾病。」惡行說道，彷彿這是它的榮耀。
可是卑劣的思想像傳染的病菌，它爬行、潛伏，又無所不在，直到感染你的全身，使你腐敗枯萎。
那些被魔鬼纏身的人，我要對他們附耳低語：「最好還是讓你身上的魔鬼長大吧！那意味著即便是你們也仍然有一條通往偉大的道路。」
弟兄們，我對每個人都瞭解得有點過多！他們對我們來說彷彿是透明的，但我們還是無法看穿他們。
在人群中生活何其艱難，因為保持沉默如此艱難。
我們對之不公的，並非那些冒犯我們的人，**而是那些毫不相干的人。**

假若你有一個受病痛折磨的朋友，那你不妨做他休憩的病榻吧！如一張硬床，一張行軍床般，這樣你才能為他提供最好的幫助。

假若有一個朋友對你犯錯，你不妨告訴他：「我原諒你對我所做的一切，但是假若你對自己也這樣做，我怎能原諒你？」

一切大愛如是說，它甚至超越了寬恕與憐憫。

人必須握緊自己的心，如果讓它逃脫，他們的頭腦也會馬上失去控制。

啊，世界上還有什麼愚蠢的舉動比憐憫更愚蠢呢？世界上還有什麼比憐憫的蠢舉更令人痛苦呢？

一切愛人者如果無法超越他的憐憫，將是何等的可悲！

從前魔鬼曾對我如是說：「上帝也有他的地獄，那就是**他對於人類的愛**。」

最近我又聽到他說：「上帝已死，他死於對人類的憐憫。」

因此小心憐憫吧！它那裡還會有沉重的烏雲降臨在人類頭頂，我看得出天氣的預兆。

請將此言銘記於心：所有的大愛都超越了憐憫，因為它要創造它所愛的一切。

「我將我自己獻給我的愛，對我的鄰人和對我自己也是一樣！」這是所有創造者的言語。

然而，所有的創造者，都是嚴酷無情的。

查拉圖斯特拉如是說。

教士們

有一次，查拉圖斯特拉對他的弟子們做了一個手勢，並且說道：

「這裡有一些傳教士，雖然他們是我的敵人，但還是請你們收起刀劍，悄悄地從他們身邊走過吧！

即便在他們當中也有英雄，然而他們曾承受過太多苦難，因此他們也要令別人痛苦。

他們是兇狠的仇敵，沒有什麼比他們的謙恭更具報復心，而且隨時準備汙染接觸他們的人。但是我和他們的血緣有相近之處，因此也冒希望我的血脈因他們而得榮耀。」

當他們從教士前面走過之後，查拉圖斯特拉突然感覺到一陣痛苦襲來。他在這種痛苦中掙扎了片時，然後說道：

「這些教士令我感動，同時也使我厭惡，但自從我漫步於人世以來，這只是個小問題而已。

真正的問題是，我和他們曾承受同樣的痛苦，至今依然。對外來說，他們不過是被打了烙印的囚犯，囚禁他們的正是他們口中所稱的救世主。

他們被虛偽的價值與愚昧的言辭囚禁。啊，但願有人把他們從其救世主那裡再次拯救出來！

當大海的風浪將他們簸弄飄蕩到一個小島，他們以為從此可以安然無恙，但是看啊！那小島其實是一個沉睡的怪物。

而**虛偽的價值和愚昧的言辭**對世人來說是最危險的怪物，它們長久地沉睡以等待命運來臨的時刻。終於命運降臨，它們醒來，吞噬掉一切建築在它們身上的神殿。

啊，看看那些教士們親手建立的神殿，他們將這些芬芳的洞穴稱之為教堂。

啊，這些偽造的光明，發黴的空氣！靈魂怎麼能在其中飛升到期望的高度？

然而他們的信仰如此下令：「跪在臺階上膝行而前吧！你們這些罪人！」

我寧願看到一個厚顏無恥之徒，也不願看那些被負罪的羞愧與獻身的狂熱所扭曲的眼神。

誰為自己建造了這些洞穴和懺悔的階梯？難道不是那些羞於見到湛湛青天而一心想自我隱藏的人嗎？

只有那青天一角再度在破敗的穹頂上顯現，照亮那斷壁頹垣上蕪雜的野草和紅色的罌粟時，我的心才會再次回到這上帝的窟宅。

他們將與本性截然相反的、並且不斷折磨他們的事物稱之為上帝，真的，在他們的崇拜裡也有英雄的氣概啊！

他們根本不知道怎樣去愛上帝，除了把人釘在十字架上。

他們寧願像行屍走肉一樣活著，他們把自己的屍身遮蔽在黑袍下，他們的說教也帶著藏屍間的噁心腐臭。

與他們相鄰的人，就彷彿住在黑色的水池邊，蟾蜍在池中以甜美的聲調唱著陰鬱的歌！

他們應該唱出更悅耳的歌，這樣我或許會相信他們的救主，這樣他的信徒們就更像得救之人。

我寧願看見他們赤身裸體，因為只有美才能勸人懺悔。可他們這種偽裝的痛苦能讓誰信服呢？

其實他們的救主並非來自自由的天國[8]，他們的雙足從未踏上知識的地毯。

他們的救世主由不計其數的漏洞構成！每個漏洞他們都以幻覺來填補，他們稱這填充物為上帝。

他們的精神已溺死在他們的悲憫中，當他們的悲憫越來越膨脹，就會有一

8　來自自由的第七天堂基督教義中的最高天國。

個大大的愚昧浮上水面。

他們焦躁地大聲呼喝，將羊群趕上自己的獨木橋：彷彿這是通向未來唯一道路。可笑的是，這些牧羊人自己其實也不過是羊群的一員。這些牧人們的精神極其狹小，而靈魂又極其寬廣。但是弟兄們，迄今為止，最寬廣的靈魂又何曾統治寸土！

他們沿途到處寫下血的印記，同時他們以其愚昧教導別人：只有血才能證明真理。

但實際上，血是真理最惡劣的見證人，它會腐化最純潔的教義，將之轉變為愚妄和內心的怨毒。

即便一個人為了自己的教義而甘願穿越烈火，這又能證明什麼？實際上，唯有從自身的烈焰中才會熔煉出自己的教義。

熾烈的心靈和**冷靜的頭腦**，兩者相遇，會產生呼嘯的狂風，會產生救主。

其實，比這世人所謂的救主，比這驕傲的狂風更偉大、出身更高貴的人所在皆有！

我的弟兄們，如若你們想找到自由之路，只有求助於比這些救主更偉大的人！

超人還不曾出現，但我已經看透了大人物與小人物。

對我來說，他們驚人地相似。即便是最偉大的人物，也太過於「人化」了。

查拉圖斯特拉如是說。

有道德之人

我們要以雷霆與天火向懶散而昏昏欲睡的心靈說話。

而美的聲音極為輕柔，只有最清醒的靈魂才能聽見。

今天，我的盾牌向我輕輕地震顫，它在發笑，那是美的神聖微笑和悸動。

今天，我的美在笑你們，這些有德之人。它說：「他們竟還想索求回報！」

你們也想索求回報，這些有德之人！為道德索取報酬，為塵世索取天國，為今日索取永恆嗎？

現在你們要責怪我嗎？因為我教導人們從未有打賞者和付薪者存在？是的，我甚至從未說過道德是它自身的酬勞。

唉，我正因此而哀傷，在事物的原初，人們便將「獎賞」與「懲罰」的種子埋下。賞罰正悄悄生長在你們這些有德之人的靈魂深處。

我的言語如同野豬的獠牙，一直掘到了你們靈魂的最底部，你們可以稱我為犁頭。

你們心中的一切祕密都應該暴露在陽光下。如果你們被掘開、被擊碎、被曝曬，你們的謊言與真話便會涇渭分明。

這便是你們內心的本來面目：你們如此潔淨，不能沾染復仇、懲罰、酬謝與報應這些骯髒的字眼。

你們愛自身的道德，就像母親愛著自己的孩子，但你們曾聽說過，母親向自己的孩子索取回報嗎？

你們的道德就是你們最親愛的自身，你們內心有圓環般的渴望：為了再次回到自身，它與其他圓環糾纏扭打，並不斷自我轉動。

你們對自身道德所做的一切，就像夜空中隕落的星辰，拖曳著光芒劃過天幕，一直隕落，不知將消逝於何方。

因此，即便你們對道德的追求已經完成，道德的光芒卻沒有熄滅。它一直存在，一直前行，即使你所有的道德追求已被遺忘，已經消失。

你們的道德不是你們外在的附麗，不是皮膚或者外套。你們的道德就是你們「**自身**」。這便是你們這些有德之人靈魂深處的真相。

竟有很多人認為，道德是鞭撻之下的痙攣抽搐，想必你們已經聽多了他們的嘶喊。

也有人認為道德就是**惡念的怠惰**。彷彿一旦他們的怨恨嫉妒放鬆下來稍事休息時，他們的正義便會清醒過來，揉擦其惺忪的睡眼。

還有一些人被魔鬼拖向深淵，他們**越是向下墮落，兩眼就越是炯炯有光，充滿對上帝的熱烈渴求**。

啊，有德之人，想必他們的嘶喊也已傳入你們的耳朵：「我的本性並非如此，我的本性屬於上帝，屬於道德。」

還有一些人像運石頭下山的車子，笨拙而吱嘎作響地走來，他們也高談闊論著尊嚴和道德——他們是把剎車當作道德。

還有一些人像是上好發條的鐘錶，滴答滴答地不停轉動，想要別人稱這滴答聲為道德。

對這種我有自己的娛樂方式。只要我遇到他們，就以嘲諷給他們上緊發條，他們便會如斯回應地滴答作聲！

還有一些人為他們微不足道的正義感而自豪，並因此而對萬事萬物大行其罪惡勾當，進而致使整個世界淹沒在他們的不義中。

道德自這些人的口中說出來，是多麼的可笑啊！每當他們說：「我是正義。」聽起來都像是在說：「我在出氣！」他們用自己的道德去剜出敵人的雙眼，他們以為抬高自己，就能壓低別人。

還有許多人端坐在泥淖中，從蘆葦之間說：「道德就是安靜地坐在泥淖裡。

我們不咬別人，也盡可能回避那想要咬人的人。對於一切事情的那些既定看法，對我們來說都無不可。」

還有些人喜歡搔首弄姿，認為道德就是一種姿態。即使他們對道德雙膝跪地，雙手合十頂禮，但他們的內心其實對道德一無所知。

又有些人言必稱「道德是必要的」，他們認為這就是道德。實際上他們只相信員警才是必要的。

又有些人看不到人高貴的一面，然而卻把卑下的一面看得非常清楚，他們便宜稱這一點即是道德——他們惡毒的眼光也被認為是道德。

有些人想得到啟迪、得到提升，於是稱此為道德；另一些人想要垮掉，他們也稱此為道德。

如此這般，每個人都自以為他是道德的一分子，至少也要自居為分辨善惡的權威。

但是查拉圖斯特拉來此，並不是與這些說謊者和傻子說話的。他不會跟他們說：「你們對道德知道什麼？你們又瞭解道德什麼呢？」是你們，我的朋友們，查拉圖斯特拉是要讓你們對那些說謊者和傻子，感到厭倦。

是要讓你們對報酬、賠償、懲罰以及正義復仇這類話語，感到厭倦。

是要讓你們對「這是一個好的行為，因為它不自私」這類話語，感到厭倦。

啊，我的朋友們，讓你們一切行為中的「**自我**」，就像身處孩子中的母親一樣，以此來作為你們道德的準則吧！是的，我從你們這裡僥奪了上百條道德準則，就像奪去了你們最心愛的道德玩具。現在你們就像孩子一樣對我發火。

孩子在海邊嬉戲，然而海浪奔來，把他所有的玩具捲入海底，他們因此而哭泣。可是海浪也給你們帶來了新的玩具，它把五顏六色的貝殼撒在他們面前。

這樣，他們重新獲得了安慰。朋友們，你們也會像孩子一樣得到慰藉，得到五顏六色的貝殼。

查拉圖斯特拉如是說。

賤民

生命是一道歡樂的泉水。可是不論何處的泉水，只要被賤民同樣飲用，就會遭到汙染。

我喜愛一切潔淨的東西，而厭惡看到不潔者獰笑的嘴和飢渴的模樣。

他們把視線投向泉水，泉水把他們可憎的笑容倒映進我們的眼睛。

他們的淫欲汙染了神聖的泉水，當他們把汙穢的夢稱為快樂時，也汙染了快樂這個字眼。

當賤民把他們濕淋淋的心投入火中，火焰便會怒不可遏地升騰。當他們靠近火堆時，火之精靈也會起泡冒煙。

果實到了他們手中，也會變得腐敗和無味。他們的照看會令果樹戰慄枯萎，果實紛紛掉落。

很多人離棄人生，只因不願與賤民為伍，不願與他們分享泉水、烈火和果實。

很多人寧可逃入沙漠，與野獸一起忍受飢渴，也不願與趕駱駝的骯髒伙伕一同坐在水池邊。

很多人像破壞者或麥田的冰雹般前來，只為想要把他們的腳踩入賤民口中，塞住他們的咽喉。

發現生命需要憎惡、死亡和痛苦的十字架，這還不是最易使我噎食之事。

但某次，我提出的這個問題卻差點使我自己窒息：什麼？生命也需要那些賤民嗎？

有毒的泉水，臭氣熏天的火焰，汙穢的夢以及生命麵包裡的蛆蟲，難道這些也是必需的？

吞噬我生命的，並非憎恨，而是噁心。當我發現那些賤民也有精神時，我的精神就會感到厭倦。當我看清這些統治者所謂的統治，只不過是和那些賤民做交易，以及討價還價時，我就轉身離去。

我住在語言陌生的民族之中，並且閉目塞聽，這樣才不會懂得他們為權力所做的骯髒交易以及討價還價。

我捏緊鼻子，悶悶不樂地穿行於一切昨日和今日，昨日和今日的一切都在那些舞文弄墨的賤民筆下散發著臭氣。

長久以來，我像一個又聾又啞又瞎的殘廢一樣活著。只有如此，我才能遠離那些玩弄權術的賤民、舞文弄墨的賤民、沉湎肉欲的賤民。

我的精神無比艱難、小心翼翼地爬著樓梯，偶爾得到的慰藉是快樂的施捨。與此同時，我的生命拄著盲者的手杖踽踽獨行。

我遭遇到什麼了？我該如何從這厭惡感中自救？誰能令我的雙眼恢復往日的神采？我又怎樣飛往高處，飛往那沒有這些賤民同坐的泉水邊？

是這種厭惡感為我製造了翅膀和預測泉源的力量嗎？是的，我必須飛到最高峻之處，才能找到歡樂的泉水。

啊，我找到它了，弟兄們！在這最高處的快樂之泉，它為我噴湧，這裡有著任何賤民都無法來共用泉水的生命。

這快樂的泉水，你噴湧得太猛烈！甚至時常會沖倒你想要盛滿的酒杯。

我必須按捺我的內心，學著謙卑地走近你，但我的心也在多麼猛烈地向你奔湧啊！

我的夏天在我的心中燃燒，我短促、炎熱、憂鬱和極樂的夏天。我的夏季之心如此渴望你的無上清涼！

過去了，我所有徘徊不去的春日哀愁；過去了，我所有六月雪一般的惡念。我完全變成了夏天和夏日的正午時分。

這最高處的夏天，這夏天有著清涼的泉水和極樂的寧靜。朋友們，來吧！讓這種寧靜再快樂些！

只因這是我們的高處，我們的家園。對於不潔者和他們的渴念而言，我們住得太高峻峭拔！

把你們純潔的目光投向我快樂的泉水，朋友們！它怎麼變得渾濁，它只會以其純潔向你們報以微笑。

我們在未來之樹上築巢，雄鷹會不辭辛苦地為我們這些孤獨者銜來食物。

是的，這些食物不潔者無法分享，只會令他們像吞了火一樣燙傷嘴唇。

是的，這裡沒有供不潔者棲息的住所，我們的快樂對他們的肉體或精神來說，都是冰窟。

我們要像狂風一樣在他們的頭頂高處生活，與鷹為鄰，與雪為鄰，與太陽為鄰。這就是狂風的生活。

有朝一日，我要像一陣風一樣從他們中間吹起，**以我的精神奪走他們精神的呼吸**。這是我未來的使命。

是的，查拉圖斯特拉是一切低矮地帶怒號的狂風。他警告他的敵人和亂吐口水的人：「當心，不要逆風而唾！」

查拉圖斯特拉如是說。

塔蘭圖拉毒蜘蛛

看，這是塔蘭圖拉毒蛛[9]的洞穴！你們想看看牠的樣子嗎？牠的網掛在這裡，輕輕碰一碰，就會震顫不已。

毒蜘蛛興奮地爬出來了。歡迎，毒蜘蛛！盤踞在你背上的黑色三角是你的標誌，我也知道盤踞在你內心的是何物。你的內心充滿了報復的毒液，你咬過的地方會長出黑色的痂，你報復的毒液讓人頭昏眼花。

你們這些平等的說教者，你們令人頭昏眼花。說個比喻給你們聽，對我來

9 產於南歐的一種多毛毒蜘蛛。傳說被牠咬過，須長時間狂舞方能止毒。尼采以之比喻倡平等論的社會主義者。

說你們就是塔蘭圖拉毒蛛，只會在暗中報復的毒蜘蛛。

但我卻會讓你們的藏身之處暴露於日光下，然後我會以俯視的目光對你們大笑。

我會扯碎你們的網，讓你們因狂怒離開你們充滿謊言的洞穴，讓你們的報復從你們的「**正義**」一詞背後躍出。

必須將人類從報復心中救出，對我來說這是通向最高希望的橋樑，這是漫長雷雨之後的彩虹。

但毒蜘蛛卻不會作如是想，「我們的最高正義即是讓世界充滿我們報復的風暴。」它們交頭接耳。

「我們要報復並羞辱所有與我們不同的異類。」毒蜘蛛們在心裡暗自發誓。

「『**平等意志**』，這個詞今後將成為道德的名號，我們要大聲疾呼，反對一切權力！」

你們這些平等的說教者，你們心中那個陽痿的獨裁狂就這樣高呼「**平等**」，你們最隱蔽的獨裁欲，就這樣披上了道德的偽裝。

這惱羞成怒的自負和倍受壓抑的嫉妒，或許是來自你們父輩的遺傳，在你們身上變成復仇的瘋狂和怒火，最終爆發出來。

父親諱莫如深的事往往會在他的兒子身上走漏消息，我經常從兒子身上發現父親深藏的祕密。

他們如此的鬥志昂揚，只可惜他們身上激昂的是報復欲，而非他們的內心；使他們變得狡詐而冷酷的，也不是他們的精神，而是他們的嫉妒。

他們的嫉妒竟也引導他們**走上了**思想者之路，這就是他們嫉妒的標誌：他們總是走得太遠，以致疲倦地在雪地裡睡去。

他們的每句埋怨裡都有報復之聲，他們的每句讚揚裡都有中傷人的惡意。能像法官那樣去裁斷別人，對他們來說是無上幸福。

但是，朋友，我要奉勸你們：千萬不要輕信那些身上有著強烈懲罰欲的人。他們屬於一個卑劣的種族和世系，他們的臉上流露出劊子手和警犬的氣息。

切勿相信那些侈談正義的人，他們的靈魂缺少的不僅是甜美。

假若他們聲稱自己為「**善人和義人**」，那麼別忘記，他們和法利賽人[10]相比，只是手中缺少權柄。

朋友們，請不要將我和他人混為一談。

有一種人他們在宣揚我關於生命的學說，同時他們卻又是平等的說教者和毒蜘蛛。

這些毒蜘蛛，他們躲在自己的洞穴裡，對生命大唱頌歌，卻又逃離生命，

---

10 法利賽人是猶太教第二聖殿時期（前五三六年～七〇年）的一個政黨、社會運動和思想流派之一。

只因他們想借此傷害別人。他們最想傷害的，是當今的當權者，因為在這些人中，死亡的說教還牢牢把持著它的位置。

假若情況不是如此，毒蜘蛛又會換一套教義。從前，正是他們組成了世界的誹謗者與焚燒異端的執行人。

我不願與這些平等的說教者混為一談，淆然莫辨，因為正義對我說：「人類是不平等的。」而且人類也不應平等，如若不然，那麼我對超人的愛又將置於何地？

人類應當湧向未來，從千百座大小橋樑中擠過，而且要有越來越多的爭鬥和不平等在他們之間發生。我的大愛讓我如是說。

在他們相互的敵視中，他們將創造出各種影像和幻象，然後用這些影像和幻象作最後的決戰。

善與惡、**富與貧**、**貴與賤**，以及一切價值的名稱都將被用作武器，同時也被用作召喚生命不斷向上超越自己的號角。

生命本身想要提升自己，因此它構築樑柱和階梯。它想眺望遠處和最幸福的美景，因此它需要高度。

只因它需要高度，故而它需要階梯，需要階梯和攀登者之間的矛盾作用。生命在不斷攀升時，超越自己。

但是我的朋友們，看啊！在毒蜘蛛的洞穴上方，正聳立著一座古老廟宇的遺址。再睜大你們的眼睛，仔細看啊！

是的，往昔有人用石塊將他的思想建成高塔，他像大智者一樣瞭解生命的奧祕。

即使在美的事物中，也存在著**爭鬥**和**不平等**，也有對權力和統治地位的爭奪，這位大智者一般的人用最鮮明的譬喻教育我們。

這些圓頂的穹頂與拱門如何在爭鬥中神聖地對立啊！它們如何用光與影對抗交織，這些神聖的鬥士！

那麼，朋友們，讓我們做堅定而美好的仇敵罷，我們將神聖地彼此對抗！

——啊！毒蜘蛛這個宿敵咬了我一口！牠神聖地、堅定而美好地咬在我的手指上。

「必須要有懲罰和正義，」毒蜘蛛心想，「他剛才在此為敵意大唱頌歌不無道理。」

他終於為自己報了仇。但是，啊！他的毒液令我的靈魂也起了報復欲的暈眩。

朋友們，把我緊緊捆在這裡的柱子上吧！這樣我就不再暈眩了。我寧可做一個柱頂修道的聖徒[11]，也不願做報復欲的狂風。

11 古代敘利亞一帶住在柱頂的苦修者。

查拉圖斯特拉不是颶風或旋風，假若他要成為一個舞者，也絕不會是和毒蜘蛛一樣的舞者。

查拉圖斯特拉如是說。

哲人

你們這一切著名的哲人啊，你們是為民眾和他們的迷信服務——而不是為真理！正因如此，人民尊重你們。

也正因如此，人民容忍了你們的不信仰，他們視之為一種你們的酸文假醋和殊途同歸。猶如主人給奴隸們劃定一片自由活動的範圍，而以看他們在其中放肆胡鬧為樂。

人民如狗仇視著狼一般憎恨的，是自由的思想、禁錮的敵人、拒絕崇拜之人以及森林中的住民。

把他從棲身之地驅趕出來——這便是人民所謂到「**正義感**」！他們時常嗾使牙齒最尖利的惡犬去咬他。

「人民所在，即真理所在！願那些真理的追尋者災禍臨頭！」這樣的話自古以來就在鳴響回蕩。

你們這些著名的哲人啊，你們曾為人民的崇拜辯護：你們稱之為「**真理的意志**」！

你們的心常常自言自語：「天聽自我民聽，我來自人民，上帝之聲當然也來自那裡。」

你們如驢一般頑固而狡黠，總是充當人民的辯護者。

很多當權者為了讓人民信服，經常在他們拉車的馬前面再套上一頭驢——一位著名的哲人。

著名的哲人啊，我現在要你們完全脫去你們披在身上的獅皮！——這掠食的猛獸之皮，密布斑紋之皮，這探察者、追蹤者、征服者的蓬鬆鬈髮！

啊，若要我試著相信你們的真誠，你們先得粉碎你們崇拜的願望。

那走向背棄上帝的荒漠、粉碎了崇拜意願的人，我才稱之為真誠之人。

在烈日黃沙的炙烤之中，他當然也渴望那流淌清泉的綠洲，令生命在樹木的濃蔭下得以憩息。

但是，他的焦渴並不能說服他成為苟安之人，因為綠洲所在，也即偶像所在。

飢餓、兇暴、孤獨、背棄上帝，**獅子**的意志如此自我期許。

拋棄奴隸的幸福，背棄眾神與一切偶像崇拜，無畏而不怒自威，偉岸而孤獨，這便是真誠之人的意志。

真誠之人以及自由的思想，生活在荒漠，是荒漠之主；而那些著名的智者居住在城市中，如同拉車的牲口，飼料充足。

因為他們總是如驢子一般拖著——人民之車！

我不會因此而責怪他們：雖然他們的車具放著耀眼的金光，他們仍然只是僕役和駕在車前的牲口而已。

他們往往是稱職的好僕役，對得起他們的薪水。只因道德如是說：「如果你必須要做僕役，那麼去找一個你的服務對之最有助益的對象吧！你主人的精神與道德要因為你的服務而進益：你自己也隨著他精神與道德的增長而進益！」

真的，著名的哲人，你們這些人民的僕役啊！你們隨著人民的精神與道德而進益，——人民也因你們而提升！我認為這是你們的榮耀！

但你們雖有自己的道德，你們仍然無異於一般人民，短視愚鈍的人民——不懂得什麼是精神的人民！

精神是生命的自我折磨：**生命因自身的痛苦而精進**——以前你明白這一點嗎？

精神的喜樂是在做一個被淚水淨化，被烈火吞噬的神聖犧牲——以前你明白這一點嗎？

盲人的盲目以及他的摸索，正好證明了他所仰望的太陽的力量——以前你明白這一點嗎？

求知者應當和群山在一起學習如何「**塑造**」！對於精神而言，移動群山只是易如反掌的小事——以前你明白這一點嗎？

你們只看見精神的火花，卻不知道精神是怎樣的一塊鐵砧以及它的鐵錘是怎樣的殘酷！

真的，你們不懂精神的那種高傲！但如果精神想要發表什麼見解，你們會更加不能容忍它的謙卑！

你們還不能把精神拋在深山雪谷中，因為你們自己還沒有那樣熱！同樣的，你們也不知道從冰雪的寒意中得到快樂。

但是我覺得在各個方面，你們都和自己的精神太過親昵；你們常把智慧當作拙劣詩人的醫療院與避難所。

你們不是雄鷹，所以你不曾體驗過精神在惶恐之中感到的歡樂。你們不是飛鳥，因此不該在深谷上築巢。

對我來說你們是不新鮮的溫水，但是一切深邃的知識都如同寒流。精神的內在泉源是冰冷的，卻能令勞作者火熱的手掌感到愜意。

你們莊嚴肅穆地站立地在那裡，脊背挺得筆直。你們這些著名的哲人啊——你們不會被任何強烈的風和意志動搖毫分。

你們是否從未見過一隻滿漲的帆，顛簸在狂野的風暴中橫渡汪洋？

我的智慧也如同帆船被精神的風暴吹襲，顛簸著航行在大海上——我那狂野的智慧！

但是你們這些人民的僕役，你們這些著名的哲人啊——你們怎能與我同行？

查拉圖斯特拉如是說。

夜歌

已是子夜：此時所有踴躍的噴泉都更加喧鬧歡騰，而我的靈魂也是一道踴躍的噴泉。

已是子夜：此時唯有戀人之歌醒著，而我的靈魂也是一曲戀人之歌。

在我心中，有一件從未止息，也無法止息的東西，它想要引吭高歌。在我心中，有一個愛的渴望，它正訴說著愛的語言。

我是光：唉，我寧願我是夜！這被光圍繞著的，正是我的孤獨啊！

唉，我寧願我是陰影與暗夜！我是怎樣如飢似渴的在光的乳房上吸吮啊！

我想要祝福你們，你們這些閃爍的星星，蒼穹中的螢火。我想要因你們的光之饋贈而滿懷喜悅。

但是，我生活在自己的光中，我吮吸那從我自身噴薄出來的明亮火焰。

我不曾知曉接受者的快樂。我經常夢想：竊取應比接受更為有福[12]。

我的雙手從未停止贈予，這就是我的窮困；我總是看見期待的眼和充滿渴望的明亮夜色，這就是我的嫉妒。

啊，贈予者的苦痛啊！我的太陽的黯淡啊！欲望的渴盼啊！饜足中極度的飢餓啊！

他們從我這裡領取，但我可曾接觸到他們的**靈魂**？贈予與接受之間，有一道小小的鴻溝，而最小的鴻溝往往是最難以逾越的。

一種衝動從我的美好裡升起。我想傷害那些我曾照亮的，我想搶掠那些我曾饋贈的——**我是如此地渴望行惡**。

當別人向我伸手致意時，我卻將手縮回；我遲疑著，有如傾瀉而下的瀑布還有所遲疑一樣——我是如此地渴望行惡！

我的豐盈謀劃著這種報復；我的孤獨**催生了**這種惡意。

---

12 改寫自《聖經》：「施比受更為有福。」

我贈予的喜悅在贈予中死去；我的道德厭倦了它自己的豐盈！

時常贈予的人會有失去羞惡之心的危險；因為他的心靈與手掌，會因為不斷分贈而長出厚繭。

我的眼睛不再因乞求者的赧顏而熱淚盈眶；我的手變得太粗糙堅硬，不再能感覺到接受者手掌的戰慄。

我眼中的淚水與我心中的柔情都去了何方？啊，一切贈予者的寂寞啊！一切發光者的沉默啊！

許多太陽在廣漠的太空轉動，它們以光向一切黑暗之物說話——但是對我，它們卻沉默不語。

啊，這是光對於發光體的敵意，它冷漠地繼續運行於它的軌道。

每一個太陽對於其他發光體，對於其他所有的太陽，都從內心最深處抱著偏見，滿懷冷酷——每一個太陽都是如此運行。

太陽們如一陣暴風，循著它們的軌道飛馳：那即是它們的運行。它們絕對遵從它們的不可阻擋的意志：**那即是它們的冷酷**。

啊，只有你們，你們這些陰影與暗夜之間的生物才從發光體那裡取暖！

啊，只有你們，才在光的乳房上啜飲奶汁與慰藉！

啊，寒冰將我包圍，我的手因冰寒而燃燒！啊，我的內心有一種渴望，它在渴求你們的渴望！

已是子夜：而我必須是光！又如此渴求著黑暗以及孤獨！

已是子夜：此時我內心的渴望如同噴泉似的踴躍——它要引吭高歌。

已是子夜：此時所有踴躍的噴泉都更加喧鬧歡騰，而我的靈魂也是一道踴躍的噴泉。

已是子夜：此時唯有戀人之歌醒著，而我的靈魂也是一曲戀人之歌。

查拉圖斯特拉如是歌唱。

舞之歌

一日黃昏，查拉圖斯特拉帶著門徒們穿過森林。他們四處尋覓清泉，走到了一個樹木環繞的蔥鬱草地。一群少女正在那裡跳舞。她們認出查拉圖斯特拉，便立刻停止了舞蹈。查拉圖斯特拉友善地走近她們，對她們說道：

「不要停下你們的舞步，你們這些可愛的少女！站在你們面前的人，絕非一個陰暗的掃興之人，也絕非少女的仇敵。

我是在魔鬼面前為上帝辯護的人，而那魔鬼便是精神的刻板。輕盈的少女啊！我怎麼會是神聖舞蹈和處女美麗腳踝的仇敵呢？

不錯，我是一座暗夜之間的森林，只要有人不怕我的黑暗，他就會在我的柏樹下找到玫瑰盛開的小徑。

他也可以找到那處女們最愛的小神靈，默然地閉著眼睛在泉水邊休憩。

啊，這懶傢伙竟然在白天睡著了！是因為他追逐了太多的蝴蝶嗎？

美麗的少女們啊！如果我稍稍喝斥了這個小神靈，請你們也別對我生氣！

他也許會被我嚇哭——但即便他哭了，也是隨時可以破涕為笑的！

他應當兩眼淚汪汪地請你們跳一支舞，而我將用一首歌來伴和：這是一首舞蹈之歌，是一個諷刺，給那個對我來說最大最強的魔鬼，被稱為『**世界之主**』的刻板精神。」

以下便是查拉圖斯特拉在丘比特和少女們共舞時所唱的歌：

「啊，**生命！最近我曾凝視過你的眼睛。我似乎墜入了深不可測的深淵。**

但你的金鉤把我拉上來，且你因為我說你深不可測而嘲笑我。『這是所有魚兒的言語。』你說道，『它們自己無法測度之物，便認為它不可測度。』

但我是豐富而狂野的，我全然是一個婦人，但絕非一個有道德的婦人。

儘管你們男子稱我為『深沉之物』、『忠實之物』、『永恆之物』、『神祕之物』。

你們男子常把自身的道德賦予我們。啊，你們這些有德之人！」

她曾這樣笑著說過，不可信的這位，但是當她自我詆毀時，我絕不相信她以及她的笑容。

某天，我和我狂野的智慧面對面對交談，她向我憤怒地說：

「你想要、你渴求、你熱愛，所以你讚頌生命！」

我幾乎給了她一個無情的答覆，我把真理告訴了憤怒的這位。當我們把真理告訴自己的智慧，那便是最無情的答覆。

很多事情對於我們三個來說都是如此對立著。在我的內心裡，我只愛生命——**真的，在恨她時我最愛她！**

如果說我喜歡智慧，或者喜歡她太多，那是因為她太使我聯想到生命了！智慧也有生命的眼眸和歡笑，甚至也有生命的金鉤，她倆如此相像，難道是我的過錯？

有一天，生命問我：「這位智慧，她到底是誰？」——我連忙答道：「啊！是啊！智慧！

人們狂熱地追求她，卻永難滿足，因為她的面容只能隔著面紗觀看，只能用穿過網孔的手指去觸摸。

她美麗嗎？我怎麼知道！但是最老練的魚，還是不免會吞它的釣餌。

它是多變的，又是固執的；我曾見她緊咬雙唇，反梳髮髻。

她也許是卑劣虛偽的，她也許全然是一個婦人，但是當她自我詆毀時，她的誘惑力最大。」

聽我講完這番話，生命閉上眼睛狡黠地笑了。「你講的到底是誰呢？」她問，「或許是我吧？

即便你說得不錯——但是你怎麼能當著我的面，說這樣的話！你也去對你智慧這樣說說看吧！

啊，親愛的生命！你再度張開雙眼，我似乎又墜入了深不可測的深淵。」

查拉圖斯特拉如是歌唱，但是當舞蹈終止，少女們散去以後，他不禁悲從中來。

「紅日早已西沉。」他終於說道，「草地變得潮濕，森林裡陣陣冷氣逼人。

一個不可知之物佇立在我身旁，沉吟著，凝視著我。什麼？查拉圖斯特拉還活著嗎？

為何而活？有什麼目的？憑什麼而活？朝向何方？停於何處？怎樣生活？繼續活著，不是一件瘋狂的事嗎？

啊，我的朋友們，這是黃昏對我的詰問，請原諒我的悲哀吧！

黃昏已至。原諒我，黃昏已至！」

查拉圖斯特拉如是說。

墓之歌

「那裡是墳墓之島，寂靜之地；那裡也是我埋葬我青春的墳地，我要帶一個常青的生命花環到那裡去。」

我心中商議已定，開始橫渡大海。

啊，你們這些我青春歲月的形象與幻影！啊，你們這些愛的眼波，你們這些轉瞬即逝的神聖時刻！如今我思念著你們，如思念死去的親人一樣。

我最親愛的死者啊！一種撫慰心靈的、沁人心脾的香氣，從你們那裡飄來，它使我這孤獨的海上旅人戰慄而舒暢。

我是最富有的，最該被嫉妒的——我這最孤獨的旅人！因為我曾擁有你們，你們也仍然擁有著我。告訴我，這樹上的**金蘋果**，可曾像為我一樣地為別人而**落下**？

我仍然是你們愛的遺產和繼承者。啊，我最親愛的死者，我為紀念你們，綻放了許多色彩繽紛的野生道德！

啊，你們這些受祝福的奇珍啊，我們是注定要在一起的。當你們走近我和我的渴懷，不像畏縮的鳥兒，而像滿懷信任的人走近他所信賴的人！

是的，你們像我一樣，也是用忠誠和永恆的愛做成的。難道如今我必須要因為你們的不忠實而給你們另起一個名號嗎？神聖的眼波和飛逝的剎那啊！我還不曾學會別的名字呢！

是的，你們這些逃遁者消亡得太快了！但是，你們從來不曾逃避我，我也從來不曾逃避你們：我們對於彼此的不忠實是無罪的。

正在放歌的我的希望之鳥啊，他們為了殺我而縊死了你們！是的，邪惡向我最親愛的你們射箭——每一記都是為了貫穿我的心！

而它已經命中！只因你們永遠是我最親愛的占有物與占有者，所以你們不得不早早夭亡！

他們向我最柔弱的地方射箭，向你們這些嬌嫩的身軀射箭，向你們那驚鴻一瞥、轉瞬即逝的微笑射箭！

我要向我的仇敵說：殺人罪比起你們加諸於我的，又算得了什麼呢！

你們對我所犯下的惡行，更甚於殺人罪；你們奪去了我的無法挽回的一切——我這樣跟你們說，我的仇敵們！

你們殺害了我青春的夢想和最心愛的奇蹟，你們奪走了我的玩伴，那些快樂的精靈，為了祭奠他們，我要在此獻上這個常青的花環，並留下對你們的詛咒！

這是給你們的詛咒，我的仇敵們！你們縮短了我身上永恆之物的生命，就像夜的寒潮襲來，凍結了樂曲的聲響，我只來得及抓住它消逝之時最後神聖的一瞥。

從前，在某個快樂的良辰，我的純潔告訴我：「一切存在對於我都是神聖的。」

那時，你們這些仇敵，便派出汙穢的幽靈向我侵襲。啊，**那些快樂的良辰如今逃向了何方！**

「每一天對我來說都是神聖的。」從前，我青春的智慧曾對我如是說。確實，這是快樂的有智慧的言語。

那時，你們這些仇敵，便將我的無數夜晚偷走，賣給不眠的煩惱。啊，那些快樂的智慧如今逃向了何方！

從前，我渴望鳥兒帶來吉祥的兆頭，那時，你們就將一隻可憎的鴟鴞放在我的路途上。啊，我那些可愛的渴望如今逃向了何方！

從前，我發誓擺脫一切厭惡，你們卻將我周遭的一切人和物變成了潰爛的膿瘡。

從前，我如一個盲人走著幸福的道路，你們就一切汙穢之物沿途傾倒。如今，盲人早已厭倦了那條老路。

當我完成了最艱難的工作而歡慶勝利之時，你們就令我最愛的人高喊，說我的勝利給他們帶來了至深的傷痛。

是的，你們的所作所為總是如此，你們令我最甜的蜜變質，令我最優秀蜜蜂的辛苦成果變成浪費。

你們總是派遣最厚顏無恥的乞丐來領取我的慈悲，總是讓一批最不可救藥的無恥之徒聚攏在我的同情心周圍，你們就是這樣破壞了我的道德信念。

當我將最神聖的一切作為犧牲獻祭，你們便立刻在旁邊擺上最油膩的供品，使得我的神聖祭品被油膩之氣燻到窒息。

我曾想跳一支別人從未跳過的舞蹈，我想在九天之上起舞，你們便哄騙我最喜愛的歌者。

於是，他便唱出令人毛骨悚然的陰鬱曲調。啊，就像對著我的耳朵吹起悲鳴一般的號角。

殺人的歌者，邪惡的工具，最天真的人啊！我已經擺好姿勢，準備跳一支最優美的舞蹈，你就在此時用歌聲扼殺了我的激情。

只有在舞蹈中我才知道怎樣形容那至高的事物——但直至如今，這最高之物依然停留在我的四肢裡啞口無言！

我的最高希望，始終不曾得到啟示，得到實現！我青春歲月的一切幻想與慰藉都消亡了！

我怎樣忍受了這一切？我怎樣從這樣的創傷中存活並康復？我的靈魂怎樣從那些墳墓裡中走出？

是的，我的內在有一件刀槍不入之物、不可埋葬之物、一件可以開山劈石之物，那便是我的意志。它沉默地跨越許多年歲而恒久不變。

我的老夥伴，我的意志，它以我的腿邁步前行；它的天性堅硬無情，刀槍不入。

我的身上，恰恰是腳踵反用阿基里斯之踵的典故。不會受傷。因為你，最有忍耐力的意志啊，你依然恆久不變地保護著那裡！你依然能夠從一切墳墓裡重見天日！

你身上還有我未曾實現的青春。你依然如生命與青春一般充滿希望，坐在偏僻荒涼的荒塚黃土之上。

是的，你依然是我一切墳墓的破壞者。我的意志，我要向你致敬！只有墳墓所在的地方，才有復活。

查拉圖斯特拉如是歌唱。

自我超越

大智者，你們將推動著你們、燃燒著你們的東西，稱之為「**求真的意志**」嗎？我卻要稱此意志為「**理解一切存在**」的意志！

你們想令存在的一切都能為人所理解，因為你們有理由地懷疑：這一切早就可以被我們理解了。

但是，你們的意志應當是：使**存在**的一切都得屈從於你們！

它們應當恭謹地服從你的精神，成為精神的鏡子和映射。

大智者啊！這應當是你們全部的意志，你們的強力意志；即便在你們談論**善惡**和**進行價值判斷**時也應如此。

你們想創造一個你們可以向其下跪的世界，這是你們最後的希望與迷狂。

是的，愚者與民眾，就如同一條承載著小船的河，而價值的評判戴著假面莊嚴地坐在小船上。

你們將自己的意志與價值放在變動不居的河裡漂浮；在民眾所相信的善與惡中，我看出一個古老的強力意志。

是你們，大智者啊，你們把這樣的客人放在小船上，用奢華的服飾裝扮他們，並賦予他們以驕傲的名號——你們和你們的統治意志！

如今這條河載著你們的小船前進，這河必須載著它。被劈開的波浪儘管怒吼著在船底抗議，那有什麼關係呢！

大智者啊，你們的危險和你們善惡的終點不是這條河，而是你們的意志，你們的強力意志——無窮無盡的創造性的生命意志。但是，為了使你們明瞭我關於善惡的教義，我先教你們關於生命的教義和關於生物本性的教義。

我曾為了考察生物的本性，而在大路和小徑上跟隨它們、追逐它們。

我在千面之鏡中，捕捉到了生命的目光，在它無法開口的時候，可以用眼睛對我說話。而它的眼睛確實能夠說話。

無論哪裡，只要是有生物的地方，我便會聽到關於服從的言語，**一切生物都要服從**。

這是我聽到的第二件事：**不懂得服從自己的人，便要聽命於人**。這也是一切生物的天性。而我聽到的第三件事是：**命令比服從還要難**。這不僅因為下令者擔負著一切服從者的重擔，而且這重擔也許會壓倒他。——

而且我看出一切命令皆是嘗試與冒險；當生物發布命令之時，他往往冒著生命的危險。

是的，即便是在他命令自己的時候，他也得為這命令付出代價。他必須要成為自己律法的法官、報復者與犧牲品。

這是什麼緣故？我曾問我自己。使生物命令或服從，在命令的同時也要服從的是什麼呢？

大智者啊，請聽我說吧！你們要嚴格地檢驗：我是否已經觸及了生命的核心，抵達了它的最深處！

無論何處，凡是有生物的地方，便能發現權力意志；即便在服從者的意志裡，我也能發現做主人的意志。

弱者的意志說服了弱者，讓他為強者使役；同時，這意志又想成為更弱者的主人。這是他唯一不願被剝奪的快樂。

弱者屈服於強者，以取得統治更弱者的快樂；同樣地，強者屈服於他的強力意志，並且為了力量不惜以生命為賭注。

強者的犧牲便是**生命的冒險與死亡的孤注一擲**。

在有犧牲、服役與愛的眼波所在的地方，便有著成為主人的意志。弱者通過密道悄悄潛入強者的城堡和內心——以此竊取強力。

這個祕密是生命親自告訴我的。「看，」它說，「我必須不斷超越自己。」

不錯，你們稱此為追求創造的意志，或是嚮往目標的衝動，嚮往更高、更遠、更複雜的衝動；但這其實只是一件事，同一個祕密。

我寧願死去，也不願放棄這唯一的東西。真的，只要有沒落和樹葉凋零的地方，便有為追求強力而犧牲的生命！

我必須成為鬥爭、演變、目標和目標的對立面。啊，誰猜得出我的意志，也一定猜得出它所走過的彎路！

無論我創造了什麼，我又是如何地喜愛它——不久我便成為它的對手，與我的喜愛背道而馳：我的意志要求我如此。

即便是你這求知者，也只是我的意志所走的小路與腳印。我以追求強力意志的雙足行路，和你以求真意志的雙足行路，其方式並無二致！

談論「**追求存在的意志**」之人[13]，根本不曾擊中真理：那種意志——壓根是不存在的！因為不存在的不會有意志，而已存在的又何須追求存在呢！

凡是有生命存在的地方，即有意志，但是這意志不是追求存在的意志——讓我鄭重地告訴你——它是強力意志！

對於有生命的人，有許多東西是被視為高於生命的，這種眼光也即意味著：強力意志！

這是生命曾教導給我的。啊，大智者，我用這教導破解了你們心裡的謎團。真的，我告訴你們：永存不滅的善與惡——是不存在的！因其本性，善與惡必須時常超越自己。

你們這些價值的評定者，用價值判斷與你們訂立的善惡準則來施行權力：

13 叔本華認為世界的根源是盲目追求存在的意志。

那裡面有著你們的隱藏的愛，有著你們靈的閃光、戰慄與充盈。

但是從你們的價值評定中，要孕育出一種更強大的力量，一個新的自我超越：它要破殼而出。

真的，誰不得不創造善惡標準，首先便不得不破壞，去**打碎價值**。因此，最高的惡也屬於最高的善，這是創造性的至善。

大智者們，讓我們來談談吧！儘管這不見得有多好。但沉默不語是更加不好的，一切深藏不露的真理最終都會變成毒藥。

讓真理能夠打碎的一切都被打碎！——我們要建的房屋還多著呢！

查拉圖斯特拉如是說。

卓越不凡的人

我的海底一片寧靜：誰能猜到它藏著奇珍異寶呢！

我的深度恆定不變，但是它飄搖的謎團與笑聲在它表面閃爍著光亮。

今天我遇到一個卓越而嚴肅的人，精神的苦修者。啊，我的靈魂是如何地嘲笑他的醜陋啊！

他胸部高挺，如深呼吸似的，默默地站著，這卓越不凡的人。

他身上懸掛著許多可怕的真理，那都是他的獵物。他穿著已經破爛了的華美衣服；我看見他有許多刺——**卻沒有**一朵玫瑰。

他還沒有學到笑與美。這獵人憂鬱地從知識的森林裡返回。

也許他剛剛和野獸搏鬥過，但在他的嚴肅裡，還有一頭野獸——一頭未被制服的野獸。

他站立的樣子像一頭蠢蠢欲動的猛虎，但是我不喜歡他那種緊張的靈魂；無法對那種不苟言笑的神情以禮相待。

朋友們，你們要說「**品位和旨趣是無法討論的**」嗎？但是，一切生命都是品位和旨趣的爭論！

趣味，它同時是砝碼、天秤與稱量者。活著的生命若不為這些而爭論，那何其可悲！

這卓越的人，**如果他開始厭倦他的卓越，那時他的美才會開始**——只有在那時候，我才會喜歡他，才會覺得他合我的趣味。

直到他背棄了自己的時候，他才能跳出他的陰影——真的，跳進他的陽光裡。

他已坐在陰暗處太久，這精神的苦修者已雙頰灰敗；他幾乎要餓死在等待之中。

他的眼神中還有輕蔑，他的雙唇間藏著厭倦。不錯，他現在是在休息，但還不是在太陽底下。

他應當像一頭牛一樣；他的幸福應當帶著泥土的氣息，而不是對大地的輕蔑。

我希望看見他像一頭白牛一般在犁前喘氣、吼叫，它的吼叫應當是對大地上一切事物的頌歌。

他面部還是陰暗的，他手掌的影子遮蓋了它。他目光中的意義還被掩藏在陰處。

他的行為仍是遮蓋著他自己的陰影，行為往往會隱藏行為者的一切。他還沒有克服他的行為。

真的，我很喜歡他公牛似的脖頸，但是我更願看見他天使般的眼睛。

他應當忘掉他的英雄意志，他不僅應當是一個卓越的人，更應當是一個高飛遠舉的人——山川靈氣應當可以托舉他，這忘掉意志的人！

他曾制服過怪物，他曾解決過謎題，但是他更應當救贖他的怪物與謎題，使之成為神聖的孩子。

他的知識還沒有學會微笑，也沒有學會不嫉妒；他奔流的激情還不曾在美中平靜過。

真的，他的欲望不應停留沉沒在滿足中，而應在美之中消失隱匿！溫文爾雅是偉大人物特意的恢宏氣度。

曲肱而枕：這是英雄的休息方式；英雄也應當如此超越他的休息。

美之於英雄正是最難的事。一切激烈的意志無法尋獲美。增一分，減一分，對美來說都是很嚴重的問題，也是最重要的問題。

卓越的人啊！放鬆的筋肉，卸下意志的鞍轡，這是你們最難的事！

把力量變得隨和可親，將之下降到看得見、摸得著的地方，我稱這種俯就為美。

我向你們這些強者熱烈地要求**美**，甚至遠遠超過其他任何人。讓你的善良成為你最後的自我超越吧！

我相信你能做一切的惡，所以我希望你行善。

真的，我時常嘲笑那些弱者，他們自稱的良善，純粹是出自他們肢體的殘廢！

你應當仿效柱子的道德：它升得越高，就越發美麗而優雅，同時它內在的抓力就越強大。

是的，卓越的人啊，有一天你也會變得美麗，照著鏡子欣賞你自己的美。

那時，你的靈魂會因神聖的渴望而戰慄；即便在你的虛榮之中也有著崇拜！

這是靈魂的祕密：只有當英雄拋棄靈魂以後，超英雄才會在夢中向他走近。

查拉圖斯特拉如是說。

文化之國

我在未來的空間裡飛得太遠，不由得心生恐懼。我環顧四周。看啊！只有時間是我唯一的同代者。

於是，我轉身向後逃遁——越飛越快。我如此飛向你們，飛向你們現代人這裡，飛到了文化之邦。

我第一次是帶著觀察的眼光與熱誠的善意來訪問你們，真的，我懷著憧憬之心而來。

但是情況怎樣呢？雖然我感到害怕——我還是忍不住大笑起來！我的眼睛從不曾看見過這種色彩斑斕的怪物。

我止不住地笑著，同時我的雙腿和我的內心還在戰戰兢兢。「這裡竟是一切顏料桶的家鄉。」我說。

現代人啊！你們的面孔與四肢塗滿了各種顏色，我無比詫異地看著你們坐在那裡！

你們的四周有五十面鏡子，阿諛奉承地反映著你們這套色彩的把戲！

確實，現代人，再沒有比你們自己的尊容更好的面具了；戴著它，誰還能把你們認出來呢？

你們身上塗著過去的記號，然後又蓋上了新的記號，這樣，任何破譯密碼的專家也無法解釋你們了！

即便有人會檢查臟腑，但是誰還會相信你們還有臟腑呢！你們似乎是以顏料與廢料拼貼而成。

各個時代、各種人民都透過你們的面紗折射出那五光十色的一切；各種風俗與各種信仰，也都從你們的手勢中談論著那繽紛的色彩。

誰要是除去你們的面紗、裹布、顏料與手勢，便會在眼前看到一個可以嚇飛鳥兒的怪物。

真的，我就是一個被你們赤裸無色的軀體驚嚇的鳥兒；當這副骨骸向我頻送秋波時，我連忙飛逃。

我寧願在地獄裡和過去的鬼魂一同做苦工！因為地獄裡的住民比你們還要充實豐富些！

現代人啊！我內心的真正痛苦是：既不能忍受你們的裸體，又不能忍受你們的穿著！

真的，未來所有陌生並使迷路的鳥兒戰慄的一切，都比你們的「真實」更使人覺得自在些熟悉些。

因為你們如是說：「我們是完全現實的，既沒有信仰，也沒有迷信。」這樣，你們如此自誇，啊，實際上也用不著自誇。

你們這些染色的人啊，你們怎麼會有信仰呢？——你們是過去一切信仰的畫片罷了！

你們是信仰飄浮不定的辯駁和思想肢體上的脫臼。你們這些現實者，我認為你們是不可信者！

一切時代在你們的精神裡互相說長道短，一切時代的幻夢和閒聊也遠比你們清醒的理智更實在。

你們是不育的，因此你們缺乏信仰。而創造者總有他們預先的夢想與占星的徵兆——**他們相信信仰！**

你們是半掩的門，掘墓穴的工人正在門外等待。你們的現實便是「一切都將歸於寂滅」。

啊，你們這些不育的人在我面前站著，你們是怎樣的瘦瘠，肋骨根根突出。你們中間想必也有具備自知之明的人。

他會說：「當我熟睡的時候，也許上帝盜去了我什麼東西吧？真的，那足夠為他製造一個姑娘！」

「真奇怪，我的肋骨竟有短缺！」許多現代人如是說。

真的，現代人啊，你讓我發笑！尤其是在你們自己覺得驚訝的時候！

如果我不能對你們吃驚的樣子發笑，而不得不把你們盤中噁心的東西啜吸，我真是萬分不幸！

但是我輕輕地承受著你們，因為我有重任要擔荷；如果渺小的蒼蠅停在我的重擔上，那又有什麼要緊呢！

真的，我的負擔並不因此而更重些！現代人啊，給我以最大疲倦的不是你們。

啊，我還要帶著我的憧憬爬到哪兒去呢！我在每一座高山之巔眺望我的父母之邦。

但是，無論何處，我都找不到它。我在所有的城市中漫遊，每一座城門都是我旅行的起點。

剛剛我曾被內心推向這些現代人，如今他們只是使我發笑的陌生人，而我自己是被我的父母之邦放逐出來的。

所以我只愛我孩子們的國土，以及海外尚未發現的地方。我要吩咐我的船帆，永不停歇地找尋。

我要向我的孩子贖罪，因為我是我祖先的子孫；我要用一整個未來——贖回這個現在！

查拉圖斯特拉如是說。

無瑕的認識

昨夜月亮出來的時候，它在地平線上腆著沉重渾圓的肚子：我以為它想誕生一個太陽。然而，它的懷孕是一個謊言。我寧願相信月亮是個男性而非女子[14]。

是的，這膽怯的夜遊者本來也沒有什麼男子氣概。他不懷好意地在屋頂上走過。

這月亮傳教士好色而嫉妒，他對大地與男女之間的一切歡愛大起淫念。

不，我不喜歡它，這只屋簷下潛行的貓！我厭惡一切在半開的窗外偷窺之人！

它虔誠而沉默地在星光的地毯上前行。——但是我厭惡一切悄悄步行，而不讓他們的馬刺發出聲響的人們。

光明正大之人的步履必定會發出聲音，但是貓卻悄無聲息地四下奔躥。

14 月亮在德語中為陽性名詞。

看，月亮像貓一樣地躡足前行。這個譬喻是對你們說的，你們這些神經質的偽善者，**「追尋純粹的認識者。」**[15]我稱你們為好色之徒！

你們也愛大地與大地上的一切，但我已看透了你們！你們的愛裡帶著羞恥，不懷好意——你們像月亮。

你們的精神輕信讕言，輕蔑大地的一切，但你們的內臟還沒有被說服，然而這內臟卻正是你們身上最強的地方！現在，你們的精神羞於聽從你們的內臟，它借著隱蔽的小徑和謊言來遮掩自己的羞恥。

「我最高尚的行為，」你們的精神對自己信口雌黃道，「便是拋棄欲念去靜觀生命，而不是像狗一般拖著饞涎欲滴的舌頭。」

「在靜觀中自有快樂，斷絕意志，完全沒有自私自利的貪念，身體猶如槁木死灰，唯有雙眼如月亮一樣迷醉。」

「我覺得最可愛的，」受蠱惑的精神又這樣欺騙自己，「便是像月亮那樣熱愛大地，只用眼睛來觀照大地的美。」

「而這便是我對於萬物無瑕的認識：對於萬物沒有任何企圖，只求能躺在它們旁邊，如一面有百隻眼睛的鏡子一樣！」

啊，你們這些神經質的偽善者，你們這些好色之徒！你們的欲望中缺少純潔，所以你們詆毀欲望！

---

15 一種哲學觀念，即拋棄主體的欲望和感受，對客體和現象進行純粹如實的觀照。例如：叔本華把離開意志的認識看作美的起源。

真的，你們對大地的愛，不是創造者、生育者、樂於成長者的愛！

純潔何在？純潔即在有生育意志的地方。誰想創造超越自己之物，我便認為他具有最純潔的意志。

美在何方？美在必須用整個意志去追求之處；在我想要愛、想要毀滅，想要讓形象不僅是一個表象的地方。

愛與死是自古以來成雙成對的。愛的意志，也即意味著隨時準備獻出生命。怯懦者，我向你們如是說！但是，你們卻以為你們無神散漫的目光是「**沉思**」！而你們怯懦的目光可以觀照的一切即是「美」！啊，你們褻瀆了這些高貴的名號！

你們這些無瑕之人和純粹的認識者啊！你們所受的詛咒便是你們的永不能生育，雖然你們沉重而大腹便便地躺在天邊！

誠然，你們嘴裡全是高貴的言詞，而你們這些說謊者竟妄想使我們相信：你們的心靈是充實豐盈的。

但我的語言是粗糙笨拙而不連貫的，我樂於拾起你們在盛宴時掉落在餐桌下的食物殘渣。這樣，也已足夠把真理告訴這些偽善者了！真的，我的魚刺、貝殼與帶刺的菜葉，應當使你們這些偽善者的鼻孔發癢！

在你們與你們餐桌的周圍，空氣是汙濁不堪的，因為你們的色欲、謊言和陰謀詭計都瀰漫在空氣中！

首先，信仰你們自己——你們自己和你們的內臟吧！不相信自己的人，永遠是說謊者。

你們這些「**無瑕之人**」在你們自己面前放了一個上帝的面具，而你們的可憎的蛇早已爬入面具後面了。真的，你們這些「沉思者」的騙術還真高明！查拉圖斯特拉也曾被你們的神聖外表所蒙蔽；他沒有猜到是什麼樣的蛇，盤踞在這面具之後。

追尋純粹的認知者啊！在你們的把戲裡我彷彿看見了一個上帝的靈魂！我不知道還有比你們的偽造更好的藝術！

我們之間的距離使我沒有看見蛇的穢物與惡臭，沒有看見心懷詭計的蜥蜴在那裡淫猥地徘徊。

但現在，我走近你們。接著，白晝將要為我來臨——它也將為你們來臨——你們對月亮的愛情要完蛋了！

看！它在黎明的晨曦裡驚詫得臉色灰白了！

因為紅日已經到來——帶著它對大地的愛一起到來！太陽全部的愛是純潔，是創造者的欲望！

看那邊，旭日急不可待地越過海面！你們沒有感到它愛的焦渴與熱烈的喘息嗎？

它想吸吮海洋，把海從深處提到它自己的高度；同時，海也渴望獻出她千萬隻乳房。海願意被太陽之渴吻吮吸；它想變成空氣、高度、通往光明的道路，甚至變成光明本身！

真的，我也像**太陽**一樣，熱愛生命與一切深海。

而我稱此為認識：深沉的一切都要被提升到——我的高度！

查拉圖斯特拉如是說。

學者

當我熟睡之時，一隻小羊啃吃我額頭上的常春藤花冠。牠一面吃，一面說：「查拉圖斯特拉已不再是一個學者了！」

說完，牠就大搖大擺地離開了；這都是一個孩子告訴我的。

我喜愛躺在這裡，時常有孩子們在薊草與紅罌粟環繞的敗壁頹垣之間遊戲。在孩子們與花草看來，我仍然是一個學者。他們是最天真的，即便在想要調皮搗蛋時也是如此。

我不再是羊群眼中的學者，這是我**命運的要求**——讓我們為這命運祈禱吧！

事實是這樣：我早已離開了學者的家，我隨手把門狠狠地關上了。

我饑餓的靈魂在他們的餐桌旁坐得太久了！我不像他們那樣，獲取學問的途徑是敲碎核桃。

我愛自由和清新大地上的空氣。我寧愛在牛皮上酣睡，也不要躺在他們的榮譽與威嚴上！

我時常被我的思想灼傷。它們經常使我喘不過氣來，於是我必須走到戶外，離開一切灰塵瀰漫的密室。而他們卻漠然地坐在陰冷的暗處，無論何時，他們都只會當旁觀者，而絕不會坐在陽光照射的石階上。他們像那些呆立在街頭的閒人，張著嘴看著行人的來去匆匆；他們也是如此等候著，張著嘴呆望著別人的思想。

誰要是用手拍拍他們，他們便會像麵粉袋一樣，不情願地在四周揚起一陣粉塵[16]。但是，誰能想得到他們的粉塵，原本也是從麥粒中，從夏日田野中的金色歡樂裡產生的呢？

當他們帶著自以為聰明的自信說話時，那些小小的箴言與真理簡直令我寒毛倒豎：他們的智慧常常散發沼澤的氣息。真的，我已經聽到那裡的蛙鳴了。

他們確實是很能幹的，他們有著精巧的手指，我的單純與他們的複雜相比

16 比喻學者動輒引經據典。

簡直是天壤之別。他們的手指擅長於穿線、打結、編織，因此他們編打著精神的長襪！

他們都是上好的鐘錶。假若別人小心地將它們的發條適當扭緊，它們便會分毫不差地報時，發出謙卑的滴答聲。

他們像磨盤與碎穀機一樣地工作著：拋一點穀子進去，他們便能將穀粒磨碎，使它成為麵粉。

他們嚴密地互相監視，彼此不相信任。他們玩弄一些小小的陰謀詭計，偵伺著那些知識上瘸腿的人——他們像蜘蛛一般地等候著。

我時常看見他們小心翼翼地調製毒藥，同時用透明的玻璃手套保護著自己的指頭。他們懂得擲灌鉛的假骰子，我時常看見他們如此熱衷地擲著，全然不顧滿頭的大汗。

我與他們互不相識，但他們的道德比他們的虛偽和假骰子更令我噁心。

當我與他們住在同一個地方時，我住在他們上面，因此他們怨恨我。

他們不願知道有人在他們頭頂上面行走，所以他們在我與他們之間放置了泥土、木料和垃圾。

他們就這樣使我的腳步聲變啞。直到如今，最博學的學者也很難聽見我的腳步。

在我與他們之間，他們安放了人類的一切弱點與謬誤——他們稱此為他們家中的「隔音層」。

但是，無論如何，我和我的思想還是在他們頭頂上走著，即便我踩著我的錯誤行走，那也還是在他們與他們的頭頂之上。

因為人類是不平等的：正義這樣說。我的意志所在，他們的意志沒有染指的權利！

查拉圖斯特拉如是說。

詩人

「自從我進一步認識肉體以後，」查拉圖斯特拉向他的一個門徒說道，「精神對於我來說不過是精神的象徵；而一切不朽之物——也只不過是個比喻。」

「我以前也曾聽你這樣說過，」門徒說，「那次你還加上了一句：『但是詩人們太愛說謊了。』為什麼你說詩人們太愛說謊呢？」

「『為什麼』，」查拉圖斯特拉說。「你在問『為什麼』？我不是隨便讓別人問『為什麼』的人。

難道我的經驗，是昨天才得到的嗎？是很久以前，這個論斷的根據我已經體會過了。

難道我必須是一個裝滿記憶的桶，以攜帶我的許多論據嗎？留住我的很多觀點就已經很不容易了，許多鳥兒都已經展翅飛走。

但是，有時候我的鴿籠裡也會飛進一隻迷路的陌生鳥兒。當我伸手去撫摸牠時，牠不安地戰慄起來。

查拉圖斯特拉從前曾對你說過什麼？『詩人們太愛說謊』嗎？但是查拉圖斯特拉自身也是一位詩人。

現在你相信他當時是在說真話嗎？你為什麼相信他？」

門徒回答道：「我信任查拉圖斯特拉。」但是查拉圖斯特拉卻搖頭微笑。

「信仰並不能使我神化，」他說，「特別是對於我的信仰。」

但是，假若有人以十分鄭重的態度說過，詩人們太愛說謊：他自有其道理——我們確實是太愛說謊了。

我們知道的事情太少，而我們又拙於學習，所以我們必須說謊。

我們哪一個詩人不曾在他的葡萄酒裡摻假呢？

我們的地窖裡預備著很多種毒藥，很多莫可名狀之事曾在那裡完成[17]。

因為我們知道得太少，所以我們由衷地喜歡精神貧乏的人，尤其是懵懂的年輕女子！

17 引自歌德《浮士德》結尾部分《神祕的合唱》：「莫可名狀者，在此處完成。」

我們甚至渴想傾聽那些老媼們在晚間互相講述的故事。我們稱此是我們身上「永恆的女性」[18]。

我們相信彷彿有一條通往知識的祕密道路，而這條路是我們這些略知皮毛之人無法通行的，所以我們相信民眾和他們的「智慧」。

所有的詩人都相信：躺在草地上或寂靜的山坡上側耳傾聽　總有一天會領略到天地間的一切祕密。

如若他們得到了一點溫柔纏綿的情感，他們便相信大自然本身也在愛著他們：他們便相信大自然悄悄依偎到他們的耳旁，以綿綿情話低訴著無數的祕密，於是他們以此為榮，在世人面前自吹自擂！

啊，天地間的許多事情，只有詩人們才夢想過！

尤其是天上的事情，因為一切神祇皆是詩人的寓言和詭辯！

真的，我們總被引領上升——直至白雲之鄉。我們在白雲之上安放我們形形色色的玩偶，而稱它們為神與超人。

他們都輕若無物，可以端坐在這種雲車上——這些神與超人！

啊，我是怎樣厭倦這一切力不可及而強要得到實現之物[19]！啊，我是怎樣厭倦詩人們！

當查拉圖斯特拉如是說完，他的門徒們都悻悻然地沉默不語。查拉圖斯特

18 同上：「永恆的女性，引領我們上升。」

19 同上：「力不可及者，在此處實現。」

拉也不再說話。他屏息內觀，如同眺望遠處一樣。最後他歎息一聲，深深吸了一口氣。

「我屬於當今與以往，」他說，「但是我內心的一部分是屬於明天、後天與未來的。

我已厭倦了這些前前後後的詩人們。我認為他們都太淺薄，都是沒有深度的海。他們不會深思，因此他們的感情也無法潛入最深處。『一點點風情、一點點愁』這便是他們最深的思慮。

他們淙淙的豎琴聲在我耳裡，只是鬼魂的淺唱低吟；迄今為止，他們又何曾瞭解過什麼是熱烈的曲調！

他們對我來說不夠潔淨。他們弄渾自己的水，好讓它看起來更深。

他們希望被看作調解者，但我認為他們是一些牆頭草、好事者、半吊子與不潔者！

啊，我曾在他們的海裡撒網，想捕捉些好魚，但我撈上來的總是一個古代神靈的頭顱。

這樣，海把一個石塊贈給飢餓者。詩人自己也像是從海裡誕生的。

不錯，他們身上也有珍珠，這使得他們更像堅硬的介殼動物。在他們內部，找不到靈魂，只有鹹味的黏液。

他們從海那裡學會了虛榮，海不正是孔雀中的孔雀嗎？即便在最醜的水牛前，海也會開屏；它永不疲倦地展開它鬥著白銀和絲綢光澤的羽扇。而水牛卻輕蔑地看著，它的靈魂更靠近沙地，更靠近叢林，離泥沼最近。

美與海，以及孔雀的彩屏，於它何加焉！這是我告訴給詩人們的譬喻。真的，他們的精神是孔雀中的孔雀、虛榮之海！詩人的精神需要看客，即便看客是一群水牛！

但我已經厭惡這精神了；我看得出他們自我厭惡的時刻也快要到來。

我已經看見詩人們在改變，詩人們的目光開始轉向自身。

我已經看見精神的懺悔者出現，他脫胎於詩人中間。」

查拉圖斯特拉如是說。

重大事件

海中有一座島——離查拉圖斯特拉的幸福之島不遠——上面有一個終年冒煙的火山；一般人，尤其是老嫗們，都說這座島是擋著地獄之門的巨石，而那穿過火山曲折而下的狹徑，便是直達地獄之門的通道。

查拉圖斯特拉停留在幸福之島時，有船隻來到這火山冒煙的島旁停靠，它的船員們登岸去獵野兔。但是正午時分，當船長和水手們重新集合時，忽然看見一個人影穿過空氣，飛過他們身旁，他清晰地高呼著：「現在是時候了！現在正當其時！」

這個人靠近他們，接著又像幽靈一樣掠過，然後迅速飛向火山口——他們大為驚奇地認出了那是查拉圖斯特拉；因為除船長外，他們都曾見過查拉圖斯特拉。他們愛他，和一般人一樣：愛戴和畏懼參半。

「看！」一位老舵手說，「查拉圖斯特拉往地獄去了！」

當這些水手們在火焰島靠岸的時候，幸福之島上已有查拉圖斯特拉失蹤的謠言傳布。問及他的朋友們時，回答都是：查拉圖斯特拉在夜間乘船離開，但是不知去向。

因此，一種焦慮情緒蔓延開來。三天之後，這種焦慮情緒上又增添了水手們的渲染——於是大家都說魔鬼把查拉圖斯特拉抓住了。他的門徒們當然對此一笑置之；其中一人甚至說道：「我寧可相信是查拉圖斯特拉抓住了魔鬼。」話雖如此，他們內心深處卻不無擔憂與思念，因此，五天之後查拉圖斯特拉又出現在他們中間時，他們自然喜出望外。

以下是查拉圖斯特拉所述，他與火犬[20]的談話記錄。

---

20 希臘神話中看守地獄大門的三頭惡犬—刻耳柏洛斯（Cerberus），象徵暴力的革命者。

「大地有一層皮，」他說，「而這層皮有許多病。例如，其中一種名叫『人類』。

這些病之中的另一種名叫火犬。關於這火犬，人類已經說了很多欺人以及自欺的謊言。

為了一探究竟，我跨海而去；我看到了赤裸裸的真相，是的！從頭到腳赤裸的真相。

現在我知道了關於火犬的真相，因此也知道了那些意在毀滅和顛覆的魔鬼的真相，那可不僅僅是能令老嫗們害怕的。

『火犬，從你藏身的深洞中出來吧！』我這樣喊道，『招認你的深洞究竟有多深！你噴吐的東西從何處得來？』

你曾貪婪地飲下海水：你那雄辯口才的苦澀味出賣了你！真的，你這地底深處的犬，從地表取食的也未免太多了！

我頂多把你當成大地的腹語者；而當我聽到那些意在**毀滅**和**顛覆**的魔鬼說話時，我總覺得它們像你一樣：苦澀、虛偽、淺薄。

你們善於狂吠，懂得怎樣用灰燼遮暗天空！你們是吹牛大王，你們精通於煮沸爛泥的技術。

你們所到之處，必有爛泥和乾枯、空洞而扁平之物，它們跟隨著你們：想取得自由。

『**自由**』是你們最喜歡的呼聲：但是當『**重大事件**』被包圍在許多狂吠與黑煙裡時，我看不出它有何可信之處。

相信我，叫囂騷擾的朋友！最大的事變——不是我們叫得最凶的時刻，而是我們最靜默的時分。

世界不是繞著新雜訊的發明者而旋轉，而是繞著新價值的發明者旋轉；它無聲無息地旋轉。

所以承認吧！當你的叫囂與黑煙散盡的時候，發生的變化也是不值一提的。就算一座城市變成了木乃伊，一尊石像坍塌在爛泥中，又算得了什麼呢！

我也要向石像的破壞者說一句。把鹽拋入大海，把石像推倒在泥中，那是最愚不可及的行為。

石像躺在你們輕蔑的汙泥中，但這正是它生存的原理；它將在輕蔑中復活，恢復生命和蓬勃的元氣。

它如今依然挺立，輪廓顯得更加神聖。它所遭受的苦難使它更具吸引力；真的，破壞者啊，它還要感謝你們曾經推翻了它！

我把這忠告獻給帝王、教堂、一切年華或道德上的衰老者——就讓你們被推翻吧，如此你們會重獲生命，並使道德再回歸到你們一邊！」

我在火犬前如是說。於是它生氣地打斷了我，問道：「教堂？那到底是什麼？」

「教堂？」我回答道，「那是一種國家，是最會說謊的一種國家。但是無需多談，偽善之犬啊！你當然最清楚你自己的同類！

國家像你一樣，是一頭偽善之犬；為使人相信它的話語來自事物的本質，它像你一樣善於用狂吠與煙霧發言。

因為國家無論如何都要做大地上最重要的造物，而一般人也認為確實如此。」

我說完此言，火犬因嫉妒而發狂似的跳踉大叫起來。「什麼！」它喊道，「大地上最重要的造物嗎？而一般人也信以為真嗎？」它的喉管裡噴出大量的熱氣和可怕的喘息，使我一度以為它會因憤怒與嫉妒而窒息。

最後，它終於平靜下來，它的喘息也停止了，但是它一平靜，我便笑著說：

「火犬，你動怒了：看來我對你的判斷沒有錯！為了驗證我的看法，讓我告訴你另一隻火犬的故事：它是真正從大地的心裡說話的。

它吐納著黃金和金雨：它的心要它這樣。灰燼、黑煙與火熱的岩渣，對它有何用處呢！

笑聲像一片彩雲似的從它那裡飛出。它討厭你的噁心、嘔吐與內臟的絞痛！

但是它的黃金與笑——自大地的心中取出，因為——索性讓你知道罷——大地之心是純金的。」

火犬聽了這些話，它再也待不住了。它羞愧地垂下尾巴，悻悻地「汪汪」喊了幾聲，便鑽回它的洞裡去了。

查拉圖斯特拉如是講述，但是門徒們幾乎沒有聽他說什麼：他們急不可耐地想要聽他談論水手、野兔與那飛人。

「我該怎樣解釋呢！」查拉圖斯特拉說，「難道我真是一個幽靈嗎？

但也許是我的影子吧！你們一定曾聽到過流浪者與他影子的傳說？

但有一件事卻是確定無疑的：我必須更嚴厲地控制它——否則它終會損傷我的名譽。」

查拉圖斯特拉再次困惑地搖搖頭。「我應如何解釋呢！」他重說了一遍。

「為什麼那幽靈會喊著：『現在是時候了！現在正當其時！』

到底是什麼事情——現在正當其時呢？」

查拉圖斯特拉如是說。

預言者

「——我看到一個莫大的悲哀降到世間。最優秀的人物已厭倦了他們的工作。

一個學說流行著，一個信仰伴隨著它：『一切都是虛無，一切都沒變，一切都已出現！』

每座山丘都迴響著：『一切都是虛無，一切都沒變，一切都已出現！』

不錯，我們也曾收穫過，但是為什麼我們的果實都已腐爛，變得枯黃？昨夜從邪惡的月亮上落下了什麼？

我們的工作只是徒勞，我們的葡萄美酒變成了毒酒，邪惡的眼光將我們的田地和的心靈烤焦。

我們都已極度乾枯。假如有火苗落在我們身上，也不過像落進了灰堆，只會揚起微塵——是的，我們讓火都感到厭倦了。

一切泉水都已乾涸，海潮退去，大地開裂，而那深深的裂口也不願吞沒我們！

『啊！讓我們能自沉的大海在哪裡？』我們的悲歎聲在淺淺的泥沼上回蕩。

真的，如今我們也懶得去死了；我們還醒著，還要繼續活下去，在墓穴裡。」

查拉圖斯特拉聽到一個預言者如是說，這預言直擊他的心坎，使之大受觸動。他悲哀疲乏、漫無目的地走著，他也成了那預言者所說的人之一。

「真的，」他向門徒們說，「這長久的黃昏不久就要降臨人間了。啊，我將怎樣安全保存我的光，度過這漫長的昏暗呢！

我要怎樣使它不致在悲哀裡窒息而死呢！它還要照亮更遙遠的世界和最遙遠的黑夜！」

查拉圖斯特拉就這樣滿懷心事地走著，整整三天，不吃不喝，沒有休息，也不發一言。最後，他終於沉睡過去。但他的門徒們則圍坐在他旁邊，整夜地守護，焦急地等著他醒來，再次說話，等待他從痛苦中痊癒。

以下便是查拉圖斯特拉醒後，對門徒們所說的話，但是他們覺得他的聲音彷彿來自遠處。

「朋友們，聽聽我所做的夢吧！幫我參一參它的意思！

這夢對我來說還是一個謎；它的意義被關閉在裡面，還不能以自由的翅膀在它頭頂飛翔。

我夢到我全然放棄生命。我在那孤寂的高山之巔、死神的城堡中，當一個守夜人和守墓者。

在那裡我守著死亡的棺木，黑暗的墓窖裡掛滿了它勝利的標誌。那些被它征服的生命透過玻璃棺材望著我。

我聞到塵封的永恆的氣息，我塵封的靈魂悶熱地躺在那裡。誰的靈魂能在這地方透氣呢！

半夜的微光包圍著我；孤獨悄悄坐在它的旁邊；最後是斷續喘著氣的死的靜默，我最壞的朋友。

我攜帶著鑰匙，最鏽的鑰匙。我知道怎樣用它們打開最會吱嘎作響的門。

當兩扇門扉打開的時候，聲音如尖銳狂躁的鴉鳴，響徹曲折的長廊；這隻夜鳥悻悻地叫著，牠不願被驚醒。

但是當一切聲響歸於沉寂，而我再次獨自坐在這不懷好意的靜默裡時，覺得更加恐怖且提心吊膽。

時間就這樣在我身邊慢慢地爬走，假若還有所謂**時間**的話：我又怎能知曉呢！但是終於發生了一件事，使我清醒過來。

門被敲了三下，有如雷震，墓窖也怒吼著迴響了三聲，於是我走到門邊。

喂！我喊道，是誰帶著自己的骨灰上山來了？喂！喂！是誰帶著自己的骨灰上山來了？

我轉動鑰匙，我使勁推著門。我竭盡全力地推著，但是那門縫一個指頭也塞不進去。

那時，一陣狂風突然呼嘯著撲開了門扇，它尖銳地狂叫著，旋轉著，拋進來一具黑棺。

在狂風的呼號中，那黑棺突然自己碎裂開來，噴發出千百聲炸雷似的大笑。千百個極度誇張變形的臉，孩子、天使、鴟鴞、小丑，以及大如孩童的蝴蝶醜臉，對著我大聲笑罵咆哮。

我嚇得毛骨悚然，摔倒在地。我開始大聲驚叫了，我從未那樣大聲驚叫過。但是我自己的驚叫聲驚醒了我——我恢復了知覺。」

查拉圖斯特拉如是講述了他的夢，便沉默不語，因為他不知道這個夢該如何解釋。但此時一個他最得意的弟子趕忙站起身來，握著查拉圖斯特拉的手說道：

「啊，查拉圖斯特拉，你的生活本身給我們解釋了這個夢。

你本人不就是那陣狂風，怒吼著撲開死神之門嗎？

你自己不就是那具黑棺，充滿著多姿多彩的惡意與生命天使的怪臉嗎？

是的，查拉圖斯特拉如千百個孩子的大笑一樣，走到每個死者的墓窖裡，去嘲笑一切守夜人、守墓者和叮噹作響的掌鑰匙者。

你用你的大笑使他們驚悸和嚇倒，以他們的昏迷與清醒來證明你有超越他們的力量。

即便那漫長的黃昏與致命的疲倦來臨，你也不會從我們的天空消失，你這生命的代言者！

你曾讓我們看見新星辰與新夜色的壯美。真的，你把你的笑聲像多彩的帷帳一樣張掛在我們頭頂。

如今將有孩子的笑永遠從棺木裡傳出來；如今將有一陣猛烈的狂風襲來，它會吹走那致命的疲倦：你自己便是這一切的**保證人**與**預言者**！

真的，你夢見了他們，你的仇敵；這是你最痛苦的噩夢。

但是，既然你從他們那裡醒來，恢復了自我，他們也會如你一樣醒來——**並來投向你！**」

這門徒如是說道。其餘的門徒便緊緊圍繞著查拉圖斯特拉，握著他的手，想要勸他離開他的床，擺脫他的悲哀，一如往常地跟他們一起生活。但查拉圖斯特拉起坐在床上，露出茫然的目光。他像一個久別歸來的遊子一樣，凝視著門徒們，分辨他們的面孔，一時他還認不出他們。直到他們扶起他站立，他的眼神才突然變了；他弄清了剛才發生的一切，他撫著長鬚，聲若洪鐘的說：

「好，這事就到這裡吧！現在，我的弟子們，快給我預備一頓美餐，我要對我的噩夢做些補償！

但我應該邀請那位預言者共用美餐。真的，我將給他看到一個可以讓他溺死於其中的大海！」

查拉圖斯特拉如是說。接著他對那位解夢的弟子的臉孔注視了很久，搖了搖頭。

救贖

有一天，查拉圖斯特拉從橋上走過，一群殘疾人和乞丐圍住了他。一個駝子對他如是說道：

「你看，查拉圖斯特拉！一般人都向你請教並信仰你的學說了。但是要讓人們完全相信你，另一件事是必須要做到的——你必須也說服我們這些殘廢！這裡有一個很好的選擇，真的，有一個你可以一把抓住的大好機會！你要讓盲人重見光明，讓跛子再次奔跑，你要讓駝背之人卸去重擔，再次挺起腰桿——我相信這將是使殘疾人相信查拉圖斯特拉的最好方法！」

但查拉圖斯特拉向這殘疾人如是答道：「誰割掉了駝子的駝背，同時便也割掉了他的精神才智——人們這樣教導；如果盲人重獲光明，他便會看見大地上的許多壞事，因此他會詛咒那使他痊癒的人；誰讓跛子奔跑，便會給跛子以莫大的損害，因為一旦他能夠奔跑，他的惡習便也一道暢行無阻——這都是人們對於殘疾人的看法。既然人們願意聽取查拉圖斯特拉的意見，查拉圖斯特拉為什麼不也汲取人們的想法呢？

自從我來到世人中間，我便發現：有人少了眼睛，另一個人少了耳朵，第三個人沒有腳，還有許多人失去了舌頭或鼻子，甚至於**失去了**頭腦。但是，我認為這些都是無關緊要的小事。

我曾看見過更糟更恐怖的事情，我無法一一枚舉，但我又不能完全保持沉默——有些人什麼都沒有卻只有一件東西過度發達——有些人僅是一隻大眼睛，一張大嘴巴，一個大肚子，或是別的什麼大東西——我稱他們為反面的殘疾人。

當我**告別**了孤獨的隱居生活，第一次經過這座橋時，我簡直不敢相信自己的眼睛，我看了又看，最後我說道：『這是一隻耳朵！一隻人一樣大的耳朵！』但是我更走近了去觀察，實際上，這耳朵後還蠕動著什麼，又小又衰弱的可憐東西。真的，這大耳朵生長在一個又瘦又小的杆上——這杆子便是一個人！如果再戴上眼鏡仔細看，便可以認出一張充滿嫉妒的小臉，還有一個空洞的小靈魂在這杆頭上搖擺著。但是人們告訴我：這只巨大的耳朵不僅是一個人，而且是一個偉人，是一個天才。當然一般人說起偉人的時候，我從不相信他們——我堅持我自己的信念：這是一個『什麼都沒有卻只有一樣器官過度發達』的人，一個反面的殘疾人。」

查拉圖斯特拉向這駝子，以及他所代表所辯護的這群殘疾人說完以後，便很不高興地轉向他們如是說道：

真的，朋友們，我走在人群裡，就像走在人類的無數斷體殘肢裡一樣！

我發現人體斷裂，四肢零落，如置身戰場和屠宰場一般，這對於我的眼睛，實是最可怕的事。

我的眼睛從現在逃回過去，但我的發現並無不同：碎塊、殘肢與殘酷的偶然——而沒有人！

大地的現在和過去——啊！朋友們——是我最不能忍受的事；如果我不能像先知一樣預知那必將到來的事物，我簡直無法活下去。

先知、有目的之人、創造者、未來本身和通往未來的橋樑。唉，某種意義上，站在這橋頭的殘疾人：這一切都是查拉圖斯特拉。

你們常常自問：「查拉圖斯特拉對於我們來說是什麼？我們該怎樣稱呼他？」像我一樣，你們常把問題當作自己的答案。

他是許諾者，或是踐言者？征服者，或是繼承者？收穫，或是扒犁？醫生，或是一個康復者？

他是一個詩人，還是一個求真者？一個解放者，還是一個受壓迫者？一個善人，還是一個惡人？

我像一個未來的碎片一樣走在人群裡，這未來是我所預見的未來。

我全部的詩情和渴望，便是將這些**碎片**、**謎團**與**殘酷的偶然**收集起來，還原為一個統一體。

如果不做詩人、解謎者與偶然的拯救者，我怎能忍受做人呢！

拯救過去，將所有的「**已然如此**」變為「**我要它如此**」——這才是我所謂救贖！

意志——這是解放者與報喜者的名字：朋友們，我曾如是教你們！但現在再學學這一條：意志本身還是一個囚徒。

意志解放一切，但至今仍將這解放者鎖在牢籠中的，又是什麼呢？

「**已然如此**」，這正是意志最切齒的憤恨和最寂寞的悲涼。一切的既成事實，已無法改變，所以意志對於過去的一切，是一個憤怒的觀眾。

意志無法改變過去；它不能打敗時間與時間的欲望——這便是意志最寂寞的悲涼。

意志解放一切，但它如何行動才從悲涼裡自救，並嘲弄它的牢獄呢？

啊，每一個囚犯都會變成瘋子！被囚的意志也瘋狂地自救。

時間不能倒退，這是意志的憤怒；「**事物已然如此**」——便是意志**不能推動**的石塊。

因此意志因憤怒和不滿而去推動許多石塊，它向那些感覺不到它憤怒和不滿的人進行報復。

意志這解放者就這樣成為一個刑訊逼供者，它對能忍受痛苦的一切施行報復，因為它無法返回過去。

這一點，僅僅這一點，才是報復：意志對於時間與時間的「已然如此」的憎恨。

真的，我們的意志裡有一個大瘋狂，這瘋狂學會了精神，就成為對於人性的最大詛咒！

朋友們，報復的精神，那是迄今為止人類最鄭重其事的企圖：痛苦所在的地方，便也該有懲罰。

「**懲罰**」，這是報復的自稱：它以一個謊言將自己喬裝成問心無愧。

既然有意志者無法向後運用意志，因此他倍感痛苦，所以意志本身與一切生命都被認為是懲罰。

如今一層一層的烏雲籠罩在精神上。到最後，瘋狂就來說教：「一切都是無常的，所以一切都應該消逝！」

「這是時間的律法：時間必須吞食它的孩子，這是正義的。」瘋狂如是說教。

「一切事物都是按照正義與懲罰而被安排了道德的秩序。啊，哪裡有擺脫萬物之無常和生存之懲罰的救贖呢？」瘋狂如是說教。

「如果永恆的正義存在，救贖還有可能嗎？啊，『已然如此』這石塊是推不開的，因此一切懲罰也必須是永恆的！」瘋狂如是說教。

「任何行為都不能被取消，它又怎麼會被懲罰取消呢！生存必須是行為與負罪的永遠重複，這就是生存懲罰的永恆！

「**除非意志終於自救，或意志變成無意志。**」[21]——但是，弟兄，你們知道這只是一個寓言式的瘋狂之歌！

當我告訴你們「意志是一個創造者」時，我曾引導你們遠離這些瘋狂之歌。

一切「**已然如此**」都是碎片、謎團與殘酷的偶然——除非創造性的意志說：「但是我曾要它如此！」

——除非創造性的意志說：「但是我要它如此！我將要它如此！它已經如是說過了嗎？何時說的？意志已經卸下它的瘋狂了嗎？

意志已經是它自己的拯救者與報喜者了嗎？它忘卻了報復的精神和切齒的

21 叔本華的悲觀主義。

憤恨嗎？誰教它與時間和解？誰教它那比和解更高之物？

當意志是強力意志，它必然要追求比和解更高之物——但是這如何實現呢？誰能教會它逆轉以回到過去的意志呢？」

查拉圖斯特拉說到這裡，忽然如一個被極度震駭的人一樣，停止說話。他用猶疑的眼神望著門徒們，他的目光像箭一樣穿透了他們的思想與內心深處，但是過一會兒他又笑起來，平靜地說道：

「生活在人群裡很難，因為沉默很難，尤其是對一個愛嘮叨的人。」

查拉圖斯特拉如是說。那駝子一邊捂著臉，一邊傾聽這段談話。當他聽到查拉圖斯特拉的笑聲，他好奇地抬頭仰望著後者，慢慢地說道：

「為什麼查拉圖斯特拉跟我們說的話，與對弟子們說的不同呢？」

查拉圖斯特拉答道：「這有什麼好奇怪的！向彎腰駝背之人說話，當然要繞彎子！」

「很好，」駝子說，「跟門徒說話，當然要關起門來。」

但是，為什麼查拉圖斯特拉對門徒們說的話——和對他自己說的又不同呢？

處世之道

高處並不可怕，斜坡才是最可怕的！

在斜坡上，目光要向下俯視，雙手卻要向上攀援；這種雙重意志使人身心眩暈。

啊，朋友們，你們能猜到我心中的雙重意志嗎？

我的斜坡與危險是：我的目光要望向山頂，但雙手卻要在深處尋找支撐！

我的意志牽繫著人類，我用鎖鏈使我與人類拴牢，因為超人要將我向上拽到他那裡，因此那是另一意志的方向。

因此我像盲人一樣住在人群裡，彷彿我完全不認識他們；如此，我的手才不致完全失去對於堅硬的信仰。

我對你們這些人一無所知：這種沮喪與安慰經常包圍著我。我坐在門前對每一位來來往往的無賴發問：「誰要欺騙我？」

我的處世之道——第一條：讓我自己上當受騙，對騙人者不設防備之心。

啊，如果我對人群有防備的戒心，人群怎能做我氣球的錨樁呢！我會很容易地被拽走，拽向高遠的地方！

我必須放下我的遠見，這是**統治**著我命運的天意。

不願在人群之中渴死的人，必須學會用各種杯子飲水；想在人群之中保持清潔的人，必須學會用汙水洗浴。

而這是我經常用這些話安慰自己：「勇敢些！振作起來！老夥伴，我的心！不幸還沒有降臨到頭上，把這看作你的大幸吧！」

我的處世之道——第二條：我對虛榮比驕傲更加寬容。

遭到傷害的虛榮，不是一切悲劇之母嗎？但是驕傲受到傷害時，反而會衍生出超出驕傲的東西。

人生要成為一部好戲，必須要有好的表演，因而必須要有好演員。

我覺得一切虛榮之人都是好演員，他們熱愛表演而且希望別人觀看——他們全部的精神都傾注在這種意志中。

他們登場表演、拚命表現；我喜歡在他們旁邊觀賞人生的好戲——這可以治癒我的憂傷。

因此，我忍受虛榮之人，對我而言，他們是治療我憂傷的醫生；他們把我與人群牢牢拴在一起，如同我對戲劇的迷戀。

虛榮之人有著最深的謙卑，誰能將之測度呢！我對他們充滿善意，因為我同情他們的謙卑。

他要從你們這裡獲得自信；他從你們的目光攝取養料，從你們的手心裡吞咽獎賞。

只要你們為奉承他而說謊，他便樂於相信你們的謊話，因為他們的內心深處在歎息著：「我是什麼呢？」

如果真正的道德是對自我沒有意識，那麼，虛榮之人意識不到他的謙卑！

我的處世之道——第三條：不因你們的膽怯而撲滅觀賞惡人表演的興趣。

我非常樂意看到酷熱的太陽所孕育的奇蹟：猛虎、棕櫚樹和響尾蛇。

在人群中，酷熱的太陽也孵化出很多美麗的後代，惡人之中也有令人驚歎之輩。

是的，我覺得人群中間的智者，並不是真正地聰明；同樣地，我覺得人群中的惡人，也不像他們的名聲那樣壞。

我經常搖頭問道：你們這些響尾蛇，為什麼還在搖響你們的尾巴呢？真的，即便是惡，也會有它的未來！最酷熱的南方還未曾被人發現。

如今，多少所謂的窮凶極惡的毒龍也不過才十二尺寬、三個月大罷了！但總有一天會有更大的惡龍來到人世間。

因為超人要有他的龍，足以與他匹敵的超龍，為此必須要有許多酷熱的太陽去炙烤低下潮濕的原始森林！

你們的野貓必須演化為猛虎，毒蛙必須演化為巨鱷，因為好獵人必須要有好獵物！

真的，善人和義人啊！你們有許多可笑之處，尤其是你們對於所謂「**魔鬼**」的畏懼！

你們的靈魂對於偉大事物如此陌生，你們會覺得超人的善也是恐怖的！

你們這些智者與學者啊！你們逃避智慧的烈日，但超人卻正在其中愉悅地享受著裸體日光浴！

你們這些我視野所及的最高之人啊！這是我對你們的懷疑和竊笑：我猜你們仍然會把我的超人叫做魔鬼！

啊，我已厭倦了這些至高之人和至善之人。我渴望從他們的「**高處**」遠離，在他們之外，從他們之上，抵達超人！

當我看到這些至善之人的裸體時，我不禁毛骨悚然，於是我生出雙翼，載著我飛往遙遠的未來。

飛往更遙遠的未來，飛往一切藝術家們從未夢想過的更南的南方。在那裡，神靈們以一切衣物為可恥！

啊，鄰人們、夥伴們，我願看到你們喬裝打扮起來，穿戴整齊，虛榮而充滿威嚴，如那些善人和義人一樣——

我也要喬裝打扮，坐在你們中間——使我不能認出你們或我自己的真面目。這是我最後一條處世之道。

查拉圖斯特拉如是說。